U0274884

清华
科技大讲堂

低代码：
企业应用实战

史昕 黄承宁 李维佳 编著

清华大学出版社

北京

内 容 简 介

　　本书以企业管理思想为"魂"，以低代码开发平台为"招"，紧紧围绕中小微企业在"人""事""财""管"4个核心领域的诉求，通过一个个实际的应用系统搭建案例，将企业管理思想融入其中。

　　本书分为15章。第1～3章为低代码开发简介，包括初识低代码开发、开发框架的使用以及企业应用整体介绍；第4～7章介绍企业人力资源管理相关应用，包括员工管理、企业招聘、假期管理以及外勤管理；第8、9章介绍企业运营相关应用，包括项目管理以及行政服务；第10～14章介绍企业财务管理相关应用，包括合同管理、费用管理、企业采购、固定资产管理以及薪酬管理5个应用的搭建；第15章围绕企业管理领域，通过数据可视化形式对企业的人力资源、运营、财务数据进行分析，为管理者提供决策依据。

　　鉴于低代码开发平台的低门槛及易用性，本书面向的主要读者是企业中的业务人员，亦可作为高校计算机相关专业学生的学习材料。同时，为了帮助读者更加快速地掌握低代码开发方法，本书为各章节录制了配套视频教学，从而进一步降低了学习门槛。

图书在版编目（CIP）数据

低代码：企业应用实战/史昕，黄承宁，李维佳编著. —北京：清华大学出版社，2023.9
（清华科技大讲堂）
ISBN 978-7-302-63929-9

Ⅰ. ①低… Ⅱ. ①史… ②黄… ③李… Ⅲ. ①中小企业—企业管理 Ⅳ. ①F276.3

中国国家版本馆 CIP 数据核字(2023)第 115957 号

责任编辑：赵　凯　李　晔
封面设计：刘　键
责任校对：徐俊伟
责任印制：丛怀宇

出版发行：清华大学出版社
　　　网　　　址：http://www.tup.com.cn，http://www.wqbook.com
　　　地　　　址：北京清华大学学研大厦 A 座　　　邮　编：100084
　　　社 总 机：010-83470000　　　　　　　　　　邮　购：010-62786544
　　　投稿与读者服务：010-62776969，c-service@tup.tsinghua.edu.cn
　　　质量反馈：010-62772015，zhiliang@tup.tsinghua.edu.cn
　　　课件下载：http://www.tup.com.cn，010-83470236
印 装 者：三河市铭诚印务有限公司
经　　销：全国新华书店
开　　本：185mm×260mm　　印　张：17.5　　　　　字　　数：448 千字
版　　次：2023 年 9 月第 1 版　　　　　　　　　　印　　次：2023 年 9 月第 1 次印刷
印　　数：1～1500
定　　价：89.00 元

产品编号：099219-01

前言

编写本书的背景

中小微企业在我国国民经济中,不论是在技术创新,还是吸纳就业方面,都扮演着重要角色。在"十四五"规划中,针对中小微企业提出了"支持吸纳就业能力强的中小微企业发展""支持创新型中小微企业成长为创新重要发源地",同时针对数字经济提出了"促进数字技术与实体经济深度融合,赋能传统产业转型升级"。中小微企业在推进数字化转型的过程中,往往受制于人才、资金、管理等多方面因素,因此帮助中小微企业降成本、增效益将大大有利于提升我国经济发展的稳定性。

视频讲解

低代码开发平台的出现重新定义了软件开发的生产关系,极大地降低了中小微企业数字化转型的资金成本与时间成本。无须招聘高薪的软件开发工程师,企业内部的业务团队即可搭建各种数字化应用。相比于传统的软件开发模式,低代码开发有如下主要优点:

(1)低成本。企业无须组建专职的"IT 信息团队",仅由业务团队即可完成软件开发工作;企业也无须购买硬件资源,低代码开发平台可以实现"开箱即用",按需付费。

(2)低门槛。只需关注业务功能的搭建,无须关注底层的云计算、容器、数据库等专业技术。

(3)可视化。通过拖曳组件,构建功能表单即可完成应用的开发,会用 Excel 就会使用低代码开发平台。

(4)面向业务人员。中小微企业的每位员工都对某个业务领域具备端到端的能力,即业务能力很强,而低代码开发平台的使用,恰恰契合了中小微企业的人员特征。

(5)开放与融合程度高。目前国内主流的低代码开发平台均能够与钉钉等企业办公平台进行无缝融合,打通与钉钉平台人员、组织、岗位、角色等的沟通渠道。同时提供开放接口,与企业自建应用进行整合,实现数据的互联互通。

鉴于低代码开发平台的这些特性,本书面向的主要读者是企业中的广大业务人员,而非专业的软件开发者。低代码开发将会像 Office 一样,成为所有职场人必须具备的一项基本技能。

本书的主要特点和内容

本书以企业管理思想为"魂",以低代码开发平台为"招",紧紧围绕中小微企业在"人""事""财""管"4 个核心领域的诉求,通过一个个实际的应用系统搭建案例,将企业管理思想融入其中。

本书共分为 15 章。

第 1~3 章为低代码开发简介。虽然低代码开发平台能够提供非常完备的功能,但对于低代码开发者来说并不需要掌握所有功能,因此该部分挑选低代码开发平台中的核心功能进行讲解,掌握这些核心功能后即可轻松完成绝大多数应用的开发。

第4～7章介绍企业人力资源管理相关应用。"人"是企业的核心，企业的经营活动都需要"人"来完成，因此需要优先讲解人力资源相关应用的搭建，包括员工管理、企业招聘、假期管理以及外勤管理。

第8、9章介绍企业运营相关应用。项目交付与行政支撑是企业运营的重要工作，在这两章将介绍项目管理以及行政服务两个应用的搭建。

第10～14章介绍企业财务管理相关应用。企业是以盈利为目的的主体，财务管理需要管理企业的各项收入与支出，并核算企业的盈利能力。这5章涵盖合同管理、费用管理、企业采购、固定资产管理以及薪酬管理。

第15章围绕企业管理领域，通过数据可视化形式对企业的人力资源、运营、财务数据进行分析，为管理者提供决策依据。

配套资源

为了帮助读者更加快速地掌握低代码开发方法，本书为各章节录制了配套视频，详细介绍了每个表单、流程、自定义页面的搭建过程。同时，为了方便读者快速学习，每个视频的长度通常控制在3分钟左右，从而进一步降低了学习门槛。各位读者可以通过扫描书籍各章节的二维码在线观看。

反馈与勘误

虽然我们十分用心且力争确保内容的准确性，但由于本人水平所限，书中难免存在不妥之处，恳请读者指正。在此也向反馈问题和建议的读者表示由衷的感谢，我们将在再版中进行修改和补充。

致谢

这是我写作的第二本书，虽然深知书籍出版不易，但当发现好的选题时，不免再次出现创作的冲动。作为一名连续创业者以及技术管理者，我对中小微企业信息化建设中存在的困难深有体会，直至发现低代码开发平台能够很好地解决这些问题时，觉得应该把我的收获分享给更多人，这是我编写本书的初衷。在编写过程中我得到了很多人的帮助和指导，首先需要感谢赵凯编辑，她的专业以及对质量的把控让我敬佩，也感谢她给了我这次创作的机会；其次需要感谢李维佳，作为我最优秀的学生全程参与了各个应用的开发以及内容的编写；最后感谢阿里巴巴集团的宜搭团队，能够研发出如此优秀的国产低代码开发平台，积极推动实施"上云用数赋智"的国家战略，推进产业数字化转型。

史　昕

2023 年 6 月

目录

第 1 章

初识低代码开发

1.1 什么是低代码开发

视频讲解

低代码开发通常是指基于可视化的应用开发工具，采用"拖拉拽"组件的方式，实现软件应用的开发模式。低代码开发更多的是面向业务团队，而非专业的 IT 开发工程师，能够帮助业务团队把"idea（想法）"快速变为现实，从而改变了原有软件开发的模式，大大提升了软件开发的效率，降低了软件开发成本。

低代码开发平台对业务开发过程中常见的表单、角色权限、流程、自定义页面等组件进行了提炼和封装，从而降低了对业务编码层面的要求。同时，借助容器化、微服务、数据库、中间件等底层技术能力，确保了低代码应用的安全性、可靠性以及运行性能，而这些复杂的底层技术对于低代码开发者来说都是"不可见"的，从而使低代码开发者可以更加聚焦于业务逻辑实现。

"低代码"一词最早由 Forrester 在 2014 年提出，在接下来的 2～3 年里，国内外涌现出了一些优秀的低代码开发平台，例如，2017 年阿里巴巴发布了旗下的宜搭平台，吹响了国内低代码开发平台高速发展的号角。经过几年的发展（截至 2023 年年初），目前国内外已经有上百个成熟的低代码开发平台进入商用阶段。

低代码开发平台凭借其低成本、低门槛、易落地的特点，成为了中小微企业信息化转型的利器，无须招聘专业的软件开发工程师，企业内部的业务部门也可以快速推进企业的信息化建设，从而覆盖企业管理的各个领域，例如，人力资源、客户营销、项目管理、财务管理、采购等方方面面。

1.1.1 低代码开发与无代码开发介绍

在传统的应用软件开发过程中，每个功能都需要经历需求调研、功能设计、代码编码、联调测试、部署发布等环节。软件开发工程师与业务团队针对需求的沟通效果，是一款应用软件开发成败的关键，一旦沟通不够充分，对需求的理解有偏差，就有可能造成返工的情况发生，此时，已经投入的开发人力将被白白浪费，同时业务上线的时间也将被推迟。需求理解的准确性之所以是软件研发的重点以及难点，是因为软件开发工程师很难用业务团队的视角或思维去理解需求，但传统的软件开发工作，又是一项技术专业性很高的工作，通常不能由单一的技术人员独立完成，而是需要产品经理、交互设计师、前端开发工程师、后端开发工程师、测试工程师以及运维工程师多岗位协同完成。

低代码开发的出现重新定义了软件开发的生产关系。使用低代码开发技术进行应用软件的开发，业务团队成为开发的"主力"，使用拖曳组件的方式搭建应用界面，直接用"所见即所得"的模式来实现业务需求，从而免去了与开发工程师反复沟通需求的环节，能够快速地把需求转化为可见的应用，并在使用过程中持续完善。而开发工程师变为了"辅助"角色，主要解决业务团队在搭建低代码应用过程中的一些复杂功能，这些复杂功能通常需要使用一些"代码"才能够实现。

当读者在学习低代码开发的时候，也会不可避免地遇到无代码开发。无代码开发有时也被称为零代码应用开发，即在整个应用开发过程中不涉及编程工作，其使用门槛比低代码开发更低，但在应对复杂功能的实现方面要弱于低代码开发。如表 1-1 是纯代码开发、低代码开发以及无代码开发的一些对比。

表 1-1 纯代码开发、低代码开发与无代码开发对比

对 比 维 度	纯代码开发	低代码开发	无代码开发
学习难度	高	中	低
定制开发能力	强	中	低
适用人群	开发工程师	业务团队为主，开发工程师为辅	业务团队
适用企业规模	大型企业	中小微企业	小微企业
适用场景	业务复杂度高，对软件定制要求较高	对企业信息化建设有一定诉求，需要 IT 系统快速低成本搭建	企业的信息管理主要使用少量且固定的 Excel 表格即可满足
使用成本	高，要配备专业的软件开发部门	较低	低
开发效率	低，遵循软件工程开发过程	高，所见即所得	高，所见即所得
运行稳定性	相对较低，依赖于开发工程师的研发质量	高	高
易维护性	低，需要长期依赖开发工程师	较高，代码部分需要由开发工程师维护	高
与外部系统的互联互通能力	高，通过开发接口实现数据的互联互通	中，基于低代码开发平台提供的集成能力可以实现与外部系统的数据互通	较低，数据更多在无代码平台内部管理

1.1.2 低代码开发适用场景

中小微企业在我国国民经济中扮演着重要角色，特别是在吸纳就业方面，全国 1.4 亿家中小微企业贡献了 85％以上的城镇劳动就业岗位，而中小微企业的发展往往受制于人才、资金、管理等多方面因素，因此，帮助中小微企业降本增效，将大大有利于我国经济发展的稳定性，而推进产业数字化转型是提升中小微企业管理水平的重要措施之一。近年来，随着移动互联网的发展，中小微企业对于信息化建设的诉求越发迫切，但另一方面，高水平的软件开发工程师在供给侧存在不足的情况，客观上出现了人才供不应求、薪酬居高不下的情况，从而制约了中小微企业信息化转型的前进步伐。据统计，截至 2022 年，我国 IT 从业人员的平均年薪已经超过 17 万元。对中小微企业来说，招聘高水平的软件开发工程师，变得越发困难。

低代码开发的出现，很好地填补了中小微企业信息化发展的迫切诉求与高昂软件开发成本之间的鸿沟。相对于传统的软件开发模式，低代码开发有如下优点：

（1）使用低成本。企业无须组建专职的"软件开发团队"，仅由业务团队即可完成软件应

用的开发工作；企业也无须一次性购买服务器等硬件资源,低代码开发平台可以实现"开箱即用",按需付费。

（2）维护低门槛。只需关注于业务功能的搭建,无须关注底层的云计算、容器、数据库等专业技术。

（3）应用开发可视化。通过拖曳组件,构建功能表单即可完成应用的开发,会使用 Excel 就会使用低代码开发平台完成应用搭建。

（4）适合中小微企业。中小微企业由于人员不多,因此要求员工都能够对企业的某个业务领域具备端到端的能力,即对业务的理解能力要求很高,而低代码开发平台的目标人群,恰恰契合了中小微企业的人员特征。

（5）开放与融合程度高。目前国内主流的低代码开发平台均能够与钉钉等企业办公平台进行无缝融合,打通钉钉平台的人员、组织、岗位、角色等。同时,也提供了开放接口,与企业自建应用进行整合,实现了数据的互联互通。

1.1.3　国内外典型低代码开发平台介绍

目前,在国内外低代码开发领域涌现出了众多成熟的平台,比较典型且应用广泛的有如下一些平台（排名不分先后）。

1. Power Platform

微软打造的 Power Platform 基于微软的 Microsoft Azure 云平台,主要包括 Power BI、Power Apps 和 Power Automation 三大套件,并且可与微软的 Office 进行无缝集成。微软的 Power Platform 平台,其优点在于国际化程度比较高,是全球通用的低代码开发平台,在外企的应用比较广泛,而其缺点在于使用成本比较高。

2. 宜搭

宜搭（YiDA）是阿里巴巴自主研发的低代码开发平台,经过阿里巴巴公司内部的广泛使用,其灵活性、安全性和稳定性均有较高的保障,并且与阿里巴巴的钉钉平台能够天然融合。作为国内发展起来的低代码开发平台,宜搭在功能设计方面充分考虑了中国企业的特点,具有较强的本土化特色。在使用成本方面充分考虑了国内中小微企业的特点,提供了多种梯度的收费标准,满足不同规模企业的使用需求。

3. 氚云

氚云是深圳奥哲网络科技有限公司旗下品牌,是一款面向数字化管理员的开发工具,与阿里钉钉深度整合,拥有可视化表单、自动化流程、智能报表、丰富 API（Application Programming Interface,应用程序接口）接口等强大功能,通过"拖拉拽"的积木搭建方式,让企业快速实现管理与业务移动在线,提升业务效率,降低管理成本,助力企业实现一站式数字化管理。

4. 简道云

简道云是帆软旗下的无代码开发平台,借助其低门槛、灵活易用等优势,帮助企业和组织通过全民开发的模式,"多快好省"地开展数字化转型。简道云除了提供表单引擎、流程引擎、仪表盘、数据工厂之外,还提供文档协作的知识库,提供基于 API 接口的开放平台,以及种类丰富的行业解决方案中心。

由于本书面向的读者主要是中小微企业用户,综合考虑平台成熟度、使用门槛以及成本等多方面的因素,接下来会选用宜搭低代码开发平台（后简称"宜搭平台"）展开相关介绍。

1.2 宜搭平台使用简介

在使用宜搭平台进行企业应用搭建之前，低代码开发者首先需要掌握宜搭平台的一些基本操作。这些基本操作既是在使用宜搭平台过程中必须掌握的内容，同时也是使用频率最高的一些操作。本节选取了对每一位低代码开发者来说最常使用的功能展开介绍，读者掌握其使用后，即可从 0 到 1 独立搭建低代码应用。

鉴于清华大学出版社已经出版了一册由诸葛斌等老师编著的《钉钉低代码开发零基础入门》书籍，该书中已经对于宜搭平台的基础使用进行了详细的介绍，因此本书不再对宜搭平台的基础使用做过多的介绍，本节只选取其中最常用的一些功能进行重点介绍。

视频讲解

1.2.1 宜搭平台的注册与界面介绍

1. 注册钉钉账号

在使用宜搭平台之前，需要提前注册一个钉钉账号，钉钉账号也是宜搭平台账号。如图 1-1 所示，在浏览器中打开钉钉官网，单击"注册钉钉"按钮，按照页面提示即可完成钉钉账号的注册。

图 1-1　注册钉钉账号页面

钉钉账号注册完毕后，需要下载钉钉手机客户端以及桌面客户端，下载页面如图 1-2 所示。

图 1-2　下载钉钉客户端

在后续使用宜搭平台进行低代码开发的时候，可以使用桌面客户端，但推荐使用 Chrome 浏览器，更便于应用的开发和调试操作。建议读者下载最新版本的 Chrome 浏览器。

2. 登录宜搭平台

在浏览器中访问宜搭平台官网，如图 1-3 所示，单击"登录"按钮，即可跳转到登录页面。由于第一步已经注册了钉钉账号，可以使用钉钉 App 中的"扫一扫"功能，扫描登录页面的二维码,即可完成用户的登录验证。

图 1-3　登录宜搭平台

由于一个钉钉账号可能存在多个组织,因此需要选择其中一个组织,来搭建归属于该组织的低代码应用。

3. 宜搭平台界面介绍

登录宜搭平台后,可以看到所有功能都集成在图 1-4 所示的页面内。接下来对每个功能模块进行简要介绍。

图 1-4　宜搭平台功能模块

(1) 开始。登录宜搭平台后,默认打开"开始"页面。在该页面中,提供了一些常用功能的快捷入口,例如,创建应用、访问最近使用的应用、推荐应用、通知公告等。

(2) 我的应用。"我的应用"页面是低代码开发者最常使用的页面,在开发低代码应用的时候,就是从该入口进入,然后对低代码应用进行相关开发以及管理工作。

(3) 应用中心。"应用中心"页面提供了一个访问已发布状态低代码应用的入口,当需要使用低代码应用,而非开发低代码应用的时候,则从"应用中心"入口进入。在该页面中,可以显示本组织内的所有应用,也可以把一些常用的应用添加到快捷访问工具栏中。

(4) 模板中心。"模板中心"页面集成了一些精选的低代码应用,相当于手机中的应用市场,可以免费下载应用并使用。同时,下载到本企业的应用,还可以根据实际需求进行定制化的二次开发,从而满足企业的业务需求。模板中心提供了根据场景、行业、角色、功能等多个维度检索模板的能力。对于低代码开发者来说,在开发低代码应用之前,先在模板中心搜索一些同类应用进行借鉴和学习,可以加快开发进度,降低开发难度。

(5) 解决方案。"解决方案"页面中,精选了由官方认证的服务商提供的行业解决方案,并且服务商能够根据企业的需求提供定制化开发服务。

(6) 版本信息。"版本信息"中展示了当前组织订购的宜搭平台版本信息。目前,宜搭平台提供了体验版、标准版、尊享版、混合云版 4 种套餐,不同套餐提供了不同的服务内容,企业可以根据自身的需求,按需选择不同的版本。初次使用宜搭平台或者学习宜搭平台的低代码开发者,可以先选择体验版,除了少部分高级功能未开放之外,已经能够满足体验和学习的使用要求。标准版适合绝大多数中小微企业的日常使用。尊享版与标准版相比,提供了一些高级功能,例如,附件在线编辑、高级流程设计、服务端逻辑编排等。混合云版的最大特点在于数据可以存储在企业自有的存储空间,适合对于数据安全性要求比较高的企业或单位,例如,政府机关、医院等。

（7）任务中心。"任务中心"页面提供了一个快捷访问待办事务的入口，可以直达待审批的工作任务。

（8）平台管理。"平台管理"页面是本企业宜搭平台的设置中心，对宜搭平台的账号、权限、角色以及与开发相关的系统设置提供了统一管理页面。平台管理中的配置项会对整个平台的应用产生全局性的影响，因此相关配置项的修改一定要相对慎重，不建议开放给企业内的所有人员，而应该仅仅开放给低代码开发平台的管理员使用。

（9）帮助中心。"帮助中心"页面集合了宜搭平台的使用说明文档，除了文字类的资料外，还提供了视频培训资料。当低代码开发者在开发过程中遇到问题时，可以在该页面根据关键词搜索相关的技术资料。

（10）组织切换。"组织切换"页面中可以切换用户所在的不同组织。

（11）个人信息。"个人信息"页面能够展示当前登录用户的基本信息，以及执行退出登录操作。

视频讲解

1.2.2 创建应用及开发环境介绍

1. 创建应用

低代码开发的第一步，需要首先创建一个应用。在首页中单击"创建应用"，即可创建一个新的应用。如图1-5所示，平台提供了3种创建应用的方法：

（1）从空白创建。使用该模式创建应用时，将创建一个全新空白的应用，所有的表单、流程等均需要低代码开发者自行创建。该模式的自由度最高，也是最常使用的创建模式。

（2）从模板创建。选择该选项后，会跳转到模板中心，低代码开发者可以根据企业的业务需要，选择一些由官方或者第三方厂家提供的应用模板。选择该模式，会复制一套跟模板一模一样的应用，低代码开发者可以直接使用，或者在该模板应用的基础上进行定制化开发。

（3）从Excel创建。如果企业已有的一些业务是使用Excel工具进行数据管理的，那么可以基于该Excel数据表格创建应用，平台会自动解析Excel中的字段并创建一个表单。

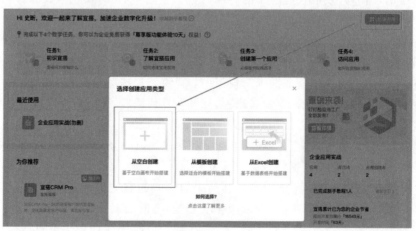

图1-5 选择创建应用的类型

2. 开发环境介绍

应用创建完成后，平台会引导用户根据用途创建一个页面，如图1-6所示。对于每种页面的用途和用法，将在后续的章节中单独介绍。此处，先选择"新建普通表单"，创建一个普通表单。

图 1-6 选择创建页面的类型

普通表单创建成功后,会进入应用开发环境中。不论是选择何种类型的表单,开发环境都由如图 1-7 所示的几个区域构成。

图 1-7 普通表单开发环境

(1) 顶部控制区。顶部控制区可以切换下方页面的显示内容,不同的表单类型显示的内容会略有差别。以普通表单为例,显示的内容主要包括表单设计、页面设置、页面发布、数据管理 4 个选项,而流程表单除了上述 4 个选项外,还多出了流程设计选项,用于配置该表单的审批流程。

(2) 左侧控制区。左侧控制区主要包括如下功能:大纲树(以树状结构显示该页面上所有组件的层次结构)、组件库(显示系统提供的功能组件,可以拖曳到页面搭建区)、数据源(通过配置接口获取用于该页面的外部数据)、动作面板(使用 JavaScript 语言在页面上实现复杂的定制功能)、国际化面板(用于国际化语言适配)。

(3) 页面搭建区。从组件库中拖曳选中的组件,会显示在页面搭建区。低代码开发者需要在本区域内完成页面布局的搭建和调整。

(4) 属性配置区。当选中页面搭建区的组件时,在右侧的属性配置区会显示该组件的属性设置。不同的组件会显示不同的属性,属性除了能够通过属性配置区提供的可视化配置方式进行设置之外,还可以在动作面板中使用代码设置,也可以通过绑定变量的方式进行设置。

1.2.3 常用的组件

视频讲解

每个低代码应用的表单页面都是由若干组件构成的,例如,可以输入手机号的输入框、可以输入文字和图片的富文本框、可以执行某个动作的按钮等。在宜搭平台中,也提供了数十种用于搭建应用页面的组件,能够满足绝大多数应用页面的布局需求。但对于低代码开发者来说,并不需要掌握所有组件的使用方法,而只需要重点掌握一些常用的组件,即可完成绝大多数页面的搭建工作。在本节选取了部分常用的组件进行介绍,在介绍组件功能的同时,也会重点介绍该组件最核心的一些配置属性用法。

1. 输入类组件

(1)单行文本组件。如图1-8所示,单行文本组件是页面搭建中最常使用的组件,使用单行文本组件能够输入文字或数字,其特点是只占一行,不支持换行。适合输入内容不多的信息,例如,姓名、电话、邮箱地址等。同时,单行文本组件也常用于显示一些不可编辑的信息,此时需要设置单行文本组件的状态为"只读"。单行文本组件常用的一些属性如表1-2所示。

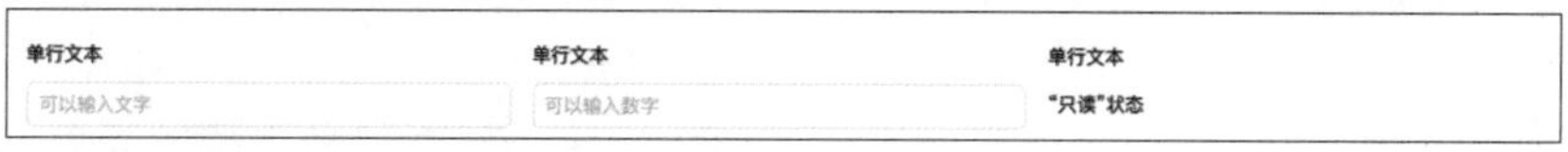

图 1-8　单行文本组件

表 1-2　单行文本组件的常用属性

属性名称	说　　明
标题	用于输入该组件显示的标题
占位提示	默认值为"请输入",可以输入一些提示信息,引导用户正确输入
状态	普通:默认状态,支持用户输入信息; 禁用:组件能够显示,但用户不能输入任何信息; 只读:用户可见但不能编辑,可以通过给单行文本组件赋值,显示一些动态信息; 隐藏:该状态下组件对于用户不可见。常见的用法是预先设置该组件为隐藏状态,在使用过程中通过其他组件的选项值、代码或流程来控制该组件的隐藏或显示状态
必填	勾选该属性后,用户在提交表单时,会校验该组件的输入内容不能为空

(2)数值组件。如图1-9所示,与单行文本组件相比,数值组件向用户提供一个专门用于输入数字的输入框。如果仅仅是显示数字,那么选择单行文本组件和数值组件都可以满足需要;但当需要对一些数值进行计算操作时,应优先使用数值组件。数值组件常用的一些属性如表1-3所示。

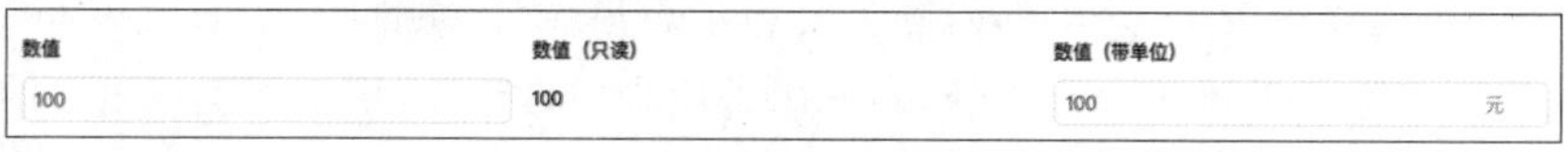

图 1-9　数值组件

表 1-3　数值组件的常用属性

属性名称	说　　明
标题	用于输入该组件显示的标题
占位提示	默认值为"请输入",可以输入一些提示信息,引导用户正确输入
单位	用户输入的数值,系统会自动给该数值添加上单位信息,例如,元、个、公里、%等
小数位数	该数值的小数位数,如果是整数则输入0。例如,当数值是表示金额时,可以设置2位小数,精确到分
最小值/最大值	对用户输入的数值大小进行校验,例如,当该数值组件代表的含义为百分比时,可以设置最小值为0,最大值为100,当用户输入的数值不在该区间范围时,系统会给出错误提示

(3)下拉选择类组件。如图1-10所示,下拉选择类组件包括下拉单选组件以及下拉复选组件,均可以为用户提供若干个可选项。例如,性别可以提供男、女两个可选项。下拉选择类组件使用的重点在于其可选项的设置,以及通过不同可选项控制其他组件的显示/隐藏状态。

下拉选择类组件常用的一些属性如表 1-4 所示。

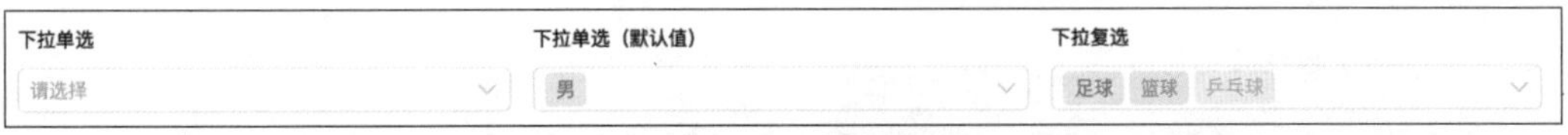

图 1-10　下拉选择类组件（含下拉单选组件及下拉复选组件）

表 1-4　下拉选择类组件的常用属性

属性名称	说　　　明
标题	用于输入该组件显示的标题
占位提示	默认值为"请选择"，可以输入一些提示信息，引导用户正确输入
默认值	默认值中提供了数据联动选项，该选项通常使用的场景是：根据表单中其他字段的值，自动为该下拉选择类组件进行赋值
选项类型	平台提供了如下 5 种选项类型。 1. 自定义：常用。该下拉选择类组件的可选项均由用户自行配置。 2. 关联其他表单数据：常用。选择其他表单中的某个字段的值，作为可选项；例如，可以从存储客户信息的"客户表"中选择客户名称这个字段的值，作为该下拉选择类组件的可选项，当用户单击该下拉选择类组件时，会自动把"客户表"中的所有客户名称作为可选项。 3. 数据联动：常用。选择一张数据关联表，并设置一个条件过滤规则，当满足条件规则时，把下拉选择类组件联动显示为关联表单某个字段的值。 4. 网关数据：不常用。输入一个 URL 地址，从外部网关获取选项值。 5. 搜索数据源：不常用

（4）日期类组件。如图 1-11 所示，日期类组件主要用于输入一个特定的时间，日期格式可以通过格式属性进行配置，支持多种格式，例如，年／月／日、年／月／日／时／分／秒等。需要注意一点，平台提供了日期组件和日期区间组件，两者的区别在于：日期区间组件可以在一个组件中输入开始、结束两个日期，而日期组件只能输入一个日期。当需要实现输入开始日期、结束日期时，既可以使用一个日期区间组件来实现，也可以使用两个日期组件来实现。日期类组件常用的一些属性如表 1-5 所示。

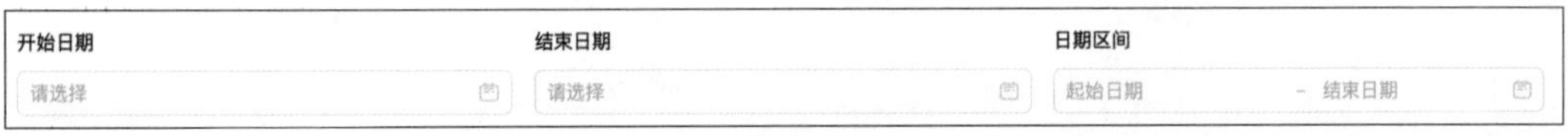

图 1-11　日期类组件

表 1-5　日期类组件的常用属性

属性名称	说　　　明
标题	用于输入该日期组件显示的标题
占位提示	默认值为"请选择"，可以输入一些提示信息，引导用户正确输入
默认值	对于日期组件来说，默认值常用的一个场景就是选择使用公式获取当前日期
格式	系统提供了 5 种格式样式，分别为年、年-月、年-月-日、年-月-日 时：分、年-月-日 时：分：秒

（5）富文本组件。如图 1-12 所示，与单行文本组件以及多行文本组件相比，富文本组件可以对输入的文字样式进行设置，并且可以插入图片、表格等元素，可以理解为一个高级的文本编辑器，支持复杂的文本样式。

（6）上传类组件。如图 1-13 所示，平台提供了两种上传类组件，分别为上传文件组件以

图 1-12　富文本组件

及上传图片组件,二者的区别在于上传文件组件支持上传 .doc、.docx、.pdf 等格式的文件,上传图片组件除了支持上传图片文件外,还支持使用手机拍照上传。这两个组件的使用方法比较类似,其常用的一些属性如表 1-6 所示。

图 1-13　上传类组件

表 1-6　上传类组件的常用属性

属 性 名 称	说　　明
标题	用于输入该组件显示的标题
最大上传文件个数	设置最大允许上传的文件个数
单文件最大上传大小(MB)	设置单个上传文件的最大限制
上传文件类型	设置允许上传文件的类型,例如,可以设置只允许上传 .pdf 格式的文件

2. 布局类组件

(1)分组组件。如图 1-14 所示,分组组件相当于文章的"段落",在一个表单中,可以按照字段的用途进行归类,相同用途的字段统一放到同一个分组中集中显示,这样可以使表单的布局更加清晰明了,有助于提升用户的使用体验。另外,分组可以设置隐藏状态,当分组状态设置为隐藏后,该分组内的所有组件都会被隐藏,其优先级要高于组件自身的状态,这也是分组组件的一种常见使用场景。其常用的一些属性如表 1-7 所示。

图 1-14　分组组件

表 1-7　分组组件的常用属性

属性名称	说　　明
状态	普通:分组中所有的组件都使用其各自的状态 隐藏:分组以及分组中所有的组件都被隐藏
分组标题	设置该分组组件显示的标题,同时可以通过"显示头部"开关来控制分组标题的显示与隐藏

(2)布局容器组件。如图 1-15 所示,"布局"从字面意思上理解就是对组件进行排布,为了使表单上的所有组件能够有序排布,就需要提前规划在表单上可以放置组件的"坑位",每个"坑位"都有其位置和大小,组件添加到"坑位"里面后,就会显示在"坑位"所在的位置并且撑满整个坑位。布局容器组件是搭建表单页面过程中必不可少的组件,其作用就是定义其他组件的位置和大小,并且能够用于适配不同分辨率的屏幕,包括 PC 端以及移动端。布局容器组件的每一行可以使用"列比例"进行划分,每一行的列比例总和为 12 即可,例如,当设置为 6∶6时,布局容器组件会显示为 2 个等宽的容器;当设置为 4∶4∶4 时,布局容器组件会显示为 3

个等宽的容器；当设置为 4∶8 时，布局容器组件会显示为 2 个容器，但这两个容器的宽度不同，右侧容器宽度是左侧容器宽度的 2 倍。其常用的一些属性如表 1-8 所示。

拖拽组件或模板到这里
拖拽组件或模板到这里
拖拽组件或模板到这里

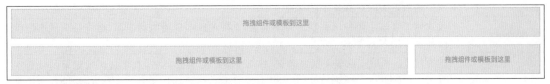

图 1-15　布局容器组件

表 1-8　布局容器组件的常用属性

属性名称	说　　明
列比例	用于设置布局的显示比例

3. 关联类组件

基于关联类组件，平台通过接口方式提供了与钉钉或者其他表单进行数据互通的能力。

(1) 成员组件与部门组件。如图 1-16 所示，成员组件与部门组件使宜搭平台可以选择钉钉中已经配置的企业人员以及部门信息，其常用的一些属性如表 1-9 所示。

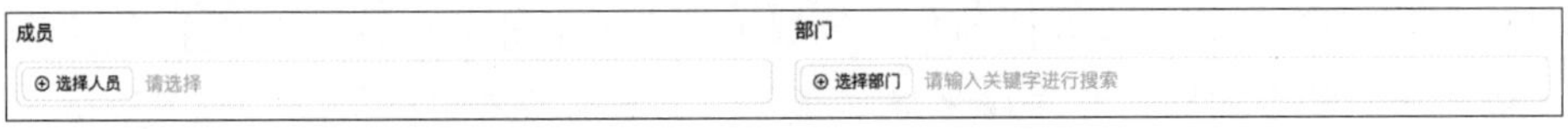
成员
选择人员
请选择
部门
选择部门
请输入关键字进行搜索

图 1-16　成员组件与部门组件

表 1-9　成员组件和部门组件的常用属性

属性名称	说　　明
标题	用于输入该组件显示的标题，例如，可以设置为负责人、项目经理、所在小组等
默认值	默认值的默认选项为“自定义”，即由用户自己选择成员或部门。在实际使用过程中，也经常使用“公式编辑”，可以使用平台提供的函数来自动获取当前登录人以及当前登录人所在的部门
显示员工 ID	仅用于成员组件。当选择员工后，除了显示员工姓名，还可以显示员工在钉钉中设置的工号
是否展示部门全路径	仅用于部门组件。选择“否”时，只显示最末级的部门名称；选择“是”时，会显示完整的部门信息

(2) 关联表单组件。如图 1-17 所示，关联表单组件可以在表单中选择其他表单，并提供了把其他表单中的信息填充到本表单中的能力。关联表单组件除了支持关联本应用内的表单之外，还支持关联本组织内其他应用的表单(跨应用关联)，从而实现了数据层面的互通。关联表单组件在页面搭建中的使用非常普遍，因为一个复杂多环节多步骤的业务流程中，每个环节都会有其上下游，通过关联表单组件，可以避免数据的重复输入。例如，在企业采购下单之前，通常需要先签署采购合同，因此在采购订单中，就可以使用关联表单组件关联已经签署的采购合同，并把合同中的一些关键信息，如合同金额、付款方式等自动显示在采购订单中。关联表单组件常用的一些属性如表 1-10 所示。

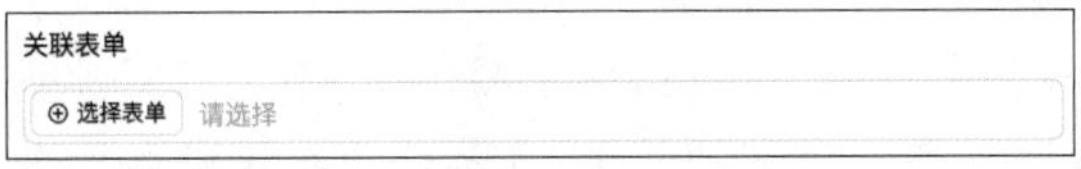
关联表单
选择表单
请选择

图 1-17　关联表单组件

表 1-10 关联表单组件的常用属性

属性名称	说　明
标题	用于输入该关联组件显示的标题
关联表单	设置该关联表单组件所关联的表单信息，支持关联本应用内的表单，也支持关联本组织内其他应用的表单
显示设置	主要信息：选中关联表单的某条记录后，所显示的字段信息，通常是该条记录的核心字段之一，具有唯一性；次要信息：用于辅助提示用户的次要信息，例如，关联合同信息表，可以设置合同编号作为主要信息，合同名称作为次要信息
数据筛选	通过设置一些条件，对关联表单的数据进行过滤。例如，可以设置只有"执行中"状态的合同才能选择，而"已完成"或"中止执行"的合同不允许被选择
数据填充 & 填充条件	选中某条记录后，可以把该记录的字段自动填写到本表单中。需要注意的是，组件的类型需要保持一致，例如，单行文本组件的内容只能填写到单行文本组件中，不能填写到成员组件中

4. 子表单组件

当需要在一个表单中再嵌入一个表单时，可以使用子表单组件，如图 1-18 所示。例如，在采购申请表单中，可以使用子表单逐条列出申请采购的物品列表；又例如，在合同审批表单中，可以使用子表单逐条列出该合同的付款计划。子表单本身不具备任何组件，低代码开发者需要在子表单中添加不同的信息字段来显示在子表单中需要展示的信息。子表单组件除了支持上述"表格"展示形式之外，还支持"平铺"展示形式。同时，用户可以根据需要，单击"新增一项"按钮来逐条增加子表单记录，也可以单击"批量导入"按钮来批量导入子表单记录。子表单组件常用的一些属性如表 1-11 所示。

图 1-18 子表单组件

表 1-11 子表单组件的常用属性

属性名称	说　明
标题	用于输入该子表单组件显示的标题
排列方式	支持"平铺方式"和"表格方式"两种展示形式，"表格方式"更加常用
左侧列冻结	类似 Excel 中的冻结列功能，当表单列较多时，冻结前面的 N 列
批量导入	是否打开批量导入功能

视频讲解

1.2.4　表单

宜搭平台中提供了两种类型的表单：普通表单和流程表单。这两种类型的表单，在功能上 80% 都是一致的，区别在于流程表单多出了流程配置功能。在使用过程中，普通表单可以用于存储数据，相当于数据库中的表，借助平台提供的应用程序接口，对普通表单中的数据进行增删改查操作。流程表单主要用于审批，也正因如此，不建议对流程表单中的数据进行人为修改，特别是审批后的数据具备"存证"的效果，人为修改会影响相关效力，因此对于流程表单，只推荐进行增加和查询操作，删除和修改操作不做推荐。

1. 普通表单

低代码开发者创建一个普通表单后，如图 1-19 所示，在顶部会有表单设计、页面设置、页面发布和数据管理 4 个选项，这 4 个选项的主要功能分别为：

图 1-19 普通表单顶部控制区

（1）表单设计。表单设计主要用于设计表单的样式，前面已经做了介绍，此处不再赘述。

（2）页面设置。页面设置中集成了表单的所有配置信息，主要包括基础设置、消息通知、打印设置（可以基于表单数据创建存档的纸质台账）、关联列表、权限设置（常用于对表单的访问权限进行配置，例如，只能访问本人创建的表单）、内置变量、二维码标签。

（3）页面发布。页面发布提供了"仅面向组织内部发布表单"以及"面向互联网公开发布"的选项。对于仅限企业内部使用的应用来说，建议选择组织内发布，但对于一些需要公开收集信息的表单，如调查问卷，可以设置为公开发布。

（4）数据管理。如图 1-20 所示，数据管理是用来管理该表单中所有数据的页面。当用户每次创建一个表单实例的时候，在数据管理页面中就会增加一条记录。该页面主要提供给系统管理员使用，对已经创建的数据进行查看、修改和删除操作，同时支持对数据进行批量新增或修改。由于相关操作具有一定的风险，因此不建议开放给普通用户使用。

图 1-20 "数据管理"页面

2. 流程表单

流程表单适用于申请、审批等场景，通过流程设置让任务在不同的流程负责人之间进行审批，完成任务的流转。如图 1-21 所示，与普通表单相比，流程表单多出了流程设计选项，低代码开发者可以在"流程设计"中开发本表单的审批流，流程设计的具体用法，将在后续章节单独介绍。

图 1-21 流程表单顶部控制区

3. 数据管理页

通过前面的介绍，不论是普通表单，还是流程表单，都有数据管理选项用于向低代码开发者提供一个数据管理的页面，但是对于普通用户来说，也需要提供一个数据汇总页面，提供数据的查询、管理等功能。为了满足上述的要求，可以创建"数据管理页"。如图 1-22 所示，在每个普通表单以及流程表单的右上角，都有一个"生成数据管理页"的按钮，单击该按钮后，即可生成面向普通用户的数据管理页。

图 1-22 生成数据管理页

在数据管理页中，低代码开发者可以针对数据管理页做如下设置：

（1）设置显示列以及显示顺序。例如，可以设置重要字段显示在前面，并隐藏一些非重要字段。

（2）设置数据排序的规则。可以设置根据某个字段的升序或降序进行排序。

（3）设置访问权限。设置该数据管理页面的可见范围，以及每个操作的使用人等。

视频讲解

1.2.5　流程设计

流程设计只应用于流程表单中，流程表单在完成表单设计后，还需要配置一个流程来驱动各个审批人完成审批工作，如图1-23所示。在审批过程中，有可能涉及根据表单的内容选择不同的审批分支，例如，当合同金额大于100万元时，需要总经理审批，合同金额小于100万元时只需要部门主管审批即可。审批完成后，有时还需要去更新一些数据表的信息，例如，当一张合同付款申请单执行完成后，需要去更新对应的采购合同中累计已付款的总金额。上述的这些操作，都需要在"流程设计"中实现。本节主要介绍流程设计中的一些核心操作，便于低代码开发者快速掌握流程设计的核心用法。

图 1-23　流程设计样例

1. 人工节点

人工节点是流程审批中最常用的一种节点，即该环节由设定的审批人完成审批，并将流程推进至下一个节点。人工节点主要包括审批人、执行人和抄送人3种类型，其中审批人和执行人都具备推进流程的能力，即流程推进需要审批人完成审批或执行人完成执行，抄送人不参与流程的审批，只是在该环节（通常是最后一个环节）通知抄送人知晓该流程的相关信息。

（1）审批人/执行人。如图1-24所示，审批人节点中提供了多种设置审批人的方式，常用的包括指定人员、指定角色、部门主管、表单内成员字段等。当审批人不唯一时，即存在多个审批人，平台提供了会签（需所有审批人同意）、或签（其中一名审批人同意即可）、依次审批（按顺序依次审批）3种选项，从而灵活支持多审批人审批的场景。

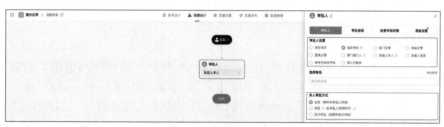

图 1-24　审批人设置

（2）审批按钮。如图1-25所示，审批人在审批时，可以利用审批按钮进行各种操作，不同类型的按钮可以对该流程产生不同的推进策略。平台支持7种按钮，其用法和含义如表1-12所示。

图 1-25　审批按钮

表 1-12　审批按钮功能介绍

按钮名称	功 能 介 绍
同意	该节点审批通过,进入下一节点,流程继续推进
拒绝	审批不通过,整个流程结束,后续的节点都不再执行
保存	暂时保存审批表单中输入的内容,不执行任何审批操作,流程依然停留在当前节点
转交	当前审批人把审批权限转交给另一个人,由转交人进行审批,转交后流程依然停留在当前节点
加签	加签包括前加签和后加签两种,前加签是指由当前审批人指定一个前加签人审批后,再由当前审批人审批;后加签是指当前审批人审批完成后,还要由后加签审批人完成审批,本节点才完成审批
退回	通过退回操作可以指定该流程回退到某个指定的审批节点,通常适用于需要对前置审批节点的内容进行重新修改后,继续审批。对于流程比较长的审批来说,退回操作可以避免因后续节点拒绝审批而重新发起整个流程的情况发生
撤销	撤销整个流程,流程实例状态为已终止,但审批结果为空,即没有审批结果(既没有同意,也没有拒绝)

(3)设置字段权限。设置字段权限用于设置当流程推进至该节点时,审批人对于表单字段的可操作性权限。如图 1-26 所示,系统提供了可编辑、只读和隐藏 3 种权限。在流程的发起节点,通常设置字段的状态与表单设计中的字段状态保持一致。随着流程的逐步推进,默认隐藏或只读状态的字段可以设置为可编辑状态。

图 1-26　设置字段权限

(4)高级设置。如图 1-27 所示,高级设置中提供了自动审批和超时处理两种操作。其中,自动审批用于简化审批操作,例如,当审批过程中出现发起人时,则流程自动审批,避免发起人二次审批。超时处理中可以设置一些超时规则,当触发超时规则时,流程自动完成通过、拒绝、转交等操作。

图 1-27　高级设置

2．分支节点

分支节点可以根据设置的条件使流程走向不同的后续分支,如图 1-28 所示。设置的条件通常可以有如下场景:

(1)通过条件规则设置分支。如图 1-29 所示,当审批结果组件的选项为"通过"时,流程会推进到后续的分支。

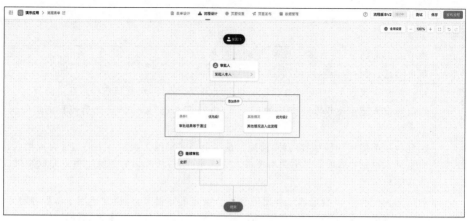

图 1-28　分支节点样例

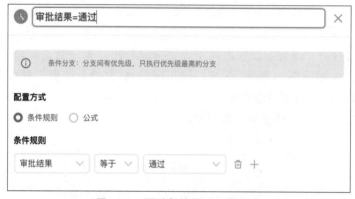

图 1-29　通过条件规则设置分支

（2）通过公式设置分支。如图 1-30 所示，当表单中数值组件的值大于 1000 时，流程会推进到后续分支。例如，在实际的企业应用中存在如下场景：当报销额度小于或等于 1000 元时，部门经理审批；当报销额度大于 1000 元时，需要总经理审批。

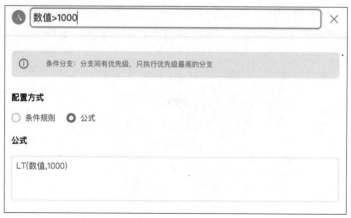

图 1-30　通过公式设置分支

3. 数据节点

流程设计中的数据节点，通常用于根据流程的推进结果对数据表中的数据进行增删改查操作。例如，当某个合同的付款申请流程结束后，可以更新该合同表中的累计已付款金额数据，这就涉及到在付款申请流程中修改合同表数据的应用场景。

（1）新增数据。在"新增数据"节点中，可以在指定的表单或子表中，新增单条或多条数据。以新增单条数据为例，在"字段设置"中，左侧选择目标表格中的字段，右侧选择流程表单中的字段，如图 1-31 所示。

图 1-31　新增数据设置样例

（2）获取单条数据。当对数据进行更新或删除操作之前，需要在流程中预先获取该条数据，这就需要使用到获取单条数据节点。获取单条数据节点的主要配置如表 1-13 所示。

表 1-13　获取单条数据节点的主要配置

配置	功能介绍
获取方式	设置获取数据的来源，平台提供了从普通表单中获取、从数据节点中获取、从关联表单中获取、从数据工厂中获取、从子表中获取 5 种方式
数据过滤	当需要获取单条数据时，通常需要设置一个查询条件，通过该查询条件可以获取到唯一一条数据。例如，可以使用合同编号来获取唯一一条合同信息
排序规则	获取单条数据节点，原则上通过设置数据过滤条件只能获取唯一一条数据，假如因为数据存在错误或索引不唯一时，则会获取到多条数据。由于获取单条数据返回的只有一条信息，那么就需要对获取到的多条数据进行规则排序，从而取得其中的第一条数据作为节点返回的数据。目前排序规则支持：不排序、升序和降序 3 种排序规则

（3）更新数据。在更新数据节点之前，一定要预先配置一个数据获取节点，然后才能够对获取到的数据进行更新操作。在"更新数据"配置中，可以对获取到的数据进行修改，支持同时修改多个字段的值。当未获取到数据时，通常可以选择"跳过当前节点"，如图 1-32 所示。

图 1-32　更新数据设置样例

4. 全局设置

全局设置是针对整个流程的通用设置，与某个具体的审批节点无关，如图 1-33 所示。

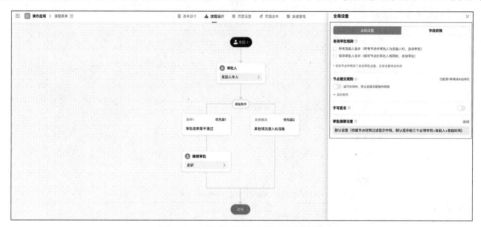

图 1-33　流程设计全局设置样例

（1）节点提交规则。如图 1-34 所示，节点提交规则通常应用于针对审批节点在执行提交操作前，增加一些逻辑处理规则，主要包括关联操作和校验规则两种。比较常用的是校验规则，即当某个节点提交前，可以在校验规则中对表单中的数据进行一些校验，从而确保信息填写的正确性，如果信息填写有误，则可以"中断"提交操作，提示用户修改错误信息后，再次提交。关联操作可以支持对提交的数据进行二次处理，例如，基于流程表单中数据进行一些额外的增加、删除、修改操作，当然此类操作借助官方提供的"集成 & 自动化"功能，也可以实现同样的功能。

图 1-34　节点提交规则设置样例

（2）自动审批规则。全局设置中的自动审批规则，与单个审批节点中的自动审批规则用法一致。

（3）审批摘要设置。审批摘要设置，用于配置用户收到提醒时，提醒模板中所包含的信息。默认情况下，用户收到的提醒模板只包含流程名称以及操作按钮，通过配置审批摘要模板，可以把流程表单中包含的关键字段信息显示在提醒模板中，方便审批人审批。如图 1-35 为审批摘要效果预览。

图 1-35　审批摘要效果预览

（4）手写签名。手写签名可以设置在某个指定审批节点，需要审批人在手机上完成手写签名的录入。手写签名目前只支持移动端，不支持 PC 端，在 PC 端操作会提示审批人使用手机扫码签字。第一次签字后，系统会自动保存第一次的签名，后续审批默认自动填入该签名，也可以重签。

5. 版本设置

由于流程可能根据业务变更需要经常修改，所以平台提供了针对流程的版本管理功能，每次针对流程的修改，平台都会为低代码开发者自动保存一个流程版本，历史版本也可以恢复为线上版本。如图 1-36 所示，目前，平台对流程的版本提供了 3 种状态。

流程版本号	流程版本备注	状态	创建人	创建时间	更新人	更新时间	操作
V2	流程版本V2	设计中	史昕	2023-01-09 10:17:35	史昕	2023-01-09 10:17:35	查看 | 修改备注 | 删除
V0	流程版本V0	历史	史昕	2023-01-09 10:07:38	史昕	2023-01-09 10:14:46	查看 | 修改备注 | 删除
V1	流程版本V1	启用中	史昕	2023-01-09 10:10:40	史昕	2023-01-09 10:14:46	查看 | 修改备注

图 1-36　流程版本状态样例

（1）启用中。线上版本，当创建新流程时，会使用启用中状态的流程版本进行推进审批。

（2）设计中。设计中的版本，可以进行修改，修改完成后，需要进行发布操作，才能够成为启用中状态的线上版本。

（3）历史。历史版本，不可使用状态，可以重新发布使其成为启用中状态的线上版本。

由于平台对流程提供了多版本管理，当低代码开发者启用新流程版本时，假如还存在未结束的审批流程，这些流程依然会使用创建时所启用的流程版本进行推进，并不会切换为最新的审批流程，这个要点需要低代码开发者关注。

1.2.6　自定义页面的使用

视频讲解

普通表单主要用于信息收集、信息存储，流程表单主要用于业务审批、任务协同，针对普通表单及流程表单，宜搭平台虽然也提供了"数据管理页"功能，但在实际的企业应用中，通常需要更加复杂的数据管理功能，因此，针对单表的数据管理页就不能满足这种场景的要求，而是需要使用"自定义页面"来搭建复杂页面。"自定义页面"主要用于信息展示、数据管理以及企业门户搭建等场景。相对于普通表单及流程表单，"自定义页面"提供了更加丰富的功能以及组件，低代码开发者可以使用这些组件以及编写少量代码，实现复杂的企业数据管理功能。

1. 整体介绍

（1）新建自定义页面。登录平台，单击左上角加号，选择"新建自定义页面"，在弹出的对话框中，选择"从空白新建"，即可创建一个空白的自定义页面。

（2）自定义页面的整体功能布局。如图 1-37 所示，自定义页面的开发环境布局与表单类似,包括左侧控制区、顶部控制区、页面搭建区以及属性设置区。在左侧控制区可以查看组件大纲树、添加组件、管理数据源、编写 JavaScript 代码等操作,在顶部控制区可以对页面整体样式进行设置,在页面搭建区可以通过拖拉拽组件来搭建页面,在属性设置区可以对某个组件的属性进行详细设置。

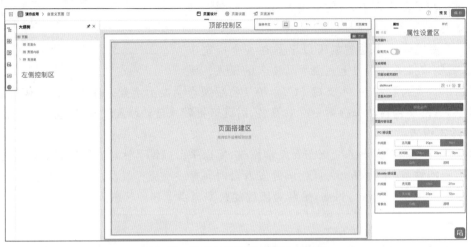

图 1-37　自定义页面的整体功能布局

2. 大纲树

单击左侧控制区的"大纲树",会展示当前自定义页面的层级结构,使低代码开发者可以更清晰地看到页面的组件布局。如图 1-38 所示,每个自定义页面都包括"页面头""页面内容""页面尾"三大部分,每个部分中都包含了由低代码开发者添加的组件。

图 1-38　自定义页面的大纲树

3. 组件库

自定义页面中的组件库对比普通表单以及流程表单,增加了"选项卡""对话框""表格""查询"等多个高级组件,如图 1-39 所示,这些都是在开发复杂自定义页面过程中经常使用的组件。

4. 数据源

数据源通常用来从其他表单或外部系统获取数据,并显示在自定义页面中。如图 1-40 所示,在数据源中可以选择"变量""新建远程 API""连接器"选项。

图 1-39　自定义页面的组件库

图 1-40　数据源设置样例

5．动作面板

在"动作面板"中可以编写 JavaScript 代码，从而实现一些复杂功能，如图 1-41 所示。

图 1-41　动作面板样例

1.2.7　报表及大屏

视频讲解

数据统计与展示更多地是面向企业的管理者，通过图形化的形式展示企业运行的整体状态。宜搭平台提供了报表以及大屏两种方式，实现了对企业数据的统计及展示功能。

1．报表

在普通表单及流程表单中存储的数据，可以使用报表功能对数据进行统计分析和展示。如图 1-42 所示，宜搭平台的报表功能提供了多种图形化的数据展示方式，包括柱状图、折线图、饼图、指标卡、表格等。借助报表功能可以为企业的管理者提供直观的数据辅助决策，优化企业业务流程。

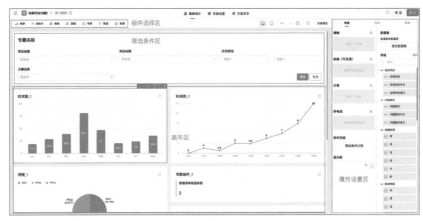

图 1-42　报表功能样例

报表的开发环境主要包括如下功能区域：

（1）组件选择区。在组件选择区中，提供了报表展示中使用的各种样式的组件，包括用于数据展示的"图表""指标卡""表格"组件库，用于数据筛选的"筛选"组件库，用于定制报表样式布局的"布局"组件库，以及用于展示文本/图片/链接的"基础"组件库。

（2）筛选条件区。在筛选条件区中，可以从"筛选"组件库中添加"下拉筛选""区间筛选""时间筛选"类型的筛选组件。

（3）画布区。用于展示统计数据的"图表""指标卡""表格"都集中在画布区。

（4）属性设置区。当选中某个组件时，属性设置区会显示该组件的属性列表并可以对属性值进行设置，例如，当选中"图表""指标卡""表格"时，除了设置组件的"样式"外，可以设置该组件的"数据"来源，包括关联的"数据集""条件过滤"等核心选项。

2．大屏

大屏的展示形式更多应用于企业的展厅或者监控中心，能够以更有视觉冲击力的形式，展示企业的整体运行情况，如图 1-43 所示。目前，大屏功能的使用需要企业单独开通，并按照大屏块数收费。

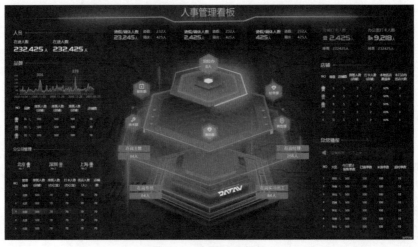

图 1-43　大屏展示样例

第 2 章

开发框架的使用

2.1 开发中典型场景的实现

在正式开始使用低代码开发平台进行开发之前,还需要做一些准备工作。虽然宜搭平台已经提供了用于搭建表单的标准组件,但为了加快开发进度,低代码开发者可以把这些标准组件进行"二次组合",形成一些通用性比较强的"功能场景"或"表单模板"。因此,本节将介绍在后续开发中会反复使用到的"功能场景"的开发方法,并预先搭建一套标准的"表单模板",相当于先建造"毛坯房",后续的所有普通表单以及流程表单,都可以在表单模板基础上进行二次开发,即为毛坯房"装修",进而提升开发效率。

2.1.1 动态获取下拉单选组件的可选项

视频讲解

下拉单选组件是在搭建表单中经常需要使用的组件之一。下拉单选组件的可选项可以通过多种方式设置,对于一些可选项相对固定的下拉单选组件来说,可以把可选项配置为固定选项,例如,性别配置为"男性""女性"两个选项即可。但有的下拉单选组件的可选项可能存在选项较多或者选项经常变动的情况,例如,"客户单位名称"需要提供所有客户单位的名称作为可选项,假如客户单位的数量成百上千,那么就不能够在表单中直接配置,在这种情况下,可以从其他关联表单中获取可选项。

下拉单选组件的选项类型提供了"关联其他表单数据"的功能,所以可以使用该功能动态配置可选项。由于可选项来自于其他表单的数据,所以该方法比较适用于可选项数量比较多的场景。

(1)创建一个普通表单,命名为:选项,然后在该表单中添加两个单行文本组件:选项名称、选项编码,单击"保存"按钮,保存表单设计,如图 2-1 所示。

(2)在该普通表单的"数据管理"页中,新增 3 条记录,作为可选项,如图 2-2 所示。选项名称、选项编码和记录数量均可以自定义。

(3)创建另外一个普通表单,命名为:下拉选项获取,然后在该表单中添加一个下拉单选组件,如图 2-3 所示。

(4)选中该下拉单选组件,并在右侧的属性设置中将"选项类型"设置为"关联其他表单数据",选中前面创建的"选项"表单,并设置显示"选项编码"和"选项名称"两个字段,如图 2-4 所示。

(5)单击"预览"按钮后,单击下拉单选组件的可选项,就可以看到在"选项"表单中创建的3 个选项,如图 2-5 所示。

图 2-1　搭建"选项"表单

图 2-2　在"选项"表单中新增数据

图 2-3　搭建"下拉选项获取"表单

图 2-4　选项设置

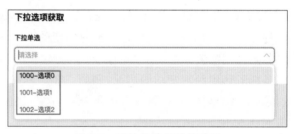

图 2-5　下拉单选组件的选项

视频讲解

2.1.2　获取钉钉用户信息

在搭建应用表单时，经常需要在表单中获取企业组织成员的信息，比较常见的是获取当前登录人的信息，例如，登录人姓名、登录人工号等。由于宜搭平台集成了钉钉通讯录能力，所以能够获取钉钉平台录入的用户信息，常见的信息包括：

（1）用户姓名——在钉钉通讯录中录入的"姓名"。

（2）工号——在钉钉通讯录中录入的"工号"，此处的工号通常指的是员工在企业内的唯一工号。

（3）部门——在钉钉通讯录中，该员工所在的"部门"信息。

（4）userId——钉钉用户在本组织内的唯一 ID。userId 和工号的区别在于：工号通常情况下能保证在某个企业内是唯一的，但其工号的编排规则和管理是在企业内部管理的，没有办法保证绝对的唯一性，而 userId 是该钉钉用户在本组织内的全局唯一 ID，由钉钉平台负责分配,通常情况下在企业内部不会使用。

上述在钉钉平台配置的用户信息,在宜搭平台中都可以使用公式来获取。

1. 获取当前登录用户信息

在表单中,经常需要显示当前登录用户的信息,例如,在流程表单中为了显示该申请的发起人,可以自动获取当前登录用户信息,从而免去用户输入的操作。上述业务场景可以使用平台提供的 LOGINUSER()或 GETUSERNAME()函数来实现,如图 2-6 所示。

图 2-6　使用 LOGINUSER()或 GETUSERNAME()获取当前登录用户的信息

(1) 使用 LOGINUSER()函数。在表单中添加一个单行文本组件,并设置该单行文本组件的"默认值"属性为"公式编辑",单击"编辑公式",在公式编辑栏中输入 LOGINUSER(),如图 2-7 所示。

图 2-7　使用 LOGINUSER()函数

(2) 使用 GETUSERNAME()函数。在表单中添加一个单行文本组件,并设置该单行文本组件的"默认值"属性为"公式编辑",单击"编辑公式",在公式编辑栏中输入 GETUSERNAME(),如图 2-8 所示。

图 2-8　使用 GETUSERNAME()函数

2. 使用 USERFIELD()函数获取钉钉用户信息

有时仅获取当前登录用户的姓名还不够,还需要获取 userId、工号、部门信息等,此时可以使用 USERFIELD()函数。

(1) 添加一个成员组件,并命名为:成员组件(使用 USER()),设置该成员组件的"默认值"属性为"公式编辑",在公式编辑栏中输入:USER(),如图 2-9 所示。此时,可以预览显示效果,该成员组件显示的是当前登录人的"姓名+工号"信息,如图 2-10 所示。

图 2-9　使用 USER()函数获取当前登录用户

(2) 添加 4 个单行文本组件,并命名为:"userId""姓名""工号""部门",在属性的"默认值"中设置为"公式编辑",使用表 2-1 的公式可以为单行文本组件进行赋值。需要注意的是,当使用公式获取"部门"信息时,需要使用"单行文本"组件,不能使用"部门"组件。

图 2-10　使用 USERFIELD( )函数获取当前登录用户的信息

表 2-1　使用 USERFIELD( )公式获取用户属性

用 户 信 息	公 式 配 置
userId	USERFIELD(成员组件(使用 USER( )), "userId")
姓名	USERFIELD(成员组件(使用 USER( )), "name")
工号	USERFIELD(成员组件(使用 USER( )), "businessWorkNo")
部门	DEPTNAME(成员组件(使用 USER( )))

3. 从自建用户信息表获取用户信息

由于在钉钉通讯录中登记的用户信息比较有限,只有姓名、工号、部门等少量信息,当低代码开发者需要在表单中显示更多用户信息的时候,例如,需要显示用户性别、班级等信息,钉钉通讯录中的信息就不够使用了。在这种情况下,需要通过自建的"用户信息表"来记录用户相关的更多信息,然后使用"数据联动"来实现数据自动回填表单的功能。如图 2-11 所示,除了显示 userId、姓名以及工号之外,还可以显示用户的性别信息。

图 2-11　从自建的"用户信息表"中获取性别信息

(1)新建一个普通表单,命名为:用户信息表,并按照表 2-2 添加组件并完成各个组件的设置。

表 2-2　"用户信息表"中的组件及设置

组件名称	类型	说　　明
成员	成员	(1)必填;(2)用于从企业通讯录中选择成员
userId	单行文本	(1)状态:只读;(2)默认值:选择"公式编辑";(3)使用 USERFIELD( )函数获取选中成员的 userId
姓名	单行文本	(1)状态:只读;(2)默认值:选择"公式编辑";(3)使用 USERFIELD( )函数获取选中成员的 name
工号	单行文本	(1)状态:只读;(2)默认值:选择"公式编辑";(3)使用 USERFIELD( )函数获取选中成员的 businessWorkNo
性别	下拉单选	(1)必填;(2)添加两个可选项:男性、女性

(2)在"用户信息表"中新增一条数据,如图 2-12 所示。

实例标题	成员	userId	姓名	工号	性别	提交人	提交人组织	创建	操作
史新发起的用户信息表	史新	011109084266991719847	史新	10001	男性	史新(10001)	企业应用实战	202...	详情·撤销·运行日志

图 2-12　在"用户信息表"中新增数据

(3)新建另外一张表单,命名为:获取用户信息,并在该表单中按照表 2-3 添加相关的组件并完成各个组件的设置。

表 2-3 "获取用户信息"表单中的组件及设置

组件名称	类型	说　明
使用代码获取当前登录人 userId	单行文本	(1)状态：只读；(2)在"动作面板"中使用代码获取当前登录用户的 userId；(3)使用 userId 是为了避免出现姓名或工号重复的特殊情况
姓名	单行文本	(1)状态：只读；(2)默认值：选择"数据联动"；(3)在"数据联动"中,选择关联"用户信息表","使用代码获取当前登录人 userId"值等于"userId"时,"姓名"联动显示为"姓名"
工号	单行文本	(1)状态：只读；(2)默认值：选择"数据联动"；(3)在"数据联动"中,选择关联"用户信息表","使用代码获取当前登录人 userId"值等于"userId"时,"工号"联动显示为"工号"
性别	单行文本	(1)状态：只读；(2)默认值：选择"数据联动"；(3)在"数据联动"中,选择关联"用户信息表","使用代码获取当前登录人 userId"值等于"userId"时,"性别"联动显示为"性别"

2.1.3　组织/角色的使用

视频讲解

在低代码开发过程中,成员、部门、主管和角色是经常使用到的概念,特别是在配置流程的审批节点时,经常需要根据业务需求来选择对应的审批人。例如,行政管理类的审批,通常需要跟企业的组织架构进行关联,由各个部门的主管进行审批。另外,一些企业内部的专项工作,假如涉及跨部门协同合作,那么在审批过程中通常会由该专项工作的负责人来审批,而该负责人可能并不具备行政职务,例如,一个项目的交付可能涉及研发、实施、售后、采购、财务等多个团队的成员组成一个虚拟团队,在项目执行期间统一由该项目的项目经理负责审批,项目结束后,项目团队解散,各个岗位的人员,包括项目经理,都会返回到其原有的部门,所以项目经理属于一个临时性角色,而非固定的行政职务角色。

通过上述的场景描述可以得知,为了满足企业实际运营的需求,流程配置需要支持灵活的"组织/角色"体系配置。宜搭平台除了可集成钉钉的组织架构以及角色体系之外,还自建了角色体系,并提供了接口人这种更加灵活的角色,从而可以满足企业实际业务的需求。

为了便于读者快速理解相关的概念,与组织/角色相关且容易混淆的概念在表 2-4 中进行了总结和归纳。

表 2-4　组织/角色相关的概念

概念名称	说　明	设置来源
成员	企业的员工,每个员工可以设置姓名、工号、职位等基本信息,还可以设置： 直属主管——只能设置 1 名直属主管,在审批中可以直接使用直属主管来审批 角色——可以为某个成员设置多个角色,例如,某个成员可以是财务主管,同时兼任采购主管 部门——一个成员可以就职于多个部门	钉钉
直属主管	在钉钉中创建成员时,可以指定该成员的直属主管,直属主管是该成员的一级主管,并且直属主管可以与成员的所在部门没有关联	钉钉
部门	部门通常指的是企业的行政分类下的单元,这种行政分类通常是按照工作类型进行划分,例如,销售人员都属于销售部,会计或出纳都属于财务部等。在部门设置中,除了设置部门名称外,还要设置： 部门主管——即该部门的主要管理人员,一个部门可以设置多个部门主管,但无法区分多个部门主管之间的差别,例如,部长或副部长,为了区分多个部门主管在职务上的差别,需要使用角色来区分	钉钉

概念名称	说　　明	设置来源
部门主管	在钉钉中创建的每个部门都可以指定该部门的主管，即部门负责人。该部门的所有成员，在未设置直属主管的情况下，部门主管即为所有成员的一级主管	钉钉
角色	角色为企业管理提供了一个可以灵活配置岗位的能力，从而满足企业管理的个性化需求。一个成员可以有多个角色。与角色相关的设置包括： 角色组——根据企业管理需要把同一维度的角色统一配置到一个角色组中来管理，例如，在按照职务维度分类的角色组中，可以添加研发、销售、运营、财务、人事等角色；在按照管理团队维度分类的角色组中，可以添加总经理、副总经理、人事主管、财务主管等角色 角色——一个角色组中可以包含多个角色，同一个角色组中的角色一定属于同一维度 成员——每个角色都可以配置一个或多个成员，例如，可以把企业所有的销售人员都设置为销售角色。为了精细化管理的需要，也可以创建一个角色组：销售团队，并按照地域差别创建多个角色，例如，华东区销售、华中区销售，最后把所有销售成员分别设置为不同的角色	钉钉 宜搭
部门接口人	部门接口人是宜搭平台提供的特有的功能，其不依赖于钉钉或宜搭平台配置的角色或者部门，与部门主管相比，部门接口人不是行政上的管理岗位。部门接口人可以为部门内部的专项工作设置负责人，专项工作的审批均由该负责人负责	宜搭

1．钉钉角色的配置和使用

针对角色的配置，推荐优先使用钉钉中的角色配置，因为钉钉作为管理成员、部门配置的唯一入口，角色作为与企业组织架构和职能任命相关的设置，与成员和部门一起在统一平台接受管理，可以简化企业的管理工作量。同时，当企业内部的职能发生调整时，也需要在钉钉平台中进行及时调整。

在钉钉中设置角色的方法和步骤如下：

（1）登录钉钉的管理后台。打开钉钉官网，单击右上角的"登录"按钮，即可登录到钉钉企业管理页面。

（2）依次选择"通讯录"→"角色管理"。根据企业内部职能分类的要求，创建角色组，并在角色组中创建不同的角色。如图 2-13 所示，企业可以根据管理需要配置多个角色组，例如，按照职务分类的角色组、按照管理分类的角色组。

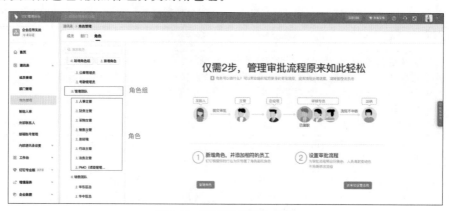

图 2-13　配置角色组及角色

（3）选中某个角色，单击"添加成员"按钮，即可为该角色添加相应的成员，如图 2-14 所示。

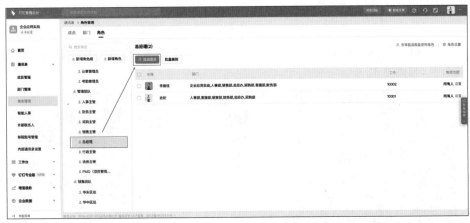

图 2-14　为角色添加成员

（4）在宜搭平台中，创建一个流程表单，在"流程设计"中，新增一个"人工节点"，在"审批人"中选择"指定角色"，然后单击"选择角色"即可，在弹出的对话框中选择上一步在钉钉中配置的角色组和角色，如图 2-15 所示。

图 2-15　流程设计中选择角色

（5）低代码开发者可以为某个审批节点选择多个角色审批，多人审批时，审批默认可以支持会签、或签以及依次审批 3 种模式。

2. 宜搭平台角色的配置和使用

宜搭平台也提供了与钉钉平台类似的角色配置方法，其配置方法如下：

（1）登录宜搭平台管理后台，单击右上角的"平台管理"，然后在组织管理中选择"角色管理"→"宜搭角色"，如图 2-16 所示。另外，当选中"钉钉角色"时，在该页面中会显示钉钉后台配置的角色组和角色信息，但在宜搭平台中不能对该信息进行修改。

图 2-16　设置宜搭角色

（2）单击"新增角色"，可以在弹出的对话框中输入角色名称、角色维护人、角色成员和角色描述信息。

（3）添加成功后，在流程表单的设计过程中，在选择指定角色的弹出框中，即可选择已配置的宜搭角色，如图 2-17 所示。

图 2-17　选择宜搭角色

3. 直属主管与部门主管的配置和使用

（1）配置直属主管。成员的直属主管属于该成员的一级主管，可以在添加该成员时进行设置，如图 2-18 所示。直属主管为非必填项目，在未指定直属主管的情况下，应用会将该成员所在部门的部门主管作为该成员的一级主管。

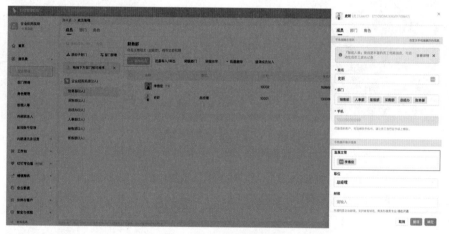

图 2-18　配置直属主管

（2）配置部门主管。在钉钉的部门配置中，可以设置该部门的部门主管，如图 2-19 所示。

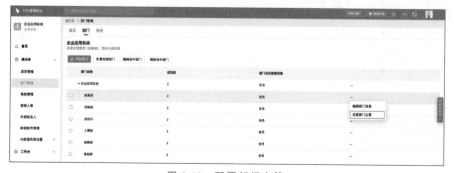

图 2-19　配置部门主管

（3）在表单中获取成员的主管。如图 2-20 所示，在搭建表单的过程中，可以使用 USER（"level"）来获取员工的各级主管，例如，USER(1)可以获取该员工的一级主管（直属主管，如未配置则会获取部门主管），USER(2)可以获取该员工的二级主管（在已配置直属主管的情况下，二级主管为成员所在部门的部门主管）。

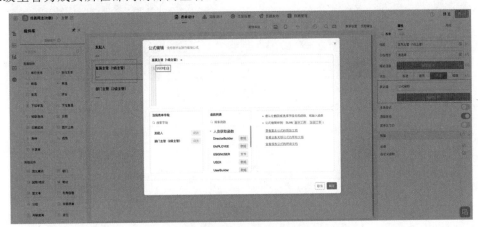

图 2-20　使用公式获取成员的主管

（4）在"流程设计"中设置主管审批。在"流程设计"中，可以设置"直属主管"审批以及"部门主管"审批，如图 2-21 和图 2-22 所示。

图 2-21　设置"直属主管"审批

图 2-22　设置"部门主管"审批

4. 部门接口人的配置和使用

部门接口人的创建和使用可以参考如下步骤：

（1）登录宜搭平台管理后台，单击右上角的"平台管理"，然后在组织管理中选择"角色管理"→"宜搭接口人"。

（2）单击"新增接口人"，在弹出的对话框中选择"接口人"以及"负责部门"，如图 2-23 所示。在部门接口人的配置方法中可以看到，该接口人必须关联一个特定的部门。

（3）在"流程设计"中，审批人即可选择已配置的"部门接口人"，如图 2-24 所示。

图 2-23　添加宜搭接口人

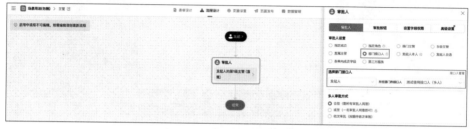

图 2-24　设置"部门接口"人审批

视频讲解

2.1.4　流程状态

与普通表单相比,流程表单最大的不同之处在于:流程表单可以基于设计的工作流在不同审批人之间进行流转,并且每个流程实例都有对应的实例状态和审批结果。实例状态是指该流程是否已经审批结束,体现的是流程的执行状态;审批结果指的是经过审批后,该申请流程是否被审批通过,体现的是审批的最终结果。

1. 系统级流程状态

在宜搭平台中,由于通用性的要求,对于流程的实例状态和审批结果提供了系统级别的定义。在"流程设计"中的每个审批节点都可以配置审批按钮,不同的审批按钮对于后续流程的推进具有决定性的作用,例如,当用户选择"同意"时,流程就会继续向下一个节点推进,当最后一个节点的审批人选择"同意"后,整个流程结束,此时该流程的审批结果即为"同意"。当用户选择"拒绝"时,此时流程就会被立即结束,此时审批结果就是"拒绝"。宜搭平台提供了 3 种系统级的实例状态,即:已完成、已终止和处理中,用于反映某个实例的当前状态。系统级的审批结果只有两种,即:同意和拒绝。当流程实例在审批过程中或当执行撤销操作时,由于上述两种场景下无法给出确定的审批结果,因此审批结果的值为空。操作、实例状态和审批结果的对应关系如表 2-5 所示。

表 2-5　操作、实例状态和审批结果的对应关系

操　　作	实 例 状 态	审 批 结 果
同意	已完成	同意
拒绝	已完成	拒绝
撤销	已终止	无
流程审批中	处理中	无

为了验证审批操作与实例状态和审批结果的关系,低代码开发者可以创建一个简单的流程表单进行验证,在表单中无须添加任何组件,在"流程设计"中只保留一个审批节点,该审批

节点有"同意"和"拒绝"两个按钮,流程自带"撤销"按钮,无须另外配置。完成上述设置后,创建 4 个流程:

(1) 在审批节点单击"同意"。此时,实例状态为"已完成",审批结果为"同意"。

(2) 在审批节点单击"拒绝"。此时,实例状态为"已完成",审批结果为"拒绝"。

(3) 在审批节点单击"撤销"。此时,实例状态为"已终止",审批结果为"空"。

(4) 创建流程后,在审批节点先不做审核操作。此时,实例状态为"运行中",审批结果为"空",如图 2-25 所示。

	实例标题	创建时间 ↓	当前审批节点	实例状态	审批结果	操作
□ >	史昕发起的系统级	2022-10-15 16:45:24		已完成	同意	详情 | 删除 | 更多 ∨
□ >	史昕发起的系统级	2022-10-15 16:45:17		已完成	拒绝	详情 | 删除 | 更多 ∨
□ >	史昕发起的系统级	2022-10-15 16:45:08		已终止		详情 | 删除 | 更多 ∨
□ >	史昕发起的系统级	2022-10-15 16:44:45	审批人	运行中		详情 | 删除 | 更多 ∨

图 2-25 运行结果:审批操作与实例状态和审批结果的关系

2. 自定义流程状态

基于对通用性的考虑,系统级的实例状态和审批结果无法体现更多个性化的信息。但是,当低代码开发者在开发企业应用的时候,需要在流程中加入更多的审批结果信息,从而能够更加清晰地反映当前流程的审批状态。例如,对于审批结果为"拒绝"的流程,可以体现出"拒绝"的原因,而对于"处理中"状态的流程,可以显示当前流程的进度等。上述个性化的功能需求,低代码开发者可以通过自定义流程状态的方式来实现。接下来通过一个简单的示例,讲解如何在流程表单中增加自定义流程状态信息。

(1) 新建一个流程表单,并按照表 2-6 中的要求完成组件属性的设置。

表 2-6 流程表单的组件构成及属性设置

所在分组	组件名称	组件类型	功能说明及属性设置
自定义流程状态	自定义流程状态	分组	该分组用于展示流程状态的信息
	流程状态	下拉单选	(1)状态:只读;(2)配置 5 个自定义选项:完成率 0%(默认选中)、完成率 50%、完成率 100%、成员 1 未通过、成员 2 未通过
成员 1	成员 1	分组	该分组用于展示成员 1 的审批结果信息
	成员 1	成员	必填
	成员 1 审批结果	下拉单选	(1)必填;(2)状态:隐藏;(3)配置 2 个自定义选项:通过、拒绝;(4)组件属性"高级"中的"动作设置",单击"新建动作",选择"onChange 值发生变化",在弹出框中输入动作名称 onChange,单击"确定"保存
成员 2	成员 2	分组	该分组用于展示成员 2 的审批结果信息
	成员 2	成员	必填
	成员 2 审批结果	下拉单选	(1)必填;(2)状态:隐藏;(3)配置 2 个自定义选项:通过、拒绝;(4)组件属性"高级"中的"动作设置",单击"新建动作",选择"onChange 值发生变化",在弹出框中输入动作名称"onChange2",单击"确定"保存

(2) 在"动作面板"中,实现 onChange() 及 onChange2() 函数。其主要功能是当成员 1 或成员 2 输入审批结果后,会自动根据输入的审批结果更新整个流程当前的审批结果,即更新"流程状态"组件的值。

代码

（3）在"流程设计"中，按照图 2-26 以及表 2-7 的完成流程配置。

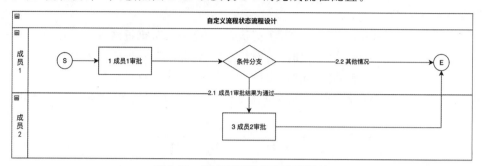

图 2-26　自定义流程状态流程设计

表 2-7　自定义流程状态节点配置

编号	节点名称	节点类型	功能说明及节点设置
S	发起	默认节点	字段权限：保持表单默认设置的状态
1	成员 1 审批	审批人	(1)审批人：选择表单内成员字段"成员 1"；(2)审批按钮：启用"同意"按钮，建议修改为"提交"；(3)设置字段权限："成员 1 审批结果"组件设置为"可编辑"状态
2.1	成员 1 审批结果为通过	条件分支	条件规则：成员 1 审批结果为通过
2.2	其他情况	条件分支	无
3	成员 2 审批	审批人	(1)审批人：选择表单内成员字段"成员 2"；(2)审批按钮：启用"同意"按钮，建议修改为"提交"；(3)设置字段权限："成员 2 审批结果"组件设置为"可编辑"状态
E	结束	默认节点	无

完成表单和流程的配置后，如图 2-27 所示，可以创建 5 个流程实例，通过成员 1 和成员 2 的不同审批选项，可以实现在"流程状态"组件中显示更丰富的自定义审批信息。在本书后续的应用开发中，上述自定义流程状态的实现方式将会被普遍使用。

图 2-27　运行结果：自定义流程状态

视频讲解

2.1.5　流程表单阻断提交操作

在流程审批过程中，有时需要对表单中的内容进行合理性校验，以避免出现前后不一致的情况。由于表单中的内容很多都是由用户自行填写的，如果校验规则比较复杂，用户可能完全无法全面关注，因此需要把校验规则在流程中进行配置，并且在用户提交表单之前，对表单中的内容进行校验，如果存在录入有误的情况，则阻断用户的提交操作。

本节将通过一个简单的用例介绍如何在用户执行提交动作之前对表单内容进行校验操作。在该用例中，将根据下拉单选组件的选项值，校验用户在审批表单时的操作，例如，当用户执行同意操作时，下拉单选的组件值必须为"同意"，如果选择其他选项则无法提交，同时需要给用户一个提示信息。

（1）新建一个流程表单，并在该表单中添加一个下拉单选组件，为该组件配置 3 个可选项：同意、拒绝、退回。

（2）在"流程设计"中，新增一个流程版本，对默认存在的"审批人"节点做如下设置：启用"同意""拒绝""退回"3 个按钮，同时在设置字段权限中，配置下拉单选组件的权限为"可编辑"。

（3）单击流程设计中的"全局设置"，在"节点提交规则"中添加一条规则，并按照图 2-28 进行设置，其含义是：在"审批人（发起人本人）"节点进行审批时，若用户单击"同意"按钮，则会触发验证是否满足校验规则。

图 2-28　设置节点提交规则：验证下拉单选组件的值是否为"同意"

（4）在校验规则设置中，输入公式：NE（下拉单选，"同意"），其含义是：当"下拉单选"的值不等于"同意"时，会触发阻断提交。选中"是否阻断提交"选项，并输入错误提示信息，如图 2-29 所示。

图 2-29　设置校验规则：配置公式、是否阻断提交及校验错误提示

（5）功能验证。在审批环节，下拉单选组件输入非"同意"的可选项，并单击流程的"同意"按钮后，会出现流程无法提交的情况，并收到："必须选择'同意'"的提示信息，如图 2-30所示。

图 2-30　运行结果：选择"拒绝"会触发阻断条件，并提示信息

视频讲解

2.1.6　子表单内容插入数据表

在流程表单中，子表单组件是一个比较常用的组件。例如，在合同审批流程中，每个采购合同通常都会存在多批次付款的条款，包括首付款、验收款以及尾款等，可以使用子表单组件展示合同的付款计划。合同完成审批后，从企业管理的角度来说，还需要跟踪付款的推进情况，由于合同审批作为一个流程，不建议对已结束的流程表单进行任何修改，因此，为了满足管理需要，可以把合同审批中的付款计划逐条存储在另外一个普通表单中，并基于该普通表单中的数据进行后续的跟踪管理。上述场景就涉及从子表单中读取数据，然后把数据插入到普通表单中的操作。

本节将会以一个简单的用例来介绍如何读取子表单中的数据，并把其内容归档到另外一个数据表（普通表单）中。

（1）创建一个普通表单，命名为：目标数据表，并在其中添加如下 3 个字段。字段的状态都设置为"只读"，即不能用使用手工方式进行添加记录，如表 2-8 所示。

表 2-8　"目标数据表"组件及设置信息

所在分组	组件名称	组件类型	功能说明及属性设置
无	公共字段	单行文本	状态：只读
	A 字段	单行文本	状态：只读
	B 字段	单行文本	状态：只读

（2）创建一个流程表单，命名为：数据源表，并按照表 2-9 添加设置相关字段。

表 2-9　"数据源表"组件及设置信息

所在分组	组件名称	组件类型	功能说明及属性设置
无	公共字段	单行文本	（1）普通状态；（2）这个字段放置在子表单之外，用于演示如何把公共部分的字段信息也同时插入到子表单中
	子表单	子表单	（1）普通状态；（2）排列方式：表格方式
	-子表单 A 字段	单行文本	普通状态
	-子表单 B 字段	单行文本	普通状态

（3）在该流程表单的流程设计中，单击"全局设置"，新增一条节点提交规则。在"节点类型"中选择"审批节点"，即可以在指定的节点执行配置的规则；"触发方式"选择"节点完成执行"，"节点动作"选择"同意"，即当用户单击"同意"按钮之后，执行插入数据的操作。

（4）在"关联操作"中，需要使用 INSERT()函数，该函数能够读取"数据源表"中的字段信息，然后插入到"目标数据表"中，如图 2-31 所示。

图 2-31 设置关联操作：将子表单中的数据插入"目标数据表"

为了验证功能的实现情况，首先在"数据源表"中插入一条数据，并单击"同意"完成审批。在数据管理页中，查找到该条记录，在"更多"中选择"运行日志"，如图 2-32 所示。

图 2-32 查看"运行日志"

在运行日志中，可以看到创建的规则已经被执行，单击"查看"按钮，在"运行详情"中显示向"目标数据表"插入了两条记录，如图 2-33 所示。

图 2-33 查看"运行详情"

在"目标数据表"的数据管理页中，可以再次确认数据已经被成功插入，如图 2-34 所示。

图 2-34 运行结果："目标数据表"中成功插入子表单中的数据

2.1.7 生成表单唯一编号

视频讲解

宜搭平台会为每个表单以及流程自动赋予一个唯一的 ID，该唯一 ID 由于长度比较长，因此更多应用于数据管理，并没有考虑其业务含义。为了能够更好地服务于业务开展，通常需要为每个表单及流程创建一个有业务含义的流水号，例如，根据合同编号可以判断出合同类型以及签约时间。本节将介绍 3 种可以生成唯一流水号的方法，前两种适用于所有版本，第三种适用于宜搭标准版及以上版本。

1. 使用流程类型＋时间戳

每个流程申请的"申请时间"都是必须要登记的信息之一，因此使用时间戳作为流程的唯一 ID 就具有一定的业务含义，即通过该 ID 可以得到流程的发起时间。另外，如果能够在时间戳的基础上补充业务流程的类型标识，则会提供更多的信息。例如，合同审批流程可以在时间戳前面添加上 HTSP 前缀，采购申请流程可以在时间戳前面加上 CGSQ 前缀。通过上述方法就能够基本满足中小微企业对于唯一流水号的需求。使用"流程类型＋时间戳"作为表单流水号，可以按照如下步骤实现。

（1）在表单中添加一个单行文本组件，设置状态为"只读"，默认值采用"公式编辑"。

（2）如图 2-35 所示，在公式中添加代码。该公式中使用到的主要函数，可以参见表 2-10。该公式可以获取"表单名称"的拼音首字母，并且附带时间戳（精确到毫秒）。对于低代码开发者来说，在实际开发过程中，只要修改"表单名称"字段以及所需的时间戳精度即可。

流水号(使用时间戳) =

```
1 CONCATENATE(PINYINHEADCHAR("表单名称"),TEXT(DATE(TIMESTAMP(TODAY())),"yyyyMMddHHmmssS"))
```

图 2-35　使用公式设置表单唯一流水号

表 2-10　函数用法释义

函　　数	用 法 释 义
CONCATENATE()	可以实现将多个文本字符串拼接的功能
PINYINHEADCHAR()	返回参数字符串的拼音大写首字母，如："表单名称"会返回 BDMC
TEXT（DATE（TIMESTAMP（TODAY()）），"yyyyMMddHHmmssS"）	以文字形式返回当前时间，需要注意的是，时间形式的含义并区分字母大小写，可以根据需要，只显示部分信息。其中， yyyy：年份 MM：月份 dd：日 HH：时 mm：分 ss：秒 S：毫秒

（3）通过预览功能查看生成的流水号。使用上述方式生成的流水号形式如图 2-36 所示。

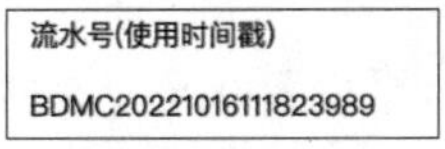

流水号(使用时间戳)

BDMC20221016111823989

图 2-36　使用"流程类型＋时间戳"生成流水号示例

使用"流程类型＋时间戳"作为表单流水号的形式，基本能够满足中小企业的业务要求，但其不适用于业务流程并发度较高的场景，假如业务流程的创建量比较大，同一时间有可能存在流水号重复的情况。为了尽可能规避此类情况，在设置时间戳的精度的时候，可以精确到"毫秒"，这样将会大大减少流水号重复情况的发生。

2. 使用 UUID

UUID 是宜搭平台提供的用于创建唯一编号的函数，由于通过该函数生成的唯一字符串没有业务含义，因此并不推荐在表单中使用，但作为可以生成流程号的一种方法，这里简要做一下介绍。

（1）在表单中添加一个单行文本组件，并配置其使用公式方式进行赋值，在公式中使用 UUID() 即可生成随机码，如图 2-37 所示。

图 2-37　使用 UUID()函数生成流水号

（2）通过预览功能查看生成的流水号。使用上述方式生成的流水号形式如图 2-38 所示。

3. 使用流水号组件（标准版及以上适用）

宜搭平台提供了生成流水号组件，适用于普通表单和流程表单，一个表单只能有一个流水号组件。该功能体验版无法使用，需要订购标准版以及尊享版。

（1）在表单的组件库中选择"流水号"组件，选中该组件，在属性设置区通过设置"规则定义"可以对流水号的格式进行设置。系统提供了"固定字符""提交日期""自动计数""表单字段"4 种规则，如图 2-39 所示。

图 2-39　流水号组件规则定义

图 2-38　使用 UUID()函数生成流水号示例

（2）通过对多个规则进行排列组合，可以按照业务要求生成流水号，如图 2-40 所示。

（3）当需要对流水号进行重置时，可以单击"手动重置"按钮，如图 2-41 所示。重置后，有可能出现流水号重复的情况，需要低代码开发者重点关注。

图 2-40　使用流水号组件生成流水号示例

图 2-41　重置流水号组件编号

（4）功能验证。完成上述配置后，在数据管理页中新建一个表单，并提交，可以看到使用流水号组件生成了该表单的"流水号"字段，如图 2-42 所示。

图 2-42　功能验证：使用流水号组件生成流水号示例

2.1.8　使用关联表单组件进行数据填充

视频讲解

关联表单组件可以用于在本表单中选择并展示其他表单的数据，并且支持把其他表单的数据回写到当前表单。该组件把一个独立的表单进行了关联，使整个应用的表单数据可以互通。本节通过一个简单的用例介绍如何使用关联表单组件读取其他表单中的数据，并把其内容填充到当前表单中。

（1）创建一个普通表单，命名为：源数据表，并按照表 2-11 中的要求完成相关属性的设置。

表 2-11　"源数据表"中的组件及设置信息

所 在 分 组	组 件 名 称	组 件 类 型	功能说明及属性设置
无	填表日期	日期	(1)必填；(2)日期格式：年-月-日
	填表人员	成员	必填
	内容	单行文本	必填

（2）创建一个普通表单，命名为：目标数据表，并按照表 2-12 中的要求完成相关属性的设置。除关联表单外的其他字段的状态都设置为"只读"，即需要通过数据填充的方式对只读状态的字段值进行回写。

表 2-12　"目标数据表"中的组件及设置信息

所 在 分 组	组 件 名 称	组 件 类 型	功能说明及属性设置
无	关联数据	关联表单	必填
	填表日期	日期	(1)状态：只读；(2)日期格式：年-月-日
	填表人员	成员	状态：只读
	内容	单行文本	状态：只读

（3）在"源数据表"中添加一条数据，如图 2-43 所示。

图 2-43　"源数据表"中新增数据

（4）编辑"目标数据表"，选中"关联数据"，配置"关联表单"为"源数据表"，设置显示字段，包括："主要信息"和"次要信息"，如图 2-44 所示。需要注意的是，主要信息可用于模糊查询，只有单行、多行、流水号可以作为"主要信息"。

图 2-44　关联表单中"关联数据"组件的显示设置

（5）打开"数据填充"功能，进行数据填充设置，表单字段应当一一对应，如图 2-45 所示。

（6）单击"预览"，在"关联数据"中选择关联表单数据，可以查看展示效果，如图 2-46 所示。

2.1.9　定时触发消息通知

视频讲解

消息通知通常用来提醒用户处理某些待办事项，宜搭平台为用户提供了快捷的消息通知搭建功能。该功能同时适用于普通表单和流程表单，并且提供了多种消息通知模板供用户使用。

定时触发消息通知是日常工作中经常用到的业务场景，例如，当员工的劳动合同即将到期

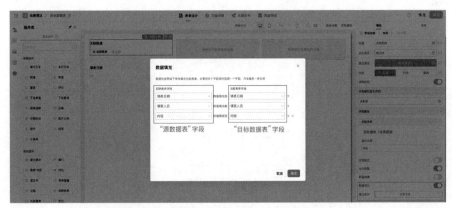

图 2-45　设置"关联数据"组件的数据填充

图 2-46　功能验证：使用关联表单组件进行数据填充

时，需要提前发送消息通知进行劳动合同的续签工作。定时触发消息通知功能当前仅支持使用主表单内的日期组件字段作为触发消息通知的条件，子表单及关联表单内的日期组件字段暂不支持，因此当用户需要定时触发消息通知时，务必要在主表单内设置提醒时间字段。本节将会介绍如何使用表单的时间组件触发消息通知。

（1）创建一个普通表单，命名为：消息通知，并在其中添加"接收人员"和"接收日期"两个字段，字段的状态都设置为"必填"。

（2）在表单编辑状态下选择"页面设置"中的"消息通知"，单击"新建消息通知"，创建"工作通知"，如图 2-47 所示。

图 2-47　新建消息通知

（3）创建一个纯文本普通消息，单击"使用"按钮，如图 2-48 所示。

（4）设置工作通知，开启"更多设置"进行详细配置，在"当表单"中选择"按表单日期字段发送"，之后单击"设置规则"，如图 2-49 所示。

（5）设置提醒规则，"开始提醒时间"选择"提醒日期"，具体提醒日期可设为当天的"9：00"，"重复类型"选择"只提醒一次"（提醒规则应当根据具体需求进行设置），如图 2-50 所示。

（6）设置"发送给"中的通知消息接收人，可选择表单字段中的成员类型组件，如图 2-51 所示。

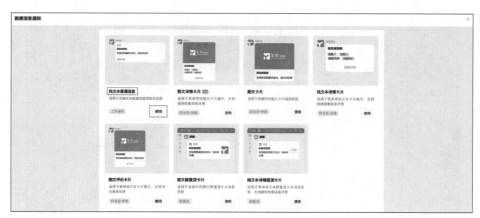

图 2-48　选择纯文本普通消息

图 2-49　设置工作通知触发条件

图 2-50　设置提醒规则

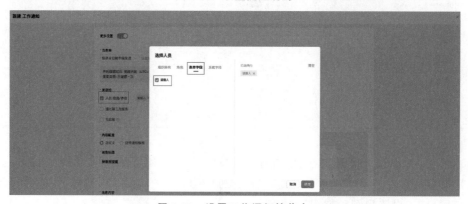

图 2-51　设置工作通知接收人

（7）填写消息标题为"消息提醒"，消息内容中可插入"提醒日期"字段及"提醒人"字段，如图 2-52 所示。

（8）当到达提醒时间时，应用会自动发送消息提醒给消息接收人。消息通知样例如图 2-53 所示。

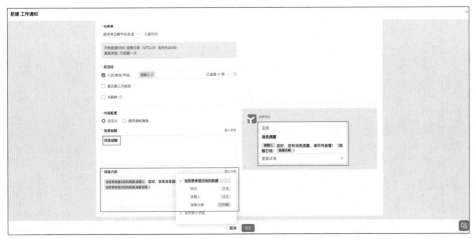

图 2-52　设置消息内容

图 2-53　运行结果：工作通知样例

2.1.10　验证字段值唯一性

有时需要确保表单中某个字段的值具有唯一性，例如，在客户登记表中，不允许存在同名的客户。在这种场景下，需要在表单提交时对具有唯一性要求的字段进行验证，如果存在重复的情况，则需要阻断提交，并向用户给出提示。

1. 普通表单验证字段值唯一性

针对普通表单，需要使用"表单设置"中的"表单校验"功能，在表单提交时验证指定字段值的唯一性。

（1）创建一个普通表单，并在表单中添加一个单行文本组件，并命名为：客户名称。

（2）在"表单设置"→"表单校验"中使用 EXIST() 函数，在表单提交时验证"客户名称"字段的唯一性，如果存在重复的情况则阻断提交，并向用户给出提示，如图 2-54 所示。

2. 流程表单验证字段值唯一性

针对流程表单，可以在"流程设计"的"全局设置"中设置节点提交规则，在开始节点校验字段的唯一性。

（1）创建一个流程表单，并在表单中添加一个单行文本组件，并命名为：客户名称。在"流程设计"→"全局设置"中，添加一个节点提交规则，"节点类型"选择"开始"，"规则类型"选择"校验规则"，如图 2-55 所示。

（2）在"校验规则"中使用 EXIST() 函数验证该字段的唯一性，如果字段值重复，则需要阻断提交，并向用户给出提示。

2.1.11　下拉单选组件设置多级筛选

在下拉单选组件的使用场景中，有时会出现 A 组件可选项会影响 B 组件可选项的情况，

图 2-54　使用 EXIST( )函数验证唯一性

图 2-55　设置节点提交规则：验证字段唯一性

即：B 组件可选项需要根据 A 组件当前的值进行筛选过滤。例如，当 A 组件选择"企业"选项时，B 组件的可选项会显示"大型企业""小微企业"；当 A 组件选择"学校"选项时，B 组件的可选项会显示"小学""中学""大学"等。通过为下拉单选组件设置多级筛选，可以减少呈现给用户的可选项数量，提升输入的准确性，降低操作难度。

（1）新增"多级选择数据源"表单。新增一个普通表单，添加两个单行文本组件，分别命名为：一级大类、二级小类，用于存储多级选择数据源。

（2）添加数据选项。在"多级选择数据源"表单中，按照图 2-56 预先添加可选项数据。

（3）新增"多级选择"表单。新建一个普通表单，并添加两个下拉单选组件，命名为：一级大类、二级小类。

（4）设置"一级大类"。选中"一级大类"组件，"选项类型"选择"关联其他表单数据"并选择"多级选择数据源"表单，显示的字段选中"一级大类"，如图 2-57 所示。

图 2-56　"多级选择数据源"添加数据选项

图 2-57　设置"一级大类"组件

（5）设置"二级小类"。选中"二级小类"组件，"选项类型"选择"数据联动"，并在"数据联动"中设置"数据关联表"为"多级选择数据源"，当"一级大类"值等于"一级大类"的值时，"二级小类"联动显示为"二级小类"的对应值，如图 2-58 所示。

图 2-58　配置数据联动显示设置"二级小类"组件

（6）验证效果。当"一级大类"选择不同可选项时，"二级小类"的可选项会根据"一级大类"的当前值进行筛选过滤，如图 2-59 所示。

图 2-59　运行结果：下拉单选组件设置多级筛选

2.1.12　批量发起流程

当用户需要集中批量发起流程时，如果采用手工方式逐条创建将会十分不便，针对这类场景可使用批量导入功能。批量导入既可以用于普通表单批量导入数据，也可以用于流程表单批量创建流程。本节将以批量发起工资条通知流程为例介绍批量导入功能。

视频讲解

（1）创建流程表单。新建一个流程表单，命名为：工资条，按照表 2-13 在该表单中添加组件并对组件进行设置。

表 2-13 "工资条"表单中的组件及设置

所在分组	组件名称	组件类型	功能说明及属性设置
无	月份	日期	(1)状态：只读；(2)格式：年-月
	姓名	单行文本	状态：只读
	工号	单行文本	状态：只读
	实发工资	单行文本	状态：只读
	抄送人	成员	状态：只读

（2）生成数据管理页。单击"工资条"表单的"生成数据管理页"按钮，即可创建该流程表单的数据管理页，在数据管理页面中可以批量发起流程。

（3）下载导入模板并准备导入数据。如图 2-60 所示，在数据管理页中，单击"导入"按钮，在弹出的对话框中，单击"导入模板"按钮，即可下载导入模板。应用会根据原始表单中配置的字段，自动在导入模板中创建对应的数据列，并且提供了字段导入格式规范参考。

图 2-60 下载导入模板

（4）数据预览。如图 2-61 所示，将准备好的 Excel 数据表格上传后，选择"工作表"，应用会生成导入数据预览。

图 2-61 导入数据预览

（5）表单设置。如图 2-62 所示，在表单设置中，需要设置流程表单与 Excel 数据列的对应关系，应用会根据数据列的名称进行默认匹配对应，如果存在差错可以手工修改。

（6）发起人设置。如图 2-63 所示，对于流程表单的批量导入，需要设置发起人，应用提供了"当前导入人""宜搭平台""表单字段"3 种方式。

图 2-62　表单设置

图 2-63　发起人设置

（7）导入结果。如图 2-64 所示，导入完毕后，可以查看导入记录。

图 2-64　导入结果

（8）导入完成后，可以在数据管理页中查看批量发起的流程实例，如图 2-65 所示。

实例标题	月份	实发工资	抄送人	姓名	工号	提交人	提交人组织	操作
史新发起的工资条	2023-01	5000	史新	史新	10001	史新	低代码开发师中级认证	详情 | 删除 | 更多 ∨

图 2-65　运行结果：批量发起流程

2.1.13　初始化自定义页面

视频讲解

从本节开始，将介绍自定义页面的常用使用场景。自定义页面的使用重点是掌握远程数据源的调用以及数据的增、删、改、查 4 种操作。本节介绍如何加载自定义页面的初始化数据。

1. 原始数据准备

为了能够在自定义页面中展示数据，需要提前准备一些原始数据。自定义页面中既可以展示普通表单数据，也可以展示流程表单数据。接下来分别创建一个普通表单、一个流程表单，并添加一些测试数据。

（1）创建普通表单。新增一个普通表单，按照表 2-14 在该表单中添加组件并对组件进行设置。该普通表单中包含了在自定义页面中需要展示及操作的一些最常使用的组件。表单创建完成后，再添加若干条测试数据用于展示。

表 2-14 普通表单的组件构成及设置信息

所在分组	组件名称	组件类型	功能说明及属性设置
无	姓名	单行文本	非必填
	性别	下拉单选	(1)非必填；(2)添加可选项："男""女"
	年龄	数值	(1)非必填；(2)单位：岁
	出生日期	日期	(1)非必填；(2)格式：年-月-日
	所在部门	部门	非必填
	部门主管	成员	非必填
	兴趣爱好	下拉多选	(1)非必填；(2)添加可选项："足球""篮球""乒乓球"
	在岗状态	下拉单选	(1)非必填；(2)添加可选项："在职""离职"

（2）创建流程表单。流程表单与普通表单相比，需要调用的远程 API 方法不同，并且与普通表单相比，流程表单可以获取"实例状态"及"审批结果"。新增一个流程表单，并参照表 2-14 对组件进行设置，页面搭建完成后，手工创建若干条流程审批测试记录。

2. 搭建自定义页面

在实现数据的查询与展示功能之前，需要预先配置自定义页面。如图 2-66 所示，该自定义页面主要包括如下 4 部分：

图 2-66 搭建自定义页面

（1）页面头。页面头中可以设置页面标题。

（2）查询组件。添加一个查询组件，并在该查询组件中添加"姓名"（单行文本）、"性别"（下拉单选）、"出生日期"（日期区间）、"所在部门"（部门）、"部门主管"（成员）5 个查询选项。

（3）选项卡组件。添加一个选项卡组件，并配置"普通表单"及"流程表单"两个选项，分别用于展示普通表单及流程表单的数据。

（4）表格组件。在"普通表单"中添加表格组件，并按照表 2-15 添加字段并完成组件的属性设置。

表 2-15 "普通表单"数据字段的设置信息

标题	数据字段	设置（单击右侧设置按钮可以进行设置操作）
姓名	xm	数据类型：文本
性别	xb	数据类型：文本

续表

标题	数据字段	设置（单击右侧设置按钮可以进行设置操作）
年龄	nl	数据类型：文本
出生日期	csrq	(1)数据类型：时间(只适用于时间戳)；(2)时间格式：年-月-日
所在部门	szbm	数据类型：文本
部门主管	bmzg	数据类型：文本
兴趣爱好	xqah	数据类型：文本
在岗状态	zgzt	数据类型：文本

（5）在"流程表单"选项中添加表格组件，除了"普通表单"中的字段外，为了体现流程表单的特性，增加"实例状态"及"审批结果"字段。

3. 配置普通表单数据源

在自定义页面中配置完用于展示数据的表格组件后，接下来需要从普通表单中获取数据，并把数据字段显示在表格中。为了实现上述目标，需要按照图 2-67 所示的步骤完成数据源的添加与设置。

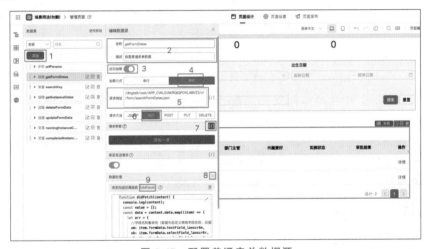

图 2-67　配置普通表单数据源

（1）添加数据源。单击"添加"按钮，新增远程 API。

（2）配置数据源的"名称"和"描述"。在"名称"中输入 getFormDatas，在"描述"中输入"获取普通表单数据"。

（3）开启"自动加载"。开启自动加载代表该自定义页面打开时，会自动调用该远程 API 并加载数据。

（4）设置"加载方式"为"并行"。

（5）设置"请求地址"。请求地址设置为"/dingtalk/web/APP_CWLG1AKRQIQFOVLABVZ3/v1/form/search FormDatas. json"，有如下两点需要注意：第一，调用的远程 API 为"/v1/form/searchFormDatas. json"，第二，请求地址中的"APP_xxx"需要更换，更换的方法为："应用设置"→"部署运维"→"应用编码"，如图 2-68 所示。

（6）"请求方法"设置为 GET。

（7）设置远程 API 的"请求参数"。单击"请求参数"右侧的"使用参数"按钮，如图 2-69 所示，其中，formUuid 的值为前面添加的普通表单的表单编号，可以在"应用设置"→"部署运维"中查看并替换。

图 2-68　查看应用编码

图 2-69　设置远程 API 的"请求参数"

代码 1

（8）在"数据处理"中添加数据处理函数 didFetch()，即获取到数据后对获取到的数据进行二次加工处理。

（9）绑定表格的数据源。如图 2-70 所示，选中"普通表单"选项卡中的表格，在"数据源"中设置该表格的数据源为：state.getFormDatas。

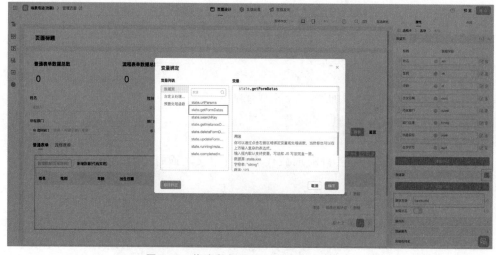

图 2-70　绑定数据源：state.getFormDatas

（10）设置表格的"数据主键"。将"数据主键"的值设置为 formInstId。

完成上述设置后，单击自定义页面右上方的"预览"按钮，即可查看数据获取情况，如图 2-71 所示。如果发现数据无法加载，可以打开浏览器的调试模式查看日志。

4．配置流程表单数据源

流程表单数据源的配置与普通表单相比，最核心的差别在于调用的远程 API 方法不同，

图 2-71　数据预览：查看普通表单数据

其他的设置基本类似。同时，流程可以获取审批状态（实例状态）以及审批结果信息。流程表单的数据源配置可以参考如下步骤进行：

（1）添加数据源。单击"添加"按钮，新增远程 API。

（2）配置数据源的"名称"和"描述"。在"名称"中输入 getInstanceDatas，在"描述"中输入"获取流程表单数据"。

（3）开启"自动加载"。开启自动加载代表该自定义页面打开时，会自动调用该远程 API 获取并加载数据。

（4）设置"加载方式"为"并行"。

（5）设置"请求地址"。请求地址设置为"/dingtalk/web/APP_CWLG1AKRQIQFOVLABVZ3/v1/process/getInstances.json"，有如下两点需要注意：第一，调用的远程 API 为"/v1/process/getInstances.json"，第二，请求地址中的"APP_xxx"需要更换，更换的方法为："应用设置"→"部署运维"→"应用编码"。

（6）"请求方法"设置为 GET。

（7）设置远程 API 的"请求参数"。

（8）在"数据处理"中添加数据处理函数 didFetch()，即在获取到数据后，对获取到的数据进行二次加工处理。

（9）绑定表格的数据源。选中"流程表单"选项卡中的表格，在"数据源"中设置该表格的数据源为：state.getInstanceDatas。

代码 2

（10）设置表格的"数据主键"。将"数据主键"的值设置为 processInstanceId。

完成上述设置后，单击自定义页面右上方的"预览"按钮，即可查看数据获取情况。在流程表单中，"实例状态"用于显示流程的状态，"审批结果"用于显示流程的审批结果，如果该字段为空，则说明该流程还未结束，如图 2-72 所示。如果发现数据无法加载，可以打开浏览器的调试模式查看日志。

2.1.14　数据查询操作

视频讲解

查询筛选数据是用户通过输入查询条件后，即可对符合查询条件的数据进行筛选，只显示符合查询条件的数据，过滤掉不符合的数据。查询筛选操作依然使用初始化加载数据时添加的 getFormDatas 或 getInstanceDatas 数据源方法，但需要添加 searchKey 变量作为查询条件，返回的数据即为满足查询条件的数据，而非全量数据。

1. 添加搜索条件组件

为了使用户能够输入查询条件，需要在自定义页面中预先添加查询组件，并在查询组件中添加查询条件。如图 2-73 所示，添加一个查询组件，并在该查询组件中添加"姓名"（单行文

图 2-72　数据预览：查看流程表单数据

本）、"性别"（下拉单选）、"出生日期"（日期区间）、"所在部门"（部门）、"部门主管"（成员）5 个查询条件。

图 2-73　搭建页面：添加搜索条件组件

2. 添加 searchKey 变量

定义一个 searchKey 变量用于存储查询条件，在调用远程 API 时，将该变量作为调用参数，即可实现对返回数据的筛选。

（1）添加 searchKey 变量。在"数据源"中单击"添加"按钮，选择"变量"，变量的"名称"填写 searchKey，变量的描述填写"搜索条件变量"，变量的"数据"中可以输入默认值""""（注意使用英文的双引号）。

（2）远程 API 的"请求参数"中添加 searchKey。选中远程 API（以 getFormDatas 为例），在"请求参数"中将 searchKey 赋值给参数 searchFieldJson，如图 2-74 所示（注意：需要使用 JSON.stringify() 函数进行格式转换）。

图 2-74　设置参数 searchFieldJson

3．实现搜索功能

当用户进行数据搜索时，先输入搜索条件，再单击"搜索"按钮，即可实现对数据的检索，因此，需要对用户单击"搜索"按钮的逻辑进行实现，即当用户单击"搜索"按钮时，重新调用数据获取的远程 API。

（1）添加动作。选中查询组件，在"高级"设置中单击"新建动作"，选择"提交时触发的事件"，在弹出的对话框中，将"动作名称"命名为 onSubmit，如图 2-75 所示。

图 2-75　添加查询动作

（2）实现 onSubmint（）功能。动作添加完成后，应用会在"动作面板"中自动创建 onSubmit（）函数，需要低代码开发者完成提交动作的逻辑实现。

代码 1

4．实现重置功能

当用户单击"重置"按钮清空所有查询条件时，应用需要重新获取全量数据，并在自定义页面中进行展示。

（1）添加动作。选中查询组件，在"高级"设置中单击"新建动作"，选择"重置按钮单击触发的事件"，在弹出的对话框中，将"动作名称"命名为 onReset。

（2）实现 onReset（）功能。动作添加完成后，应用会在"动作面板"中自动创建 onReset（）函数，需要低代码开发者完成提交动作的逻辑实现。该代码主要包括两个步骤：第一步，清空 searchKey；第二步，重新加载获取数据。

5．实现翻页功能

当用户单击翻页按钮查看分页数据时，应用需要传入参数 currentPage（当前页面值）并重新获取远程数据。

代码 2

（1）添加动作。选中表格组件，在"高级"设置中单击"新建动作"，选择"分页、搜索、排序时触发"，在弹出的对话框中，将"动作名称"命名为 onFetchData。

（2）实现 onFetchData（）功能。动作添加完成后，应用会在"动作面板"中自动创建 onFetchData（）函数，需要低代码开发者完成提交动作的逻辑实现。该代码的实现逻辑是：根据表格的当前页面值和搜索条件重新获取数据。

2.1.15　数据新增操作

自定义页面通常用于管理数据，当需要新增数据时，可以通过单击新增按钮，跳转到对应的表单提交页面完成数据的新增操作。宜搭平台提供了使用页面跳转以及使用代码两种实现

视频讲解

方式。本节将详细介绍在自定义页面中如何配置"新增"按钮以及如何实现跳转数据新增页面的操作。

1. 使用页面跳转

（1）添加新增数据按钮。在自定义页面中，选中表格组件，在属性中选择"顶部操作"，单击"添加一项"按钮，即可在表格上方创建一个按钮，并修改该按钮的文字为"新增数据（页面跳转）"，如图 2-76 所示。

图 2-76　添加新增数据按钮

（2）设置跳转页面。在"新增数据（页面跳转）"按钮的设置中，"关联页面选择"选中需要跳转的表单"普通表单数据表"，如图 2-77 所示。

图 2-77　设置需要跳转的页面

（3）预览。保存自定义页面并单击"预览"按钮，在预览页面中，单击"新增数据（页面跳转）"按钮，应用即可跳转到关联表单的新增页面。

2. 使用代码实现

除了使用平台提供的页面跳转功能实现数据新增之外，还可以使用代码方式实现跳转数据新增页面。

（1）添加新增数据按钮。在自定义页面中，选中表格组件，在属性中选择"顶部操作"，单击"添加一项"按钮，即可在表格上方创建一个按钮，并修改该按钮的文字为"新增数据（代码实现）"。

（2）添加回调函数。打开按钮的"设置"页面，单击"绑定动作"按钮，在弹出的对话框中添加 onAddForm( )函数。当用户单击该按钮后,会调用 onAddForm( )函数。

（3）onAddForm( )回调函数的逻辑实现。在动作面板中实现 onAddForm( )函数,在该函数的实现过程中,需要使用 this. utils. router. push( ),该 API 的功能是实现页面的跳转,其中 path 参数是新增表单页面的 URL。

代码

2.1.16　查看表单详情

视频讲解

自定义页面中的表格组件中会显示数据记录的部分核心字段信息,当用户希望查看包含所有信息的原始表单时,则需要通过单击数据记录右侧的"详情"按钮,跳转到该记录对应的原始表单。在实现跳转的过程中,核心的实现逻辑在于跳转链接中需要携带原始表单的表单实例 ID,即:formInstId,根据表单实例 ID 即可打开原始表单。另外,通过在跳转链接中携带参数也是页面之间实现数据传递的一种方法,需要重点掌握。

（1）添加详情按钮及回调函数。选中表格组件,在属性中选择"操作列",单击下方的"添加一项"按钮,即可添加"详情"按钮。单击"详情"按钮右侧的设置按钮,在弹出的新设置页面中,单击"绑定动作",添加 onDetail( )回调函数,如图 2-78 所示。

图 2-78　添加详情按钮动作

（2）实现 onDetail( )回调函数。在动作面板中,应用会自动创建 onDetail( )函数,低代码开发者通过在 this. utils. router. push( )中携带参数 formInstId,从而实现页面跳转过程中的数据传递。

代码

2.1.17　实现数据统计卡功能

视频讲解

在自定义页面中,可以加入数据统计卡用于直观展示一些常用的统计数据,例如发起的流程总数、不同状态的流程数量等。数据统计卡的功能实现主要包括如下 3 步:

（1）在自定义页面中搭建数据统计卡;

（2）获取统计数据;

（3）数据统计卡中的文本绑定变量。

1. 搭建数据统计卡

（1）在自定义页面中添加一个布局组件,可以根据数据统计卡的展示数量对布局进行等分,如图 2-79 所示,布局组件被四等分。

（2）每个数据统计卡均由一个分组组件及一个单行文本组件组成。由于分组组件默认存在头部分隔线,可以设置关闭。

（3）创建 4 个数据统计卡，分别为"普通表单数据总数""流程表单数据总数""进行中流程数量""已完成流程数量"，如图 2-79 所示。

图 2-79　搭建数据统计卡

2. 准备统计数据

代码

（1）为了统计不同状态流程实例的数量，需要创建 runningInstanceCount 及 completedInstanceCount 两个变量，分别用于记录进行中实例数量以及已完成实例数量。

（2）更新 runningInstanceCount 及 completedInstanceCount 变量的值。在 getInstanceDatas 远程 API 的 didFetch()回调函数中，根据返回流程实例的状态值更新 runningInstanceCount 及 completedInstanceCount 变量的值。

3. 绑定变量

（1）统计数据总量。"普通表单数据总数"及"流程表单数据总数"可以使用 totalCount 方法统计获取到的所有数据的总数，如图 2-80 所示。

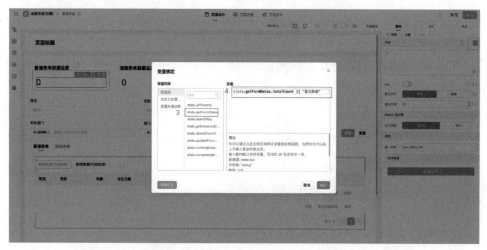

图 2-80　"普通表单数据总数"及"流程表单数据总数"绑定变量

（2）统计各流程状态的数量。"进行中流程数量"及"已完成流程数量"则需要绑定 runningInstanceCount 及 completedInstanceCount 变量，如图 2-81 所示。

4. 实现效果

完成上述 3 步后，单击自定义页面的"预览"按钮，各个数据统计卡即可显示相关的数据统计信息，如图 2-82 所示。

图 2-81 "进行中流程数量"及"已完成流程数量"绑定变量

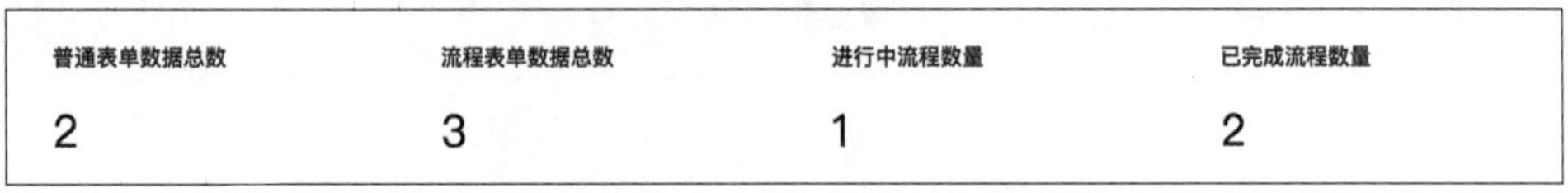

普通表单数据总数	流程表单数据总数	进行中流程数量	已完成流程数量
2	3	1	2

图 2-82 运行结果：数据统计卡数据展示

2.1.18 添加外部链接

视频讲解

当应用需要跳转其他功能页面或外部链接时，可以创建外部链接页面。该功能类似于页面的快捷方式，避免用户重复创建相同功能的普通表单或流程表单。本节将介绍新增外部链接的实现方法。

（1）在应用内，单击"＋"新建页面按钮，选择"新增外部链接"。

（2）设置外链。在"新建外链页面"对话框中，填写"页面名称""链接地址""选择分组"，单击"确认"按钮，即可创建成功。如果添加宜搭平台中的表单，可在链接中添加"&isRenderNav＝false"参数隐藏外部导航，如图 2-83 所示。

图 2-83 设置外部链接

（3）创建成功后，单击该外部链接菜单，即可显示对应页面的内容。

2.2 通用框架的使用

2.1 节介绍了有关开发过程中的一些典型场景，这些场景在不同的应用中会经常出现，熟练掌握后，可以大幅提升开发效率。本节将介绍另外一部分对于开发提效比较有帮助的内容，即"通用模板"的使用。

　　所谓"通用模板"，就是预先准备一套表单模板，每个模板中已经提前预置了一些通用的字段（例如，表单名称、表单编号、发起人、流程状态等），并且对字段的布局进行了预先设置。低代码开发者在创建应用表单时，这些重复性的工作就不必反复执行了，只需要"复制"一个通用模板，然后直接在该副本基础上增加应用特有的功能即可，从而可以提升开发效率。"通用模板"可以理解为盖房子时准备的标准"预置框架"，在盖房子之前，先在工厂批量生产这些"预置框架"，然后再把"预置框架"配送到各个工地，最后根据每栋建筑不同的设计要求盖出不同样式的房子。

视频讲解

2.2.1　普通表单模板

　　普通表单在使用过程中，由于不涉及流程审批，所以主要用于信息收集以及数据存储的场景。例如，企业人员信息登记表，可以使用普通表单来存储企业人员信息，并由企业人事岗位负责信息的录入以及更新操作。普通表单模板的样式如图2-84所示。

图2-84　普通表单模板的样式

1. 页面布局设置

　　综合考虑PC端和移动端的显示效果，普通表单模板的整体布局采用"一行三列"的布局形式，每一行都是一个布局容器组件，并且每个布局容器组件都包含3个等宽的布局组件，即每个布局容器组件的"列比例"均设置为4：4：4，如图2-85所示。

图2-85　普通表单模板的页面布局设置

　　当低代码开发者进行表单开发时，需要考虑组件的布局顺序，由于每一行的3个布局组件归属于同一个布局容器组件，因此推荐采用从左到右依次添加组件的顺序。如图2-86所示，当切换成移动端显示效果时，由于移动端通常是竖屏展示，因此每一行只有一个布局组件，归属于同一个布局容器组件的布局组件会从上至下依次排列。

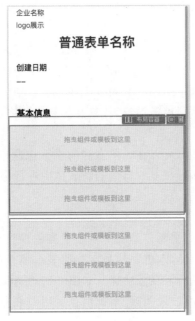

图 2-86　移动端布局显示效果

2. 表单样式设置

普通表单模板的样式,从上到下分为:头部区、基本信息区、辅助信息区、开发信息区 4 个部分,每个区域都是一个独立分组。在开发过程中每个独立分组的作用以及所包含的组件详见表 2-16 说明。

表 2-16　普通表单模板的组件构成及设置信息

所在分组	组件名称	组件类型	功能说明及属性设置
头部区	无	分组	设置隐藏该分组的标题
	企业名称 Logo 展示	图文展示	(1)统一显示企业名称以及企业的 Logo;(2)内容绑定变量参数:logo
	普通表单名称	图文展示	显示该普通表单的名称,可以通过改变"内容"属性进行修改
	创建日期	日期	(1)创建该普通表单时,自动填入当前日期;(2)使用公式进行赋值;(3)格式:年-月-日
基本信息区	基本信息	分组	(1)该分组用于显示普通表单中的组件;(2)每行为一个三等分的布局容器组件
辅助信息区	系统字段	分组	该分组用于存储表单的一些辅助信息,辅助信息通常应用于开发,无须展示给最终用户,因此该分组在表单发布前需要设置为"隐藏"状态
	userId	单行文本	(1)创建该表单的用户 userId;(2)在"动作面板"的 didMount()函数中设置,使用 this. utils. getLoginUserId() 获取当前登录用户的 userId
开发信息区	TODO	分组	(1)用于记录开发过程中的一些信息(例如,需要完善的内容),便于迭代开发使用;(2)该分组在发布前需要做隐藏处理
	图文展示	图文展示	记录需要完善的具体内容

3. 数据源设置

在后续的章节中，将会引入"配置中心模板"。对于一个应用来说，可以设置针对应用全局生效的"系统配置中心"，同时也可以设置只针对单个模块或表单生效的"模块配置中心"。"系统配置中心"中的设置，对于所有的表单都生效，例如，当在"系统配置中心"修改企业名称及企业 Logo 时，所有的表单都会同步更新，从而免去低代码开发者逐个表单去更新的困扰。因此，在表单模板中可以通过添加 getGlobalConfigData 远程 API，预先加载"系统配置中心"中的配置信息，低代码开发者在复制表单模板后，复制的新表单将自动加载这些配置。

4. 表单模板的复制

完成普通表单模板的配置后，可以在表单右侧的设置选项中，单击"复制"选项，即可完成表单模板的复制操作，接下来即可在复制得到的新表单中进行定制开发。

视频讲解

2.2.2　流程表单模板

由于流程表单和普通表单的主要差异就是多出了流程设计，在表单设计层面的使用是一致的，所以针对流程表单模板的设计，更多的是在普通表单模板的基础上，针对流程表单的特性做一些"加法"，增加一些常用的字段或功能。如图 2-87 所示，与普通表单模板相比，流程表单模板主要的差别在于多出了流程说明区、审批信息区以及在基本信息区中增加了数个与流程状态和发起人相关的字段。

企业名称logo展示	头部区	**流程表单模板**	拖拽组件或模板到这里
流程说明在这里编辑流程的说明		流程说明区	
基本信息		基本信息区	
表单编号—	状态审批中	发起日期—	
发起人姓名—	发起人工号—	岗位—	
审批信息		审批信息区	
审批人 *选择人员 清选择	审批意见清选择		拖拽组件或模板到这里
系统字段(配置隐藏)		辅助信息区	
userId—	拖拽组件或模板到这里		拖拽组件或模板到这里

图 2-87　流程表单模板的样式

1. 流程说明区

每个流程表单都会对应企业管理中的一个完整业务流程，通常会涉及到多个审批环节，针对部分复杂的业务流程，为了帮助发起人以及审批人能够正确的理解业务流程，在流程表单中对该业务流程提供一个流程说明，将有利于流程的推进。因此，在流程说明区，可以配置一个"图文展示"组件，在该组件中输入该业务流程的说明信息。为了便于该说明信息的更新，可以通过绑定变量的方式来从外部的"系统配置中心"读取流程说明。

2. 基本信息区

在基本信息区中，预置了与流程相关的一些通用信息，例如，表单编号、状态、发起人的信息等，相关组件的含义及说明如表 2-17 所示。

表 2-17　基本信息区组件说明

所在分组	组件名称	组件类型	功能说明及属性设置
基本信息	基本信息	分组	用于展示流程相关的信息
	表单编号	单行文本	(1)状态：只读；(2)使用公式为该字段赋值，格式为：表单名称拼音首字母＋年月日时分秒毫秒，设置方法参见 2.1.7 节
	状态	下拉单选	(1)状态：只读；(2)该字段标识流程的整体状态，通过后续的审批结果来对该状态进行赋值操作；(3)预置可选项包括审批中、已审批、已拒绝
	发起日期	日期	(1)状态：只读；(2)该字段自动显示流程发起的日期信息；(3)默认值：选择"公式编辑"，使用公式 TIMESTAMP(NOW())获取当前日期；(4)日期格式：年-月-日
	发起人姓名	单行文本	(1)状态：只读；(2)自动显示发起人姓名；(3)默认值：选择"数据联动"，"数据关联表"选择"新增员工基本信息"表，userId 相同时，"发起人姓名"字段联动显示为"员工姓名"的对应值
	发起人工号	单行文本	(1)状态：只读；(2)自动显示发起人工号，配置方法同"发起人姓名"
	岗位	单行文本	(1)状态：只读；(2)自动显示发起人岗位信息，配置方法同"发起人姓名"

3．审批信息区

由于流程表单都需要包含若干个审批节点，为了记录每个审批节点的审批信息，所以可以在审批信息区中添加"审批人"和"审批意见"组件。其中，"审批人"是成员组件，在"流程设计"中，可以使用该成员作为审批人；"审批意见"是下拉单选组件，可以预置一些常用的审批意见，同时，根据该审批意见来修改基本信息分组中"状态"的值。设置方法可以参见 2.1.4 节。

4．辅助信息区

辅助信息区中主要配置辅助开发的一些信息，常用的信息包括流程创建人的 userId、关联表单的 ID 等。

2.2.3　自定义管理页模板

视频讲解

自定义管理页模板主要用于提升自定义页面的开发效率。自定义管理页模板，包括"页面头""数据统计卡""选项卡""查询条件区""数据详情区""辅助信息区"六大部分，基本能够满足绝大多数自定义页面搭建的需求，如图 2-88 所示。同时，在自定义页面中默认提供了针对远程数据源的增、删、改、查接口以及通用的变量，从而可以加快自定义页面开发进度。

（1）页面头。在页面头中显示页面主标题、副标题、页面配图、按钮等信息。

（2）数据统计卡。数据统计卡用于展示流程表单或普通表单的统计数据。

（3）选项卡。选项卡用于切换多个普通表单或流程表单的数据展示。

（4）查询条件区。查询条件既可以放置在各个选项卡内，其作用域只限于本选项卡的表单，也可以放置在选项卡外，代表其作用域扩展到所有选项卡中的表单。

（5）数据详情区。数据详情区用于展示单一普通表单或流程表单的数据，每条数据可以在右侧配置若干个操作项，顶部可以配置"新增"等操作。

（6）辅助信息区。主要用于记录开发过程中需要使用的一些辅助信息，例如，TODO 信息等，通常设置为隐藏状态。

（7）预置远程 API 及变量。为了便于提升远程 API 的配置效率，在自定义管理模板中可

图 2-88　自定义管理页模板的样式

以提前预置增、删、改、查的远程 API 以及 searchKey、page 等通用变量。

视频讲解

2.2.4　配置中心模板

配置中心主要用来管理组件的可变信息，例如，富文本组件的默认内容、下拉类组件的可选项等，这些组件的信息在实际的使用过程中经常会发生变动，如果相关信息在表单中"写死"，那么每一次修改都需要低代码开发工程师介入修改，这会影响业务团队的工作效率。通过配置中心可以把表单中的可变信息进行集中管理，当业务团队需要修改这些可变信息时，只需要在配置中心中修改即可，达到"即改即用"的效果。

根据配置项目的使用范围，可以定义全局使用的系统配置中心，也可以定义某个模块的模块配置中心。例如，在前面介绍的普通表单模板及流程表单模板中，在左上角会统一显示企业名称及 Logo 信息，由于每个表单都需要显示这个信息，因此企业名称及 Logo 就可以在系统配置中心中添加。当企业的名称或 Logo 升级更新时，可以在系统配置中心中进行修改，所有表单均会同步生效，从而避免了每个表单都重新更新的情况。模块配置中心主要作用域在单个模块，使用方法与系统配置中心一致。

1．搭建配置中心模板页面

配置中心由于只涉及数据的存储，因此配置中心使用普通表单创建。如图 2-89 所示，在配置中心中，按照可变信息的种类不同，添加两个分组："富文本说明"分组，其中包含一个富文本组件，用于存储某个表单中富文本的预置内容说明，如：重要的提示信息等；"选项配置"分组，用于配置下拉类组件的可选项，可以根据需要创建若干个子表单组件，每个子表单组件对应一个下拉类组件，每个子表单组件中又包含了两个单行文本组件，分别用来存储每个可选项的"选项名称"及"选项值"。

2．配置中心的使用

在普通表单及流程表单的开发过程中，当涉及使用配置中心时，可以参照如下步骤获取配置中心的配置信息。

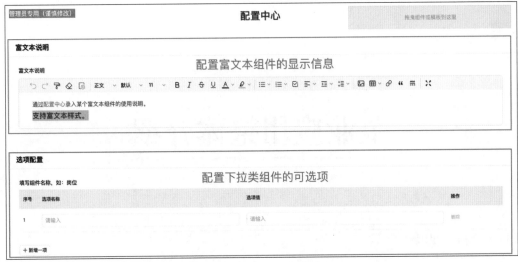

图 2-89　配置中心模板的样式

（1）根据表单中的组件，在配置中心中添加相关的配置项。配置中心表单设置完成后，在"数据管理"中新增一条数据，并为各配置项赋值（注意：只能配置一条记录，后续配置项的修改需要对已添加的该条配置信息进行修改）。

（2）在表单中添加变量，用于存储从配置中心获取到的配置信息。

（3）创建远程 API，从配置中心获取配置信息，并在 didFetch()函数中，将返回的配置信息赋值给上一步中添加的变量。

（4）将变量与表单中的组件进行绑定或将变量设置为表单中下拉类组件的可选项。

代码 1

代码 2

第 3 章

企业应用整体介绍

视频讲解

3.1 功能架构

通过前面两章的介绍,低代码开发者已经掌握了平台的基础使用方法。从本章开始将会围绕中小微企业经营过程中的人力资源、运营、财务以及管理 4 个领域开发一整套企业应用,每个领域都会包含若干个子应用,每个子应用中也会包含若干功能。在后续的章节中,对每个应用都会首先介绍每个功能的搭建方法,再一步步地介绍该应用的功能。在介绍搭建方法的过程中,为了避免篇幅过于冗长,重复性的操作或者代码将不再赘述,因此需要读者熟练掌握第 1 章和第 2 章的相关内容。

企业应用共包含"员工管理""企业招聘""假期管理""外勤管理""项目管理""行政服务""合同管理""费用管理""采购管理""固定资产管理""薪酬管理""领导驾驶舱"12 个子应用。这些应用的功能介绍如表 3-1 所示。

表 3-1 企业应用功能全景

应用	面向岗位	说 明
员工管理	人事岗位	员工档案的管理,包括员工基本信息、劳动合同、资质证书、奖惩记录、培训记录等,也包括员工的转正、调动以及离职管理
企业招聘	招聘岗位	企业人才库的建设以及招聘的全流程管理,主要包括简历库、招聘需求发布、面试记录跟踪以及录用申请
假期管理	全体企业员工	企业员工的各类假期管理,管理的假期类型包括年休假、调休假、事假、病假等,并根据不同类型的假期提供不同的请销假管理流程
外勤管理	全体企业员工	针对企业员工需要外出的情况,对市内出差、市外出差提供管理,并能够与费用报销实现数据互通
项目管理	交付岗位	基于 PMP 项目管理理论,对项目的全生命周期进行管理,包括立项/结项、工时、需求、变更、风险、问题、进度、任务、报告、采购、售后、组织过程资产管理等
行政服务	行政岗位	全面支撑企业行政岗位的日常工作,包括办公用品管理、证明开具、公章管理、公车管理等
合同管理	合同管理员	企业各类合同的管理,包括合同审批、合同归档以及合同的执行进度跟踪
费用管理	财务岗位	服务企业的会计和出纳岗位,企业资金的收支管控,包括费用报销、借款单、还款单、付款单、收款单等
采购管理	采购岗位	规范企业的采购流程,包括采购申请、询价、采购合同审批、采购订单执行、付款计划管理、接收入库以及付款

续表

应用	面向岗位	说明
固定资产管理	固定资产管理员	对企业的每个固定资产进行全生命周期的管理,包括资产入库登记、借用/归还、维修、定期保养检修、出售、报废及盘点
薪酬管理	财务岗位	管理企业员工的薪酬发放以及发放通知
领导驾驶舱	企业管理者	通过数据报表以及大屏等形式,为企业中高层管理者治理企业提供数据支撑和依据

视频讲解

3.2　应用门户

当用户打开应用时,需要给用户提供一个门户导航页,在门户导航页中可以提供常用功能的快捷导航、快速处理本人的任务并展示企业的重要通知等信息。

基于宜搭平台开发的企业应用门户的主要包括如图 3-1 所示的功能区域:

(1) 首页 Banner。首页 Banner 可以用于企业形象宣传,展示企业名称、Logo、企业发展愿景等信息。

(2) 任务统计栏。在任务统计栏中,登录用户可以快捷查看并访问本人相关的流程,包括待处理的流程、本人创建的流程、抄送给本人的流程等。

(3) 功能导航区。在功能导航区中提供了功能快捷访问入口,用户单击各个功能后,可以跳转到对应的功能页面。根据功能的层级划分主要包括 4 级,分别为应用大类→应用→功能模块→功能。

图 3-1　企业应用门户

企业应用门户的开发可以按照如下步骤进行:

(1) 创建门户。新建一个自定义页面,单击"首页工作台",可以根据企业需要选择合适的模板。

(2) 搭建门户页面。门户页面的每个区域均是使用常用的组件搭建的,例如,首页 Banner 使用的是分组组件,其中又嵌套了图片组件以及文本组件;任务统计栏是由 3 个分组组件构成;在功能导航区中,"应用大类"由分组组件构成,在分组组件中通过选项卡组件展示"应用",在每个选项卡内部又嵌套多个分组组件用于展示"功能模块",每个分组组件中使用链接块组件展示"功能"。

（3）设置页面跳转。链接块组件可以支持用户单击后实现页面跳转的功能。如图 3-2 所示，选中链接块组件，设置"链接类型"为"内部页面"，并在"选择页面"中选择需要跳转的页面。打开"新开页面"开关后，当用户单击链接块时，会在浏览器中新建窗口并打开跳转的链接。

图 3-2　设置链接块属性

（4）设置任务数据统计。任务统计栏中可以显示"待处理任务数量""我创建的任务数量""抄送我的任务数量"，上述 3 种与任务统计相关的数据均可使用平台提供的 getTodoTasks、getMySubmmit、getNotifyMeTasks 接口获取，如图 3-3 所示。

图 3-3　获取待处理任务数量

第 4 章

员 工 管 理

员工是企业最核心的资产,企业运营过程中的每个领域都需要"人"的参与。因此企业应用的搭建过程中,需要围绕"人"来展开,人员的管理既是企业管理的基础,也是企业信息化建设的基础。"员工管理"应用以员工档案为基础,打通钉钉的人员、组织和角色,围绕员工在企业内部的整个"生命周期"的活动展开,涵盖了入职、转正、转岗、离职、劳动合同管理等相关功能,帮助企业的人力资源管理部门提升人员管理的效率。

对于国内的中小微企业来讲,在员工管理方面普遍存在的问题和挑战包括:

(1)纸质化的人员档案,不利于保存和查询。在没有信息系统支撑的情况下,员工入职后,需要员工手工填写员工档案,并交由人事部门归档管理。纸质档案受限于保存环境,容易出现丢失或损坏的情况,同时由于纸质存档检索不便,无法实现员工档案的快速查询和统计。

(2)信息更新不及时。当员工的在岗状态或者信息发生变更的时候,例如,转岗、转正等,缺乏配套的审批流程,或审批流程依赖线下领导签字,效率低下。

(3)人员管理缺乏过程跟踪。以劳动合同管理为例,由于员工入职时间不同,需要在员工劳动合同到期前及时完成劳动合同的续签,从而规避企业用工风险。

(4)员工资质证书不易管理。资质证书不仅是员工个人的能力体现,同时也是企业招投标过程中的重要加分项,对员工的资质证书进行集中管理,将提升企业在招投标过程中的竞争力。

视频讲解

4.1 应用概述

"员工管理"应用主要由员工基本信息、劳动合同、员工转正、工作调动、员工离职、奖惩记录、资质证书、培训记录以及员工档案 9 个核心功能模块构成,如图 4-1 所示,其功能列表参考表 4-1。

表 4-1 "员工管理"应用功能列表

目录	功能菜单	类型	使用用户	功能说明
员工基本信息	员工基本信息	数据管理页	人力资源岗位	"新增员工基本信息"表单的数据管理页,可以对员工信息进行增、删、改、查操作
	新增员工基本信息	普通表单	人力资源岗位	新增员工基本信息,默认为隐藏状态
劳动合同	劳动合同	数据管理页	人力资源岗位	"新增劳动合同"表单的数据管理页,用于员工劳动合同的创建与更新
	新增劳动合同	普通表单	人力资源岗位	新增劳动合同,默认为隐藏状态
	劳动合同明细	普通表单	系统管理员	用于劳动合同到期前发送消息提醒,默认为隐藏状态

续表

目录	功能菜单	类型	使用用户	功能说明
员工转正	转正申请	数据管理页	人力资源岗位	"发起转正申请"表单的数据管理页面，可以对转正申请进行增删改查操作
	发起转正申请	流程表单	企业员工	发起转正申请，默认为隐藏状态
工作调动	调动申请	流程表单列表	人力资源岗位	"发起调动申请"表单的数据管理页面，可以对调动申请进行增删改查操作
	发起调动申请	流程表单	企业员工	发起调动申请流程，默认为隐藏状态
员工离职	离职申请	流程表单列表	人力资源岗位	"发起离职申请"表单的数据管理页面，可以对离职申请进行增删改查操作
	发起离职申请	流程表单	企业员工	发起离职申请流程，默认为隐藏状态
奖惩记录	奖惩记录	数据管理页	人力资源岗位	"新增奖惩记录"表单的数据管理页面，可以对奖惩记录进行增删改查操作
	新增奖惩记录	普通表单	人力资源岗位	新增奖惩记录，默认为隐藏状态
资质证书	资质证书	数据管理页	人力资源岗位	"新增资质证书"表单的数据管理页面，可以对资质证书进行增删改查操作
	新增资质证书	普通表单	人力资源岗位	新增资质证书，默认为隐藏状态
培训记录	培训记录	数据管理页	人力资源岗位	"新增培训记录"表单的数据管理页面，可以对培训记录进行增删改查操作
	新增培训记录	普通表单	人力资源岗位	新增培训记录，默认为隐藏状态
员工档案	管理：员工档案	自定义页面	人力资源岗位	员工档案的数据聚合管理页面，支持查看企业员工信息
	档案详情	自定义页面	人力资源岗位	查看单个员工的详细信息，包括基本信息、劳动合同、转正申请、调动申请、离职申请、奖惩记录、资质证书以及培训记录，默认为隐藏状态

图4-1 "员工管理"应用功能架构图

"员工管理"应用的主要优势及特色包括：

（1）员工档案电子化集中管控。员工入职后建档，员工信息会根据各种申请流程同步更新,免于手工维护。

（2）用工合规风险预警。通过设定的预警规则和时间提醒劳动合同的续签,避免企业用工风险。

（3）员工申请电子化留痕。员工转正、调岗、离职相关流程以及资料电子化留痕。

（4）低成本并支持二次定制化开发。使用成本低,适合中小微企业,表单以及流程均支持根据企业的实际需求进行二次开发,维护成本低,时效性强。

4.2　员工基本信息

视频讲解

员工档案是企业人事部门在每一位员工入职时就要创建的。员工档案中包括员工的基本信息、教育信息、工作经历、家庭信息等个人信息,同时也包括员工的岗位、部门、职务等与工作相关的信息。

4.2.1　功能开发

表单组件

"新增员工基本信息"在开发过程中涉及的要点包括:该功能使用普通表单搭建,表单中需要记录员工的个人身份信息、任职信息、教育信息、工资信息和扩展信息等。可参考 4.2.2 节的介绍搭建该表单页面。

4.2.2　功能介绍

员工基本信息功能的相关操作如下:

（1）新增员工基本信息。登录平台,依次选择"员工管理"→"基础数据"→"员工基本信息"。单击"新增"按钮,即可新增员工基本信息,如图 4-2 所示。

员工基本信息									
□	员工工号	员工姓名	入职日期	联系电话	员工类型	是否转正	岗位	在离状态	工作常 操作
□	10002	李维佳	2021-08-04	15996930000	正式员工	已转正	研发	在职	河北省 详情｜删除
□	10001	史新	2022-07-01	13300000000	正式员工	已转正	研发	在职	福建省 详情｜删除

图 4-2　"员工基本信息"管理页面

（2）在"选择员工"组件中,选择已在钉钉中开通账号和权限的人员信息,应用会自动把该员工在钉钉中配置的"员工姓名""员工工号""员工所在部门"信息自动填充到表单中的对应字段。其他字段,如"身份证号码""岗位""在岗状态""联系电话"等需要根据员工信息如实填写,如图 4-3 所示。其中,"在岗状态"包含"在职""离职"两个选项,默认情况下填写"在职",如果员工发起离职申请流程并完成审批后,应用会自动更新该字段的值为"离职"。

（3）填写个人信息。如图 4-4 所示,在"个人信息"分组中,选择员工的"性别""出生日期""婚姻状况"。

（4）填写任职信息。如图 4-5 所示,"任职信息"分组中选择"员工类型""入职日期""是否转正""工作常驻地"信息。其中,"是否转正"默认为"试用期",当员工发起转正申请并审批通过后,该字段的值变为"已转正"。

（5）填写教育信息。如图 4-6 所示,"教育信息"分组中是一个子表单控件,用于逐条登记员工的教育经历信息。

（6）填写工资卡信息。如图 4-7 所示,在"工资卡信息"分组中登记员工的工资卡信息,用于工资发放。

图 4-3　新增员工基本信息："员工通用信息"分组

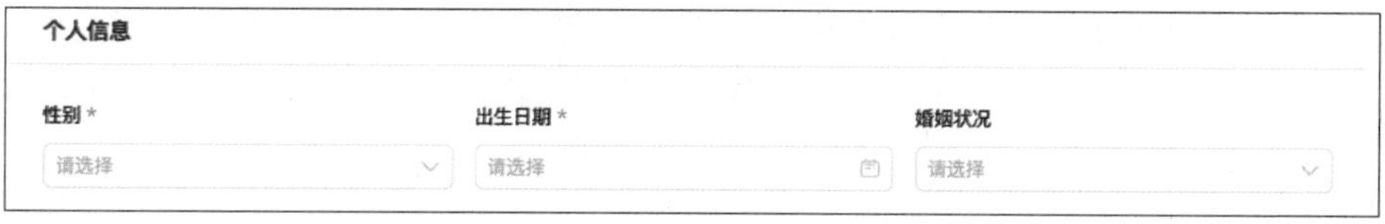

图 4-4　新增员工基本信息："个人信息"分组

图 4-5　新增员工基本信息："任职信息"分组

图 4-6　新增员工基本信息："教育信息"分组

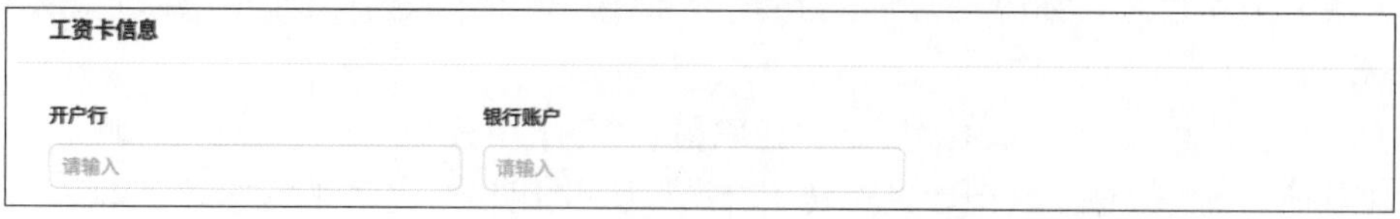

图 4-7　新增员工基本信息："工资卡信息"分组

（7）填写员工的扩展信息。如图 4-8 所示，在"扩展信息"分组中提供了一个记录员工更多信息的区域，在该分组中，可以登记员工的"家庭地址""紧急联系人"，并上传"离职证明电子版"。如果该员工是通过面试流程后入职的，还可以关联企业招聘模块中的简历以及面试记录等信息。

图 4-8 新增员工基本信息："扩展信息"分组

4.3 劳动合同

视频讲解

每个员工入职后都会跟企业签订劳动合同,并且劳动合同到期后还需要跟企业续签劳动合同。劳动合同管理主要用于管理企业内部每位员工的劳动合同,登记每次签订的有效期,存档劳动合同的电子扫描件,并且在劳动合同到期前提前提醒企业人事岗位人员与员工完成劳动合同的续签工作。

4.3.1 功能开发

"新增劳动合同"在开发过程中涉及的要点包括:该功能使用普通表单搭建;在表单中使用关联表单组件从"新增员工信息表"中选择一个员工,获取该员工的基本信息;由于一个员工有可能跟企业签订多份劳动合同,每份劳动合同的有效期不同,因此可以使用子表单来管理多份合同;为了帮助企业人事岗位员工及时联系员工续签合同,可以通过消息通知功能对即将到期的合同进行提醒。

（1）创建"新增劳动合同"表单。新建一个普通表单,命名为:新增劳动合同,表单样式可参考 4.3.2 节的介绍。

（2）创建"劳动合同明细"表单。新建一个普通表单,命名为:劳动合同明细,按照表 4-2 搭建页面。由于平台仅支持主表内日期组件字段作为消息通知的触发条件,子表单的日期组件字段暂不支持,所以在"新增劳动合同"表单中的数据创建成功后,需要通过表单业务关联规则将子表单数据插入到"劳动合同明细"表中。

表单组件

表 4-2 "劳动合同明细"表单组件构成及设置信息

所在分组	组件名称	组件类型	功能说明及属性设置
	劳动合同明细	图文展示	(1)表单标题；(2)内容：设置为"劳动合同明细"
	企业 Logo	图文展示	从全局配置中心中读取企业 Logo 信息
员工通用信息	员工通用信息	分组	
	员工工号	单行文本	状态：只读
	员工姓名	单行文本	状态：只读
	身份证号码	单行文本	状态：只读
	联系电话	单行文本	状态：只读
	岗位	下拉单选	状态：只读
	在岗状态	下拉单选	状态：只读
劳动合同信息	劳动合同信息	分组	
	签订日期	日期	(1)只读；(2)日期格式：年-月-日
	合同开始日期	日期	(1)只读；(2)日期格式：年-月-日

续表

所在分组	组件名称	组件类型	功能说明及属性设置
劳动合同信息	合同结束日期	日期	(1)只读；(2)日期格式：年-月-日
	下次续签提醒日期	日期	(1)只读；(2)日期格式：年-月-日
	合同扫描件	附件	状态：只读

（3）在"新增劳动合同"表单中添加业务关联规则，在单据提交及单据编辑时，将劳动合同明细数据插入到"劳动合同明细"表中。公式如图 4-9 所示。

图 4-9　配置公式：插入"劳动合同明细"

（4）设置定时消息通知提醒。根据"劳动合同明细"表中的"下次续签提醒日期"，设置消息提醒功能。

4.3.2　功能介绍

劳动合同管理功能的相关操作如下：

（1）新增劳动合同。登录平台，依次选择"员工管理"→"劳动合同"→"劳动合同"，单击"新增"按钮，即可打开新增劳动合同页面，如图 4-10 所示。

图 4-10　"劳动合同"管理页面

（2）在新增劳动合同页面，在"选择员工"分组中选择一个员工，应用会自动填充"员工工号""员工姓名""身份证号码""联系电话""岗位""在职状态"等信息，如图 4-11 所示。

图 4-11　新增劳动合同："员工通用信息"分组

（3）在"劳动合同"分组中，员工与企业签订的每一次合同都应单独记录，记录的信息包括"签订日期""合同开始日期""合同结束日期""下次续签提醒日期""签订合同的扫描件"，上述信息均是必填信息，如图 4-12 所示。

图 4-12　新增劳动合同："劳动合同"分组

（4）劳动合同新增完毕后，应用会自动将劳动合同信息插入到"劳动合同明细"表单中，员工及企业人事岗位人员会在设置的"下次续签提醒日期"收到平台发送的续签提醒，如图 4-13 所示。

图 4-13　劳动合同续签提醒

4.4　员工转正

视频讲解

员工入职后，通常会经历 1～6 个月的试用期，在试用期结束前，需要员工发起一个转正申请，陈述本人在试用期的工作情况，然后由用人部门、人事部门以及公司高管审批通过后，员工可以由"试用"状态变为"正式"状态。如果员工在试用期的工作情况不被用人部门认可，则需要延长试用期，并确定下次转正申请日期。

4.4.1　功能开发

"发起转正申请"在开发过程中涉及的要点包括：该功能使用流程表单来搭建；员工提交"发起转正申请"后，依次由"用人部门主管"→"人事主管"→"总经理"进行审批；转正申请审批通过后，需要更新"新增员工基本信息"表单中"是否转正"字段的值。

（1）新建一个流程表单，命名为：发起转正申请，表单样式可参考 4.4.2 节的介绍。

（2）在"流程设计"中，按照图 4-14 的流程设计以及表 4-3 的节点功能说明完成配置。

表单组件

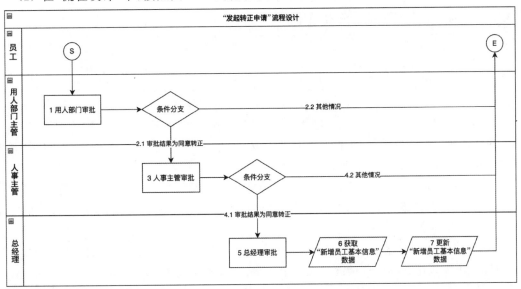

图 4-14　"发起转正申请"流程设计

表 4-3 "发起转正申请"流程节点配置

编号	节点名称	节点类型	功能说明及节点设置
S	发起	默认节点	字段权限：保持表单默认设置的状态
1	用人部门审批	审批人	(1)审批人："选择表单内成员字段"设置为"部门主管"；(2)审批按钮：启用"同意"按钮，名称修改为"提交"；(3)设置字段权限："用人部门审批"分组中的所有组件设置为"可编辑"状态
2.1	审批结果为同意转正	条件分支	条件规则："部门意见"＝"同意转正"
2.2	其他情况	条件分支	无
3	人事主管审批	审批人	(1)审批人："选择指定角色"设置为"人事主管"；(2)多人审批方式：或签；(3)审批按钮：启用"同意"按钮，名称修改为"提交"；(4)设置字段权限："人事审批"分组中的所有组件设置为"可编辑"状态
4.1	审批结果为同意转正	条件分支	条件规则："人事意见"＝"同意转正"
4.2	其他情况	条件分支	无
5	总经理审批	审批人	(1)审批人："选择指定角色"设置为"总经理"；(2)多人审批方式：或签；(3)审批按钮：启用"同意"按钮，名称修改为"提交"；(4)设置字段权限："总经理审批"分组中的所有组件设置为"可编辑"状态
6	获取"新增员工基本信息"数据	获取单条数据	按条件过滤数据："新增员工基本信息"表单的 userId 字段的值等于本表单的 userId 字段的值
7	更新"新增员工基本信息"数据	更新数据	(1)选择数据节点：更新"获取'新增员工基本信息'数据"中的数据；(2)更新数据："是否转正"的值设为"已转正"
E	结束	默认节点	无

4.4.2 功能介绍

员工转正功能的相关操作如下：

（1）发起转正申请。登录平台，依次选择"员工管理"→"员工转正"→"转正申请"，单击"新增"按钮，即可发起转正申请流程，如图 4-15 所示。

图 4-15 "转正申请"管理页面

（2）在"转正申请信息"分组中，包括"转正申请单编号""转正申请状态""发起日期"3 个组件，其中，"转正申请单编号"根据公式自动生成，"转正申请状态"为默认状态"审批中"，"发起日期"为当期日期，如图 4-16 所示。

（3）在"员工基本信息"分组中，应用会自动显示申请人的"入职日期""所在部门""岗位""部门主管"。其中，"部门主管"是该申请人在钉钉中设置的直接主管，也是后续节点的审批人，如图 4-17 所示。

（4）在"工作情况自述"分组中，提供了一个富文本编辑组件以及一个附件上传组件，申请人可以输入本人试用期的工作情况总结并上传附件，如图 4-18 所示。

图 4-16　发起转正申请："转正申请信息"分组

图 4-17　发起转正申请："员工基本信息"分组

图 4-18　发起转正申请："工作情况自述"分组

（5）用人部门审批。如图 4-19 所示，员工提交转正申请后，将由"部门主管"进行审批，部门主管可以根据员工的工作情况，选择"同意转正""延长试用期""停止试用"。当选择"同意转正"时，转正流程将流转到"人事审批"环节；当选择"延长试用期"时，将会出现"下次申请日期"组件，需要输入试用期的延长期限；当选择"停止试用"时，转正申请流程结束。

图 4-19　发起转正申请："用人部门审批"分组

（6）人事审批。如图 4-20 所示，人事审批环节将由企业的"人事主管"（需提前配置该钉钉角色）负责完成审批。"人事意见"同样具有"同意转正""延长试用期""停止试用"3 个选项。当选择"同意转正"时，转正流程将流转到"总经理审批"环节。

图 4-20　发起转正申请："人事审批"分组

（7）总经理审批。如图 4-21 所示，总经理审批环节将由企业的总经理（需提前配置该钉钉角色）负责完成审批。总经理审批结束后，整个转正审批流程完毕。

（8）更新员工信息表单中的"是否转正"状态。员工的转正申请审批通过后，应用会自动

图 4-21　发起转正申请："总经理审批"分组

更新该员工在"新增员工基本信息"表单中"是否转正"字段的值，由"试用期"更新为"已转正"。

4.5　工作调动

　　企业员工在工作中，可能存在因工作安排或者个人原因需要调整部门的情况。调动申请由员工发起，填写调动的原因，经当前所在部门主管审批、新部门主管审批以及人事主管审批后，即可完成调动申请。调动申请审批通过后，还需要同步更新员工信息表中该员工的岗位信息。

4.5.1　功能开发

　　"发起调动申请"在开发过程中涉及的要点包括：该功能使用流程表单来搭建；员工提交"发起调动申请"后，依次由"当前所在部门主管"→"新部门主管"→"人事主管"进行审批；人事主管通过审批后，需要更新该员工在"新增员工基本信息"表单中"员工所在部门"字段的值。

　　（1）新建一个流程表单，命名为：发起调动申请，表单样式可参考 4.5.2 节的介绍。

　　（2）在"流程设计"中，按照图 4-22 的流程设计以及表 4-4 的节点功能说明完成配置。

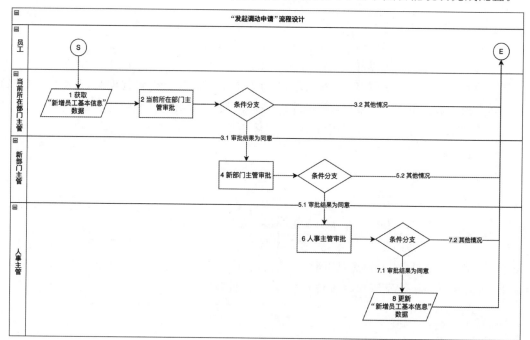

图 4-22　"发起调动申请"流程设计

表 4-4　"发起调动申请"流程节点配置

编号	节点名称	节点类型	功能说明及节点设置
S	发起	默认节点	字段权限：保持表单默认设置的状态
1	获取"新增员工基本信息"数据	获取单条数据	按条件过滤数据："新增员工基本信息"表单的 userId 字段的值等于本表单的 userId 字段的值

编号	节点名称	节点类型	功能说明及节点设置
2	当前所在部门主管审批	审批人	(1)审批人："选择表单内成员字段"设置为"当前所在部门主管";(2)审批按钮:启用"同意"按钮,名称修改为"提交";(3)设置字段权限:"当前所在部门主管意见"组件设置为"可编辑"状态
3.1	审批结果为同意	条件分支	条件规则:"当前所在部门主管意见"="同意"
3.2	其他情况	条件分支	无
4	新部门主管审批	审批人	(1)审批人："选择表单内成员字段"设置为"新部门主管";(2)审批按钮:启用"同意"按钮,名称修改为"提交";(3)设置字段权限:"新部门主管意见"组件设置为"可编辑"状态
5.1	审批结果为同意	条件分支	条件规则:"新部门主管意见"="同意"
5.2	其他情况	条件分支	无
6	人事主管审批	审批人	(1)审批人："选择指定角色"设置为"人事主管";(2)多人审批方式:或签;(3)审批按钮:启用"同意"按钮,名称修改为"提交";(4)设置字段权限:"人事部门意见"分组中的所有组件设置为"可编辑"状态
7.1	审批结果为同意	条件分支	条件规则:"人事部门意见"="同意"
7.2	其他情况	条件分支	无
8	更新"新增员工基本信息"数据	更新数据	(1)选择数据节点:更新"获取'新增员工基本信息'数据"中的数据;(2)更新数据:"员工所在部门"的值设为"申请调入部门"
E	结束	默认节点	无

4.5.2　功能介绍

工作调动功能的相关操作如下:

(1)发起调动申请。登录平台,依次选择"员工管理"→"工作调动"→"调动申请",单击"新增"按钮,即可发起调动申请,如图4-23所示。

图 4-23　"调动申请"管理页面

(2)在"基本信息"分组中,应用会自动生成"调动申请单编号""调动申请状态""发起日期",并且根据当前登录人自动显示"申请人姓名""申请人工号""岗位",如图4-24所示。

图 4-24　发起调动申请:"基本信息"分组

（3）在"调动申请信息"分组中，申请人需要选择"调动原因"，可选项包括"个人申请调动"或"工作安排调动"，并选择"当前所在部门主管""申请调入部门""新部门主管"，如图 4-25 所示。

图 4-25　发起调动申请："调动申请信息"分组

（4）申请人提交申请后，需要依次由"当前所在部门主管"和"新部门主管"进行审批，审批意见为"同意"时，流程会推进到"人事主管"审批，审批意见为"拒绝调动"或"暂缓调动"时，该调动申请流程将结束，如图 4-26 所示。

图 4-26　发起调动申请：部门主管填写审批意见

（5）人事主管审批。如图 4-27 所示，人事主管审批通过后，该调动申请流程结束，状态变更为"已通过"，并且应用会自动更新"新增员工基本信息"表单中该员工的部门信息。

图 4-27　发起调动申请："人事部门意见"分组

视频讲解

4.6　员工离职申请

员工离职之前，需要企业内部的各个部门完成审批确认手续。对于中小微企业来说，员工离职前需要完成如下几方面的事宜：

（1）签订离职说明确认书。包含企业信息安全保密须知等内容。

（2）工作交接。由员工所在部门负责确认。员工当前承担的工作以及历史工作产出，需要完整地移交给工作接手人。

（3）资产退还。由固定资产管理员负责确认。员工借用或者领用的企业资产，例如，电脑、测试手机等，需要归还。

（4）结清欠款和报销款。由财务部门负责确认。员工的借款需要在离职前归还，未报销的费用需要完成提单报销申请，确保员工离职后不存在经济上的纠纷。

（5）社保、公积金转移。由人事部门办理，将员工的社保、公积金转移到新单位。

由于每个企业的情况可能不同,因此企业可以根据自身情况来对离职审批环节进行定制化开发。

4.6.1 功能开发

"发起离职申请"在开发过程中涉及的要点包括:该功能使用流程表单搭建;员工提交"发起离职申请"后,依次由"工作接手人"→"部门主管"→"固定资产管理员"→"财务主管"→"人事主管"→"总经理"进行审批;总经理通过审批后,需要更新该员工在"新增员工基本信息"表单中的"在岗状态"字段以及"新增简历"表单中的"简历状态"字段。

（1）新建一个流程表单,命名为:发起离职申请,表单样式可参考 4.6.2 节的介绍。

（2）在"流程设计"中,按照图 4-28 的流程设计以及表 4-5 的节点功能说明完成配置。

表单组件

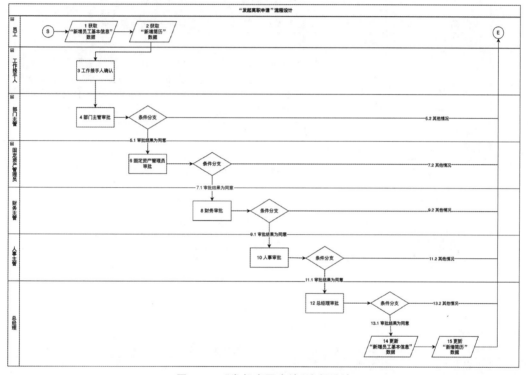

图 4-28 "发起离职申请"流程设计

表 4-5 "发起离职申请"流程节点配置

编号	节点名称	节点类型	功能说明及节点设置
S	发起	默认节点	字段权限:保持表单默认设置的状态
1	获取"新增员工基本信息"数据	获取单条数据	按条件过滤数据:"新增员工基本信息"表单的 userId 字段的值等于本表单的 userId 字段的值
2	获取"新增简历"数据	获取单条数据	按条件过滤数据:"新增简历"表单的"简历编号"字段的值等于本表单的"简历编号"字段的值
3	工作接手人确认	审批人	(1)审批人:"选择表单内成员字段"设置为"工作接手人"; (2)审批按钮:启用"同意"按钮,名称修改为"提交";(3)设置字段权限:"工作接手人确认""移交完成日期""接手人审批备注"组件设置为"可编辑"状态

编号	节点名称	节点类型	功能说明及节点设置
4	部门主管审批	审批人	(1)审批人："选择表单内成员字段"设置为"部门主管"；(2)审批按钮：启用"同意"按钮,名称修改为"提交"；(3)设置字段权限："部门主管审批结果""离职日期""部门主管审批备注"组件设置为"可编辑"状态
5.1	审批结果为同意	条件分支	条件规则："部门主管审批结果"="同意"
5.2	其他情况	条件分支	无
6	固定资产管理员审批	审批人	(1)审批人："选择指定角色"设置为"固定资产管理员"；(2)多人审批方式：或签；(3)审批按钮：启用"同意"按钮,名称修改为"提交"；(4)设置字段权限："固定资产管理员审批"分组中的所有组件设置为"可编辑"状态
7.1	审批结果为同意	条件分支	条件规则："固定资产管理员审批结果"="同意"
7.2	其他情况	条件分支	无
8	财务审批	审批人	(1)审批人："选择指定角色"设置为"财务主管"；(2)多人审批方式：或签；(3)审批按钮：启用"同意"按钮,名称修改为"提交"；(4)设置字段权限："财务审批"分组中的所有组件设置为"可编辑"状态
9.1	审批结果为同意	条件分支	条件规则："财务审批结果"="同意"
9.2	其他情况	条件分支	无
10	人事审批	审批人	(1)审批人："选择指定角色"设置为"人事主管"；(2)多人审批方式：或签；(3)审批按钮：启用"同意"按钮,名称修改为"提交"；(4)设置字段权限："人事审批"分组中的所有组件设置为"可编辑"状态
11.1	审批结果为同意	条件分支	条件规则："人事审批结果"="同意"
11.2	其他情况	条件分支	无
12	总经理审批	审批人	(1)审批人："选择指定角色"设置为"总经理"；(2)多人审批方式：或签；(3)审批按钮：启用"同意"按钮,名称修改为"提交"；(4)设置字段权限："总经理审批"分组中的所有组件设置为"可编辑"状态
13.1	审批结果为同意	条件分支	条件规则："总经理审批结果"="同意"
13.2	其他情况	条件分支	无
14	更新"新增员工基本信息"数据	更新数据	(1)选择数据节点：更新"获取'新增员工基本信息'数据"中的数据；(2)更新数据："在岗状态"的值设为"离职"
15	更新"新增简历"数据	更新数据	(1)选择数据节点：更新"获取'新增简历'数据"中的数据；(2)更新数据："简历状态"的值设为"已离职"
E	结束	默认节点	无

4.6.2 功能介绍

员工离职功能的相关操作如下：

（1）发起离职申请。登录平台,依次选择"员工管理"→"员工离职"→"离职申请",单击"新增"按钮,即可发起离职申请,如图4-29所示。

（2）签订离职告知。如图4-30所示,离职告知,对于每个企业来说都是比较重要的降低法律风险的手段,员工在发起离职申请过程中,需要对相关内容进行阅读和确认。由于离职告

离职申请
新增
导出
下载文件
更多
搜索
筛选
显示列
排序
离职申请单编号
离职申请状态
申请人
申请人工号
所在部门
入职日期
岗位
员工类型
操作
LZSQ20230110211640291
审批中
史昕
10001
人事部
2022-07-01
研发
正式员工
详情 | 删除
LZSQ20221214140847943
已拒绝
史昕
10001
人事部
2022-07-01
研发
正式员工
详情 | 删除

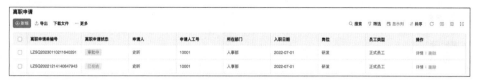

图 4-29　“离职申请”管理页面

知的内容有可能会不断变化，因此可以在“系统配置”→“流程说明”中，对离职告知内容进行随时修改。

XX有限公司
企业Logo
离职申请
流程说明
离职告知
根据您与公司签署的劳动合同，您在从公司离职后，仍然需要继续履行法定及合同约定的义务。为便于您更好地理解，公司特就您在离开公司后仍需要履行的法定或约定义务作如下说明：

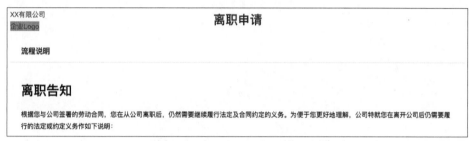

图 4-30　发起离职申请：“流程说明”分组

(3) 在“基本信息”分组中，应用会自动生成“离职申请单编号”“离职申请状态”“发起日期”，如图 4-31 所示。

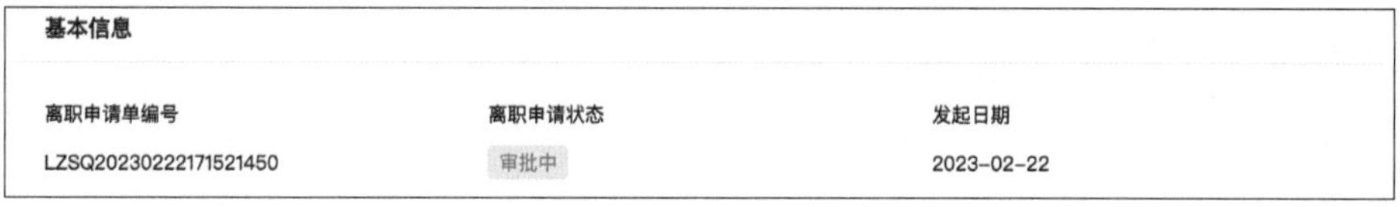
基本信息
离职申请单编号
LZSQ20230222171521450
离职申请状态
审批中
发起日期
2023-02-22

图 4-31　发起离职申请：“基本信息”分组

(4) 在“员工信息”分组中，应用会根据申请人自动显示该申请人的个人信息，如图 4-32 所示。

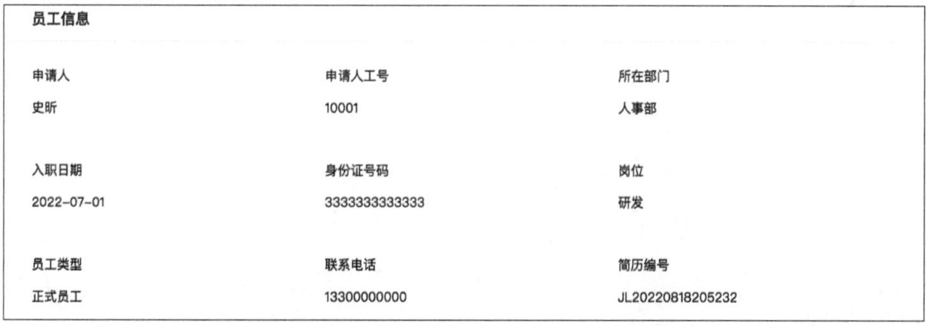
员工信息
申请人
史昕
申请人工号
10001
所在部门
人事部
入职日期
2022-07-01
身份证号码
3333333333333
岗位
研发
员工类型
正式员工
联系电话
13300000000
简历编号
JL20220818205232

图 4-32　发起离职申请：“员工信息”分组

(5) 在“离职信息”分组中，员工填写“离职原因”，支持多选，如图 4-33 所示。选择“离职证明领取方式”，支持“自取”或“邮寄(快递到付)”方式，如果选择邮寄，则还需要填写“邮寄地址”信息。

(6) 在“工作移交内容”分组中，员工需要填写待移交的工作内容，资料可以打包后作为附件上传，如图 4-34 所示。

(7) 工作接手人确认。如图 4-35 所示，员工提交离职申请后，将由工作接手人对移交的工作内容进行确认，确保工作内容已经完成移交。

(8) 部门主管确认。如图 4-36 所示，部门主管主要根据工作移交的结果确定离职人员的

图 4-33　发起离职申请："离职信息"分组

图 4-34　发起离职申请："工作移交内容"分组

图 4-35　发起离职申请："工作移交结果确认"分组

"离职日期"，该日期可用于确定员工离职当月的工资结算信息。

图 4-36　发起离职申请："部门主管审批"分组

（9）固定资产管理员审批。如图 4-37 所示，固定资产管理员需要确认离职申请人借用的固定资产是否已归还。

图 4-37　发起离职申请："固定资产管理员审批"分组

（10）财务主管审批。如图 4-38 所示，固定资产管理员审批通过后，将由财务主管负责审核员工的借款和费用报销情况，只有在借款还清的前提下，财务才可完成审批。

（11）人事主管审批。如图 4-39 所示，人事部门收到员工离职申请流程后，需要办理员工的社保和公积金的暂停或转移，办理完成后，提交流程。

图 4-38　发起离职申请："财务审批"分组

图 4-39　发起离职申请："人事审批"分组

（12）总经理审批。如图 4-40 所示，在部门主管、固定资产管理员、财务、人事等部门的审批完成后，流程最终流转到总经理，由总经理完成最终审批。

图 4-40　发起离职申请："总经理审批"分组

（13）总经理审批完成后，员工离职申请流程结束，此时应用会自动更新"新增员工基础信息"表单中该员工的在职状态，改为"离职"。

4.7　奖惩记录、资质证书以及培训记录

视频讲解

员工在职期间的奖惩记录、资质证书以及参加的各种类型的培训，都是员工工作期间所获取的重要资产，是企业评价员工能力和贡献重要依据。另外，在企业参与项目投标过程中，通常也需要提供员工所具有的一些资质证书等，所以从企业管理的角度来说，集中管理员工的奖惩记录、资质证书、培训记录等信息是非常有必要的。

4.7.1　功能开发

表单组件

"新增奖惩记录"在开发过程中涉及的要点包括：该功能使用普通表单搭建；使用关联表单组件从"新增员工基本信息"表单中选择一个员工，并自动填写该员工的基本信息；奖惩记录需要登记奖惩类型、获得日期、详情说明等主要信息，并提供一个附件组件存储奖惩信息扫描件，可参考图 4-41 搭建该表单页面。

表单组件

"新增资质证书"在开发过程中涉及的要点包括：该功能使用普通表单搭建；通过关联表单组件从"新增员工基本信息"表单中选择一个员工，并自动填写该员工的基本信息；资质证书需要登记资质证书名称、类型、获得日期、截止日期等主要信息，并提供一个附件组件存储证书的扫描件，可参考图 4-42 搭建该表单页面。

表单组件

"新增培训记录"在开发过程中涉及的要点包括：该功能使用普通表单搭建；使用关联表单组件从"新增员工基本信息"表单中选择一个员工，并自动填写该员工的基本信息；培训记录需要记录培训类型、名称、说明、开始和结束日期等核心信息，并提供一个附件组件存储培训记录的扫描件，可参考图 4-43 搭建该表单页面。

4.7.2　功能介绍

奖惩记录、资质证书以及培训记录功能的相关操作如下：

（1）新增奖惩记录。登录平台，依次选择"员工管理"→"奖惩记录"→"奖惩记录"，单击"新增"按钮，在弹出的表单中，录入员工的奖惩记录信息，如图 4-41 所示。

图 4-41 "新增奖惩记录"页面

（2）新增资质证书。登录平台，依次选择"员工管理"→"资质证书"→"资质证书"，单击"新增"按钮，在弹出的表单中，录入员工的资质证书信息，需要录入的核心信息包括"资质证书名称""类型""获得日期""有效期截止至"，并可以上传资质证书的扫描件，如图 4-42 所示。

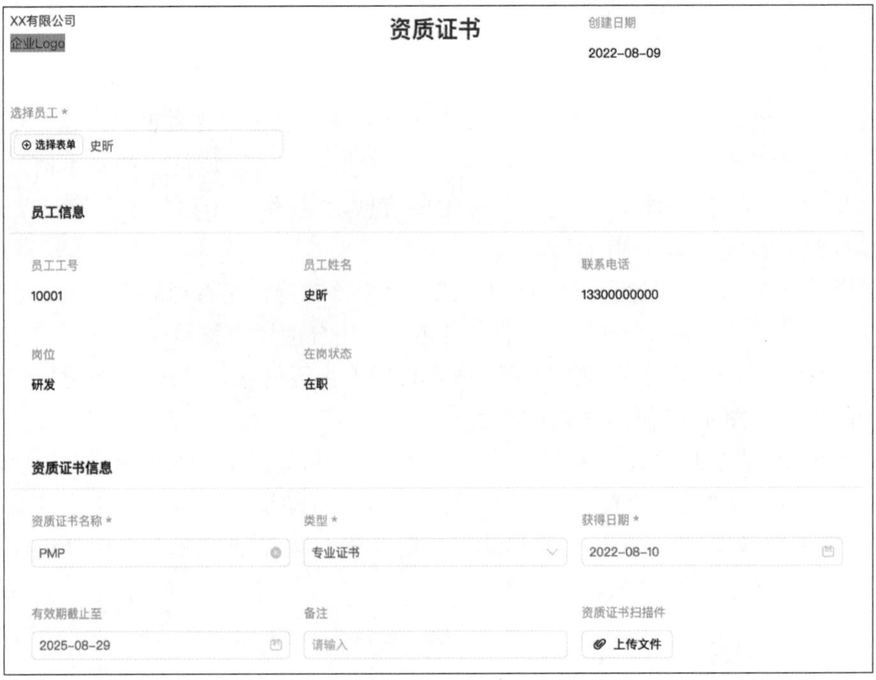

图 4-42 "新增资质证书"页面

（3）新增培训记录。登录平台，依次选择"员工管理"→"培训记录"→"培训记录"，单击"新增"按钮，在弹出的表单中，录入员工的培训记录信息，包括"培训类型""培训名称""开始日期""结束日期"，并可以上传培训的结业证书作为附件存档，如图 4-43 所示。

图 4-43　"新增培训记录"页面

4.8　员工档案

视频讲解

为了能够更好地服务企业人力资源岗位，针对员工管理领域，应用提供了一个信息汇聚的自定义管理页面。企业人力资源岗位人员可以在该页面中查看所有在岗或离职人员的信息，并且可以查看某个员工的详细信息。在员工详细信息中，集成了员工基本信息、劳动合同、转正申请、调动申请、离职申请、培训记录、奖惩记录、资质证书等数据，使企业人力资源岗位人员可以完整地查看到员工的档案信息。

4.8.1　"管理：员工档案"功能开发

"管理：员工档案"在开发过程中涉及的要点包括：该功能使用自定义页面搭建；数据源为"新增员工基本信息"表单；在数据统计卡区，提供"在岗总人数"统计数据；在查询条件区，提供"员工姓名""员工工号""在岗状态" 3 个查询条件；在数据详情区，展示员工的基本信息，单击"详情"按钮将跳转至"档案详情"自定义页面。

（1）数据源配置。在"管理：员工档案"自定义页面中按照表 4-6 配置数据源。

表 4-6　"管理：员工档案"的数据源配置及功能说明

数据源名称	数据源类型	数据源配置及功能说明
getFormDatas	远程 API	（1）从"新增员工基本信息"表单中获取全量数据；（2）通过 didFetch() 函数根据返回的人员在岗状态更新变量 zgCount 的值

续表

数据源名称	数据源类型	数据源配置及功能说明
searchKey	变量	（1）存储搜索条件的变量；（2）默认值：""
zgCount	变量	（1）记录在岗状态人数；（2）默认值：0

（2）页面搭建。使用"自定义管理页模板"，复制一个自定义页面，命名为"管理：员工档案"，按照图4-44搭建表单页面，并按照表4-7对各个组件的属性进行设置。

表4-7　"管理：员工档案"的组件构成及设置信息

所在区域	组件类型	设置说明
页面头	页面头	（1）主标题："管理：员工档案"；（2）副标题："职能管理人员专用"
数据统计卡	分组＋文本	（1）名称：在岗总人数；（2）文本组件绑定变量"zgCount"
查询条件区	查询	（1）添加查询条件：员工姓名、员工工号、在岗状态（可选项："在职""离职"）；（2）动作设置："提交时触发的事件"回调函数为onSubmit()；（3）动作设置："重置按钮单击触发的事件"回调函数为onReset()
数据详情区	表格	（1）数据列：员工姓名、员工工号、员工所在部门、在岗状态、员工类型、入职日期；（2）数据源：绑定getFormDatas；（3）数据主键：设置为formInstId；（4）操作列："详情"，配置回调函数onDetail()；（5）顶部操作："新增员工"，并配置页面跳转，关联页面选择"新增员工基本信息"，关联页面状态"增加"；（6）动作设置："分页、搜索、排序时触发"回调函数为onFetchData()

代码

（3）在动作面板中实现函数功能。在该自定义页面的动作面板中，需要实现的函数如表4-8所示。

表4-8　"管理：员工档案"的函数功能说明

函数名称	功能说明
onSubmit()	该函数绑定页面中的"查询"按钮，单击后会更新searchKey变量的值，并调用getFormDatas远程API，获取符合条件的数据
onReset()	该函数绑定页面中的"重置"按钮，单击后会清空searchKey变量，并调用getFormDatas远程API，查询数据源表的全部数据
onDetail()	该函数绑定页面中的"详情"按钮，单击后会跳转"档案详情"自定义页面
onFetchData()	该函数绑定页面中的翻页按钮，单击后会更新参数currentPage的值，并调用getFormDatas远程API，查询符合条件的数据

4.8.2　"档案详情"功能开发

"档案详情"在开发过程中涉及的要点包括：该功能使用自定义页面搭建；从"管理：员工档案"页面中，单击某个员工的"详情"按钮，跳转至"档案详情"页面，在跳转的URL中携带选中员工的信息；数据源包括"新增员工基本信息""新增劳动合同""发起调动申请""发起离职申请""新增资质证书""新增奖惩记录""新增培训记录"；在基本信息区，展示员工的"员工姓名""员工工号""员工所在部门""在岗状态""员工类型""入职日期"数据，上述信息从跳转URL中获取；在数据详情区，通过选项卡，展示员工的"基本信息""劳动合同""工作调动""资质证书""奖惩记录""离职申请""培训记录"，单击"详情"按钮，跳转至对应的表单详情页。

（1）数据源配置。在"档案详情"自定义页面中按照表4-9配置数据源。

表 4-9　"档案详情"的数据源配置及功能说明

数据源名称	数据源类型	数据源配置及功能说明
getJiBenXinXiFormDatas	远程 API	从"新增员工基本信息"表单中获取数据
getLaoDongHeTongFormDatas	远程 API	从"新增劳动合同"表单中获取数据
getDiaoDongInstances	远程 API	从"发起调动申请"表单中获取数据
getZiZhiZhengShuFormDatas	远程 API	从"新增资质证书"表单中获取数据
getJiangChengJiLuFormDatas	远程 API	从"新增奖惩记录"表单中获取数据
getLiZhiShenQingInstances	远程 API	从"发起离职申请"表单中获取筛选数据
getPeiXunJiLuFormDatas	远程 API	从"新增培训记录"表单中获取筛选数据

（2）页面搭建。使用"自定义管理页模板"，复制一个自定义页面，命名为：档案详情，按照图 4-45 搭建该页面，并按照表 4-10 完成各个组件的属性设置。

表 4-10　"档案详情"的组件构成及设置信息

所在区域	组件名称	组件类型	设置说明
页面头	页面头	页面头	(1)主标题："员工档案详情"；(2)副标题："员工及职能管理人员通用"
基本信息区	员工姓名	输入框	(1)状态：只读；(2)默认值：绑定变量"state. urlParams. ygxm"
	员工工号	输入框	(1)状态：只读；(2)默认值：绑定变量"state. urlParams. yggh"
	员工所在部门	输入框	(1)状态：只读；(2)默认值：绑定变量"state. urlParams. ygszbm"
	在岗状态	下拉选择	(1)状态：只读；(2)默认值：绑定变量"state.urlParams. zgzt"
	员工类型	下拉选择	(1)状态：只读；(2)默认值：绑定变量"state.urlParams. yglx"
	入职日期	日期	(1)状态：只读；(2)默认值：绑定变量"state. urlParams. rzrq"
数据详情区	基本信息	表格	(1)数据列：员工姓名、员工工号、员工所在部门、在岗状态、员工类型、入职日期；(2)数据源：绑定 getJiBenXinXiFormDatas；(3)数据主键：设置为 formInstId；(4)操作列："详情"，配置回调函数 onJBXXDetail()；(5)动作设置："分页、搜索、排序时触发"回调函数为 onFetchJBXXData()
	劳动合同	表格	(1)数据列：签订日期、合同开始日期、合同结束日期；(2)数据源：绑定 getLaoDongHeTongFormDatas；(3)数据主键：设置为 formInstId；(4)操作列："详情"，配置回调函数 onLDHTDetail()；(5)顶部操作："新增劳动合同"，并配置页面跳转，关联页面选择"新增劳动合同"，关联页面状态"增加"；(6)动作设置："分页、搜索、排序时触发"回调函数为 onFetchLDHTData()
	工作调动	表格	(1)数据列：申请调动日期、调动原因、调动前部门、调动后部门、审批结果；(2)数据源：绑定 getDiaoDongInstances；(3)数据主键：设置为 procInsId；(4)操作列："详情"，配置回调函数 onGZDDDetail()；(5)动作设置："分页、搜索、排序时触发"回调函数为 onFetchGZDDData()
	资质证书	表格	(1)数据列：资质证书名称、类型、获取日期、有效期截止至、备注；(2)数据源：绑定 getZiZhiZhengShuFormDatas；(3)数据主键：设置为 formInstId；(4)操作列："详情"，配置回调函数 onZZSDetail()；(5)顶部操作："新增资质证书"，并配置页面跳转，关联页面选择"新增资质证书"，关联页面状态"增加"；(6)动作设置："分页、搜索、排序时触发"回调函数为 onFetchZZSData()

续表

所在区域	组件名称	组件类型	设置说明
数据详情区	奖惩记录	表格	（1）数据列：类型、日期、说明；（2）数据源：绑定 getJiangChengJiLuFormDatas；（3）数据主键：设置为 formInstId 操作列："详情"，配置回调函数 onJCJLDetai()；（4）顶部操作："新增奖惩记录"，并配置页面跳转，关联页面选择"新增奖惩记录"，关联页面状态"增加"；（5）动作设置："分页、搜索、排序时触发"回调函数为 onFetchJCJLData()
	离职申请	表格	（1）数据列：申请日期、离职原因、离职日期、工作接手人、审批结果；（2）数据源：绑定 getLiZhiShenQingInstances；（3）数据主键：设置为 procInsId；（4）操作列："详情"，配置回调函数 onLZSQDetail()；（5）动作设置："分页、搜索、排序时触发"回调函数为 onFetchLZSQData()
	培训记录	表格	（1）数据列：培训类型、培训名称、开始日期、结束日期、说明；（2）数据源：绑定 getPeiXunJiLuFormDatas；（3）数据主键：设置为 formInstId；（4）操作列："详情"，配置回调函数 onPXJLDetail()；（5）顶部操作："新增培训记录"，并配置页面跳转，关联页面选择"新增培训记录"，关联页面状态"增加"；（6）动作设置："分页、搜索、排序时触发"回调函数为 onFetchPXJLData()

代码

（3）在动作面板中实现函数功能。在该自定义页面的动作面板中，需要实现的函数如表 4-11 所示。

表 4-11 "档案详情"的函数功能说明

函数名称	功能说明
onJBXXDetail()	该函数绑定"基本信息"中的"详情"按钮，单击后会跳转"新增员工基本信息"表单的详情页面
onLDHTDetail()	该函数绑定"劳动合同"中的"详情"按钮，单击后会跳转"新增劳动合同"表单的详情页面
onGZDDDetail()	该函数绑定"工作调动"中的"详情"按钮，单击后会跳转"发起调动申请"表单的详情页面
onZZZSDetail()	该函数绑定"资质证书"中的"详情"按钮，单击后会跳转"新增资质证书"表单的详情页面
onJCJLDetail()	该函数绑定"奖惩记录"中的"详情"按钮，单击后会跳转"新增奖惩记录"表单的详情页面
onLZSQDetail()	该函数绑定"离职申请"中的"详情"按钮，单击后会跳转"发起离职申请"表单的详情页面
onPXJLDetail()	该函数绑定"培训记录"中的"详情"按钮，单击后会跳转"新增培训记录"表单的详情页面

4.8.3 功能介绍

员工档案功能的相关操作如下：

（1）查看员工档案列表。登录平台，依次选择"员工管理"→"员工档案"→"管理：员工档案"。如图 4-44 所示，该管理页面主要包括 3 个部分，分别为：数据统计卡、查询条件区、数据详情区。数据统计卡，用于展示有关人员档案的统计信息。查询条件区提供了"员工姓名""员工工号""在岗状态"3 个查询条件。数据详情区在默认情况下展示所有人员的概要信息,单击"详情"按钮可以跳转到"档案详情"页面,查看该员工的详情信息。另外,可以通过单击页面上的"新增员工"按钮来新增员工。

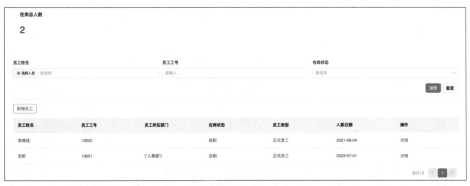

图 4-44　"管理:员工档案"页面

　　(2)查看员工档案详情。如图 4-45 所示,在"员工档案详情"页面中,可以查看选中员工的所有档案信息。通过切换中部的标签页,可以切换下方的信息列表。该页面中整合了人员管理相关的所有功能,包括员工基本信息、劳动合同、工作调动申请、资质证书、奖惩记录、离职申请以及培训记录。

图 4-45　"员工档案详情"页面

第 5 章

企业招聘

人员招聘是每个企业在发展过程中必须开展的工作,规范、高效地企业招聘应用可以提升企业在人员招聘工作中的效率。对于企业来说,人员的招聘会由业务部门和招聘团队共同完成。业务部门首先提出招聘需求,然后由招聘团队开展简历筛选、面试安排直至候选人录用。在人员招聘过程中,企业还可以逐步积累"人才简历库",在面对紧急招聘需求时,可以在自身的"人才简历库"中检索备选人才。

中小微企业相对于大型企业来说,在人员招聘过程中,通常存在如下问题与挑战:

(1)岗位需求描述不清。招聘需求不清晰是困扰企业招聘团队的普遍现象,由于企业的 HR(Human Resources,人力资源)并非业务出身,如果招聘岗位的需求描述不够准确,企业 HR 在筛选简历以及与候选人沟通过程中,会造成与实际岗位需求出现偏差,继而无法找到适合的候选人。

(2)面试安排混乱,缺乏过程数据沉淀。通常情况下,一个员工需要经历三轮左右的面试才能够通过面试环节。由于不同轮次的面试均由不同人员进行,面试的方式也存在差异,在存在较多面试并发的情况下,对企业 HR 合理安排面试会带来挑战。

(3)人员录用比较随意。发放录用通知之前,如果该人员的录用申请未经过相关主管的审核批准,错误发放录用通知会给企业带来信誉和资金上的损失。

(4)缺乏对备选人才的持续沉淀积累。高效的招聘不能仅仅依赖于已有的"公域"招聘平台,例如,BOSS 直聘、前程无忧等,企业还需要构建自身的"私域"人才库。

视频讲解

5.1 应用概述

"企业招聘"应用的功能架构图如图 5-1 所示,该应用主要包括"简历库""招聘需求""面试记录""录用管理""招聘管理"五大子模块。"企业招聘"应用的功能列表见表 5-1。

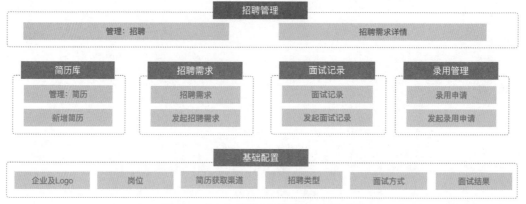

图 5-1 "企业招聘"应用的功能架构图

表 5-1　"企业招聘"应用的功能列表

一级功能	二级功能	类型	使用用户	功能说明
简历库	管理：简历	数据管理页	招聘团队	"新增简历"的数据管理页，查看、检索以及管理简历库中的所有简历
	新增简历	普通表单	招聘团队	在简历库中创建添加新简历，默认隐藏
招聘需求	招聘需求	数据管理页	招聘团队	"发起招聘需求"的数据管理页，管理所有发起的招聘需求信息
	发起招聘需求	流程表单	业务部门	业务部门有招聘需求时，发起新增招聘需求，审批通过后，启动招聘。默认为隐藏状态
面试记录	面试记录	数据管理页	招聘团队	"发起面试记录"的数据管理页，管理所有发起的面试记录
	发起面试记录	流程表单	招聘团队	由企业 HR 发起面试记录，面试记录中会关联简历库中的简历。默认为隐藏状态
录用管理	录用申请	数据管理页	招聘团队	"发起录用申请"的数据管理页，管理所有已发起的录用申请
	发起录用申请	流程表单	招聘团队	由企业 HR 对已通过面试的候选人发起录用申请。默认为隐藏状态
招聘管理	管理：招聘	自定义页面	招聘团队	企业 HR 推进招聘工作的核心工作阵地，集成了招聘需求、面试记录以及录用审批等全部功能的页面
	招聘需求详情	自定义页面	招聘团队	管理单个招聘需求，详细展示该招聘需求的整体进度。默认为隐藏状态

"企业招聘"应用具有的优势及特色主要包括：

（1）招聘流程的数字化。从前期招聘需求提出，到中期面试安排，直至最后的录用申请，均通过线上流程推进，让整个招聘业务流程透明化。

（2）协同业务团队与招聘团队。通过灵活配置的流程管理，串联需求方、面试官、企业 HR 等企业内的多个岗位，缩短招聘周期，信息传递更便捷。

（3）建立企业人才库。构建企业自身的人才池，有利于备选人才的储备。

（4）低成本、支持定制极速上线使用。员工使用上手快，支持根据中小微企业的招聘需求进行定制开发，快速上线使用。

5.2　简历库

视频讲解

简历库是企业招聘团队的组织过程资产之一，在企业招聘过程中，招聘团队会通过各种外部渠道获得人员简历。由于招聘需求中岗位匹配度的限制，可能只有少部分候选人会被安排到面试环节，而其他未被选中的候选人，将来可能会满足企业其他岗位的招聘要求，因此对于企业的 HR 来说，除了按照招聘要求筛选简历外，其余收集的简历可以存档到企业的简历库中，以备将来不时之需。

5.2.1　功能开发

表单组件

"新增简历"在开发过程中涉及的要点包括：该功能使用普通表单搭建；简历中需要登记候选人的基本信息，并提供一个附件组件存储简历电子附件；"简历状态"字段需要能够展示候选人的面试及录用状态，"简历状态"需要跟随"发起面试记录"和"发起录用申请"流程的推进同步更新。可参考 5.2.2 节的介绍搭建该表单页面。

5.2.2 功能介绍

简历库功能的相关操作如下：

（1）新增简历。在发起面试前，需要提前把候选人的简历录入平台中，因为在面试记录中需要关联简历库中的简历。登录平台，依次选择"企业招聘"→"简历库"→"简历库"，单击"新增"按钮，可以新增简历，如图 5-2 所示。

图 5-2 "简历库"页面

（2）简历的基本信息包括自动生成的"简历编号""简历状态""创建日期"，如图 5-3 所示。其中，"简历状态"会跟随面试的推进情况自动更新状态值，其状态含义如表 5-2 所示。

图 5-3 新增简历："基本信息"分组

表 5-2 "简历状态"的可选项及含义

可选项	含 义
备选储备	默认值，简历添加到简历库中为"备选储备"状态
应聘中	当简历被某个面试记录关联后，状态被修改为"应聘中"
已录用	录用申请审批通过后，会更新简历状态为"已录用"
已离职	员工离职申请审批通过后，该简历的状态修改为"已离职"
未录用	候选人经历过面试，但未能通过，在面试记录流程关闭前，修改该简历的状态为"未录用"
已通过面试	候选人已经通过面试后，该简历的状态变更为"已通过面试"

（3）"候选人信息"分组中的字段为常用检索候选人的字段，因此需要手工输入，便于后续的检索，如图 5-4 所示。

图 5-4 新增简历："候选人信息"分组

（4）在"简历附件"分组中，需要登记该份简历获取的渠道，并且上传该份简历的电子件，如图 5-5 所示。

图 5-5　新增简历："简历附件"分组

5.3　招聘需求

业务部门是企业招聘工作发起的起点,由于业务拓展需要或者人员离职等原因,业务部门需要对团队成员进行补充,即发起招聘需求。在招聘需求中,需要对候选人的工作职责和任职要求进行详细描述,从而便于人力资源部门"按图索骥"筛选合适的候选人。除此之外,业务部门还需要对招聘人员的数量、期望到岗时间、能够匹配的薪资范围等进行说明,这些都是招聘工作推进过程中必不可少的信息。当候选人到岗后,意味着该招聘需求已经完成,需要人力资源部门关闭该招聘需求。

5.3.1　功能开发

"发起招聘需求"在开发过程中涉及的要点包括:该功能使用流程表单搭建;业务部门提交"发起招聘需求"表单后,依次由"用人部门主管"→"人事主管"进行审批。

(1) 新建一个流程表单,命名为:发起招聘需求,表单样式可参考 5.3.2 节的介绍。

(2) 在"流程设计"中,按照图 5-6 的流程设计以及表 5-3 的节点功能说明完成配置。

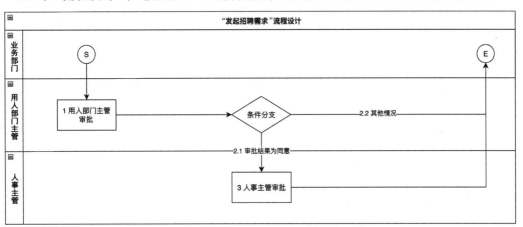

图 5-6　"发起招聘需求"流程设计

表 5-3　"发起招聘需求"流程节点配置

编号	节点名称	节点类型	功能说明及节点设置
S	发起	默认节点	字段权限:保持表单默认设置的状态
1	用人部门主管审批	审批人	(1)审批人:"选择表单内成员字段"设置为"用人部门主管";(2)审批按钮:启用"同意"按钮,名称修改为"提交";(3)设置字段权限:"用人部门主管审批结果""用人部门主管审批备注"组件设置为"可编辑"状态
2.1	审批结果为同意	条件分支	条件规则:"用人部门主管审批结果"="同意"
2.2	其他情况	条件分支	无

编号	节点名称	节点类型	功能说明及节点设置
3	人事主管审批	审批人	(1)审批人："选择指定角色"设置为"人事主管"；(2)多人审批方式：或签；(3)审批按钮：启用"同意"按钮，名称修改为"提交"；(4)设置字段权限："招聘团队执行"分组中的所有组件设置为"可编辑"状态
E	结束	默认节点	

5.3.2　功能介绍

招聘需求功能的相关操作如下：

（1）发起招聘需求。登录平台，依次选择"企业招聘"→"招聘需求"→"招聘需求"，单击"新增"按钮，即可发起一个新的招聘需求，如图5-7所示。

图5-7　"招聘需求"页面

（2）在"招聘需求"分组中，应用会自动生成"招聘需求编号""招聘需求状态""发起时间"，同时需要业务部门选择"用人部门""岗位""招聘类型""招聘人数""期望到岗时间"等信息，如图5-8所示。"招聘需求状态"的可选项含义如表5-4所示。

XX有限公司 企业Logo	**招聘需求**	
招聘需求		
招聘需求编号	招聘需求状态	发起时间
ZPXQ20230222173307	审批中	2023-02-22 17:33:07
用人部门	岗位 *	招聘类型 *
⊕ 选择部门　销售部	销售	普通招聘
招聘人数 *	期望到岗时间	
2	2023-02-28	

图5-8　发起招聘需求："招聘需求"分组

表5-4　"招聘需求状态"的可选项及含义

可选项	含　　义
审批中	默认值，流程发起后为"审批中"状态
招聘中	招聘需求经部门主管审批通过后，状态变更为"招聘中"
已完成	候选人已到岗，企业招聘团队关闭该招聘需求后，状态变更为"已完成"
已中止	招聘需求无法完成或停止招聘，状态变更为"已中止"

（3）在"岗位描述"分组中，需要输入"岗位描述""任职要求""岗位吸引力描述"相关信息。

（4）在"推荐候选人要求"分组中，为企业招聘团队提供了筛选候选人的特征，可以根据业务特点和工作要求输入相关信息，例如，候选人年龄范围、性别、当前薪资范围、学历、工作年限、婚育状况等，如图5-9所示。

（5）用人部门主管审批。如图5-10所示，用人部门主管收到招聘需求后，确认该招聘需求，审批通过后，该招聘需求的流程状态变为"招聘中"，并且流程推进到"招聘团队执行"环节。

图 5-9　发起招聘需求："推荐候选人要求"分组

图 5-10　发起招聘需求："用人部门主管审批"分组

　　（6）招聘团队执行。如图 5-11 所示，用人部门主管审批通过后，该招聘需求将由招聘团队执行，流程会自动分配给"人事主管"，人事主管可以把该招聘任务转交给团队内的其他人员执行。当招聘工作完成后，"招聘执行结果"选择"完成招聘"，此时招聘需求流程的状态变更为"已完成"状态；假如招聘工作不顺利或用人部门提出中止，"招聘执行结果"选择"挂起中止"，此时招聘需求流程的状态变更为"已中止"状态。

图 5-11　发起招聘需求："招聘团队执行"分组

视频讲解

5.4　面试记录

　　面试是招聘活动中最基础的构成元素，每个候选人都需要通过多轮面试后，才能进入录用流程。"面试记录"是用来管理每个候选人面试全过程的流程表单，由企业招聘团队发起，每个面试流程都会关联一个招聘需求并且关联一份简历，业务需求部门需要首先对简历进行筛选确认，简历筛选通过的候选人会安排一面、二面、三面等面试环节，不同面试环节的面试官以及考察点会有所不同，例如，一面重点考察候选人的业务基础能力，二面重点考察候选人的管理能力，三面由企业 HR 考察候选人的综合素质并协商薪资等信息，每个环节的考察结果都需要在流程中进行记录。

5.4.1　功能开发

　　"发起面试记录"在开发过程中涉及的要点包括：该功能使用流程表单搭建；企业招聘团队提交"发起面试记录"表单后，依次由"简历确认人"→"面试安排人"→"一面面试官"→"面试安排人"→"二面面试官"→"面试安排人"→"三面面试官"进行审批；"简历确认人"通过审批后，需要更新候选人在"新增简历"表单中"简历状态"字段的值更新为"应聘中"；在面试流程中，需要更新候选人在"新增简历"表单中"最近一次面试时间"字段的值，并根据面试结果更新"简历状态"。

表单组件

　　（1）新建一个流程表单，命名为：发起面试记录，表单样式可参考 5.4.2 节的介绍。
　　（2）在"流程设计"中，按照图 5-12 的流程设计以及表 5-5 的节点功能说明完成配置。

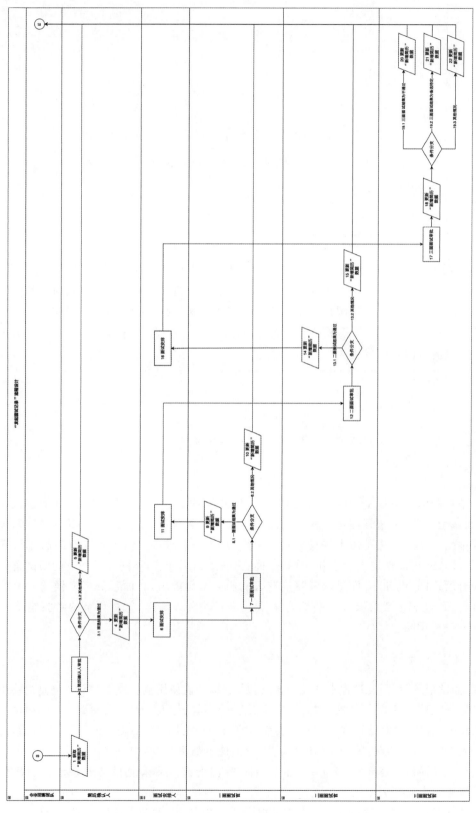

图 5-12 "发起面试记录"流程设计

表 5-5　"发起面试记录"流程节点配置

编号	节点名称	节点类型	功能说明及节点设置
S	发起	默认节点	字段权限：保持表单默认设置的状态
1	获取"新增简历"数据	获取单条数据	按条件过滤数据："新增简历"表单的"简历编号"字段的值等于本表单的"简历编号"字段的值
2	简历确认人审批	审批人	(1)审批人："选择表单内成员字段"设置为"简历确认人"；(2)审批按钮：启用"同意"按钮，名称修改为"提交"；(3)设置字段权限："筛选结果"组件设置为"可编辑"状态
3.1	筛选结果为通过	条件分支	条件规则："筛选结果"＝"通过"
3.2	其他情况	条件分支	无
4	更新"新增简历"数据	更新数据	(1)选择数据节点：更新"获取'新增简历'数据"中的数据；(2)更新数据："简历状态"的值设为"应聘中"
5	更新"新增简历"数据	更新数据	(1)选择数据节点：更新"获取'新增简历'数据"中的数据；(2)更新数据："简历状态"的值设为"未录用"
6	面试安排	审批人	(1)审批人："选择表单内成员字段"设置为"面试安排人"；(2)审批按钮：启用"同意"按钮，名称修改为"提交"；(3)设置字段权限："一面面试官""一面面试时间""一面面试方式"组件设置为"可编辑"状态
7	一面面试审批	审批人	(1)审批人："选择表单内成员字段"设置为"一面面试官"；(2)审批按钮：启用"同意"按钮，名称修改为"提交"；(3)设置字段权限："一面面试结果""一面评价"组件设置为"可编辑"状态
8.1	一面面试结果为通过	条件分支	条件规则："一面面试结果"＝"通过"
8.2	其他情况	条件分支	无
9	更新"新增简历"数据	更新数据	(1)选择数据节点：更新"获取'新增简历'数据"中的数据；(2)更新数据："最近一次面试时间"的值设为"一面面试时间"
10	更新"新增简历"数据	更新数据	(1)选择数据节点：更新"获取'新增简历'数据"中的数据；(2)更新数据："简历状态"的值设为"未录用"
11	面试安排	审批人	(1)审批人："选择表单内成员字段"设置为"面试安排人"；(2)审批按钮：启用"同意"按钮，名称修改为"提交"；(3)设置字段权限："二面面试官""二面面试时间""二面面试方式"组件设置为"可编辑"状态
12	二面面试审批	审批人	(1)审批人："选择表单内成员字段"设置为"二面面试官"；(2)审批按钮：启用"同意"按钮，名称修改为"提交"；(3)设置字段权限："二面面试结果""二面评价"组件设置为"可编辑"状态
13.1	二面面试结果为通过	条件分支	条件规则："二面面试结果"＝"通过"
13.2	其他情况	条件分支	无
14	更新"新增简历"数据	更新数据	(1)选择数据节点：更新"获取'新增简历'数据"中的数据；(2)更新数据："最近一次面试时间"的值设为"二面面试时间"
15	更新"新增简历"数据	更新数据	(1)选择数据节点：更新"获取'新增简历'数据"中的数据；(2)更新数据："简历状态"的值设为"未录用"

编号	节点名称	节点类型	功能说明及节点设置
16	面试安排	审批人	(1)审批人："选择表单内成员字段"设置为"面试安排人"；(2)审批按钮：启用"同意"按钮,名称修改为"提交"；(3)设置字段权限："三面面试官""三面面试时间""三面面试方式"组件设置为"可编辑"状态
17	三面面试审批	审批人	(1)审批人："选择表单内成员字段"设置为"三面面试官"；(2)审批按钮：启用"同意"按钮,名称修改为"提交"；(3)设置字段权限："三面面试结果""三面评价"组件设置为"可编辑"状态
18	更新"新增简历"数据	更新数据	(1)选择数据节点：更新"获取'新增简历'数据"中的数据；(2)更新数据："最近一次面试时间"的值设为"三面面试时间"
19.1	三面面试结果为不通过	条件分支	条件规则："三面面试结果"="不通过"
19.2	三面面试结果为备选待定	条件分支	条件规则："三面面试结果"="备选待定"
19.3	其他情况	条件分支	无
20	更新"新增简历"数据	更新数据	(1)选择数据节点：更新"获取'新增简历'数据"中的数据；(2)更新数据："简历状态"的值设为"未录用"
21	更新"新增简历"数据	更新数据	(1)选择数据节点：更新"获取'新增简历'数据"中的数据；(2)更新数据："简历状态"的值设为"备选储备"
22	更新"新增简历"数据	更新数据	(1)选择数据节点：更新"获取'新增简历'数据"中的数据；(2)更新数据："简历状态"的值设为"已通过面试"
E	结束	默认节点	无

5.4.2　功能介绍

面试记录功能的相关操作如下：

（1）发起面试记录。登录平台,依次选择"企业招聘"→"招聘管理"→"面试记录",单击"新增"按钮,可以发起面试记录,如图 5-13 所示。

图 5-13　"面试记录"页面

（2）应用会自动创建"面试记录编号""面试记录状态""面试安排人",如图 5-14 所示。其中,"面试记录状态"会根据后续面试过程中不同环节的结果进行自动更新,其状态含义如表 5-6 所示,例如,简历筛选通过、一面通过、二面通过、三面通过等。

图 5-14　发起面试记录："面试记录信息"分组

表 5-6　"面试记录状态"的可选项及含义

可　选　项	含　义
简历推送	默认值,流程发起后为"简历推送"状态
简历确认通过	业务部门确认候选人简历满足要求,可以安排面试,状态为"简历确认通过"
简历确认不通过	业务部门确认候选人简历不满足要求,状态为"简历确认不通过"
一面进行中/二面进行中/三面进行中	招聘团队已做面试安排,各轮面试进行中的状态
一面通过/二面通过/三面通过	各轮面试通过的状态
一面不通过/二面不通过/三面不通过	各轮面试不通过的状态
备选待定	候选人未通过面试,但业务团队将候选人纳入备选行列,状态为"备选待定"

（3）关联"招聘需求"。由于每个面试安排都是为某个招聘需求服务的,所以在面试安排中必须关联一个"招聘需求",关联后,会自动显示招聘需求中的"岗位"和"招聘类型"信息,如图 5-15 所示。

图 5-15　发起面试记录："招聘需求"分组

（4）关联候选人简历。如图 5-16 所示,在面试安排中,需要关联简历库中的一个简历,并且可以对简历的状态设置一些过滤条件,例如,"未通过"(之前已经面试过,但未通过)的候选人简历将不允许再次面试,或者已经是"应聘中"状态的简历需要在完成其他岗位的面试后,才能够再次被安排面试。

图 5-16　发起面试记录："候选人信息"分组

（5）简历确认环节。如图 5-17 所示,企业招聘团队通过各种渠道获取候选人简历后,需要由"简历确认人"对简历进行第一轮的筛选,从而减少无效人员进入面试环节,减轻面试人员的压力;"筛选结果"选择"通过"时,该面试安排流程的状态变为"简历确认通过"状态,流程回到"面试安排人",由面试安排人负责安排一面面试官;如果简历筛选不通过,则面试安排流程结束。

（6）安排一面面试官。筛选初筛通过的简历,由"面试安排人"安排"一面面试官",并选择"一面面试时间"和"一面面试方式",如图 5-18 所示。

（7）一面面试官填写面试结果和面试评价。如图 5-19 所示,一面面试官在指定时间完成面试后,在流程中录入面试结果以及面试评价,如果面试结果为"通过",则流程会流转到"面试

图 5-17　发起面试记录："简历确认"分组

图 5-18　发起面试记录：安排一面面试官

安排人"，由面试安排人安排二面面试官。

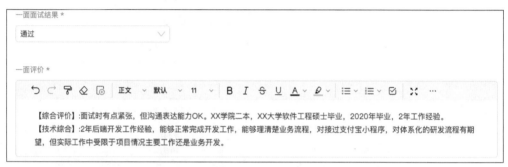

图 5-19　发起面试记录：一面面试结果

（8）二面面试官安排以及面试结果填写。过程参考一面相关介绍。

（9）三面面试官安排以及面试结果填写。如图 5-20 所示，三面通常为人事部门面试，除了考察候选人的综合素质之外，主要是沟通候选人的"定薪"以及"预计到岗时间"。三面通过后，该面试记录流程结束，流程状态更新为"三面面试通过"。

图 5-20　发起面试记录：三面面试结果

视频讲解

5.5　录用管理

对于面试通过的候选人，招聘团队需要发起一个正式的录用申请，在录用申请中附带该候选人的基本信息以及面试记录情况，并提交用人部门、公司主管审批。审批完成后，人力资源部即可向候选人发放录用通知。

5.5.1　功能开发

"发起录用申请"在开发过程中涉及的要点包括：该功能使用流程表单搭建；企业招聘团队提交"发起录用申请"表单后，依次由"用人部门审批人"→"总经理"进行审批；"总经理"通过审批后，需要更新候选人在"新增简历"表中"简历状态"字段的值，更新为"已录用"。

（1）新建一个流程表单，命名为：发起录用申请，表单样式可参考 5.5.2 节的介绍。

表单组件

（2）在"流程设计"中，按照图 5-21 的流程设计以及表 5-7 的节点功能说明完成配置。

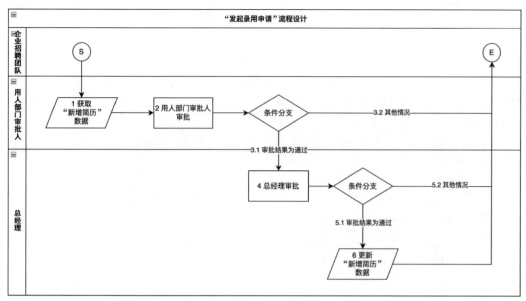

图 5-21　"发起录用申请"流程设计

表 5-7　"发起录用申请"流程节点配置

编号	节点名称	节点类型	功能说明及节点设置
S	发起	默认节点	字段权限：保持表单默认设置的状态
1	获取"新增简历"数据	获取单条数据	按条件过滤数据："新增简历"表单的"简历编号"字段的值等于本表单的"简历编号"字段的值
2	用人部门审批人审批	审批人	(1)审批人："选择表单内成员字段"设置为"用人部门审批人"；(2)审批按钮：启用"同意"按钮，名称修改为"提交"；(3)设置字段权限："用人部门审批结果""用人部门审批说明"组件设置为"可编辑"状态
3.1	审批结果为通过	条件分支	条件规则："用人部门审批结果"="通过"
3.2	其他情况	条件分支	无
4	总经理审批	审批人	(1)审批人："选择指定角色"设置为"总经理"；(2)多人审批方式：或签；(3)审批按钮：启用"同意"按钮，名称修改为"提交"；(4)设置字段权限："总经理审批"分组中的所有组件设置为"可编辑"状态
5.1	审批结果为通过	条件分支	条件规则："总经理审批结果"="通过"
5.2	其他情况	条件分支	无
6	更新"新增简历"数据	更新数据	(1)选择数据节点：更新"获取'新增简历'数据"中的数据；(2)更新数据："简历状态"的值设为"已录用"
E	结束	默认节点	无

5.5.2　功能介绍

录用管理功能的相关操作如下：

（1）发起录用申请。企业招聘团队成员登录平台，依次选择"企业招聘"→"录用管理"→"录用申请"，单击"新增"按钮，即可发起录用申请，如图 5-22 所示。

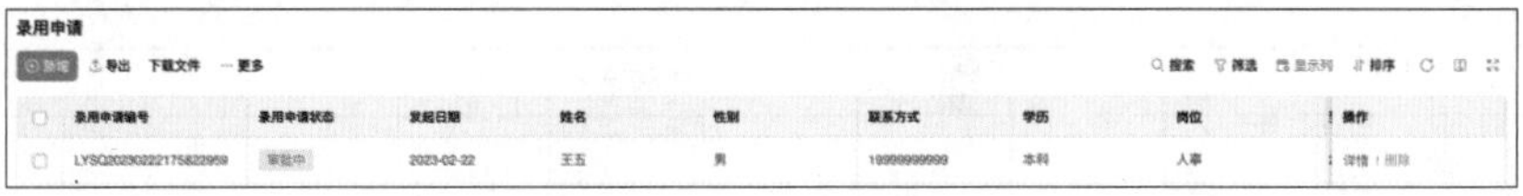

图 5-22 "录用申请"页面

（2）在"基本信息"分组中，应用会自动生成"录用申请编号"，并为"录用申请状态"赋默认值"审批中"。企业招聘团队成员选择"关联招聘需求"，应用会自动显示该招聘需求的"招聘类型"和"岗位"信息，如图 5-23 所示。

图 5-23 发起录用申请："基本信息"分组

（3）在"关联简历"中选择候选人的简历，应用会自动显示该简历的相关信息，如图 5-24 所示。

图 5-24 发起录用申请："候选人信息"分组

（4）在"面试记录"中选择该候选人的面试记录流程，应用会自动显示该候选人的面试记录评价信息，如图 5-25 所示。

图 5-25 发起录用申请："面试记录"分组

（5）在"录用信息"中，输入"候选人薪酬""试用期薪资""到岗日期"信息，如图 5-26 所示。

图 5-26 发起录用申请："录用信息"分组

（6）用人部门审批。如图 5-27 所示，企业招聘团队成员提交录用申请后，首先将由指定的"用人部门审批人"进行审批，用人部门审批通过后，流程将推送到总经理审批。

（7）总经理审批。如图 5-28 所示，用人部门审批通过后，流程将由总经理（钉钉角色中配置）进行审批，审批通过后，录用申请流程的状态变更为"同意"。同时，应用会同步更新该候选

图 5-27 发起录用申请："用人部门审批"分组

人的简历状态,变更为"已录用"。

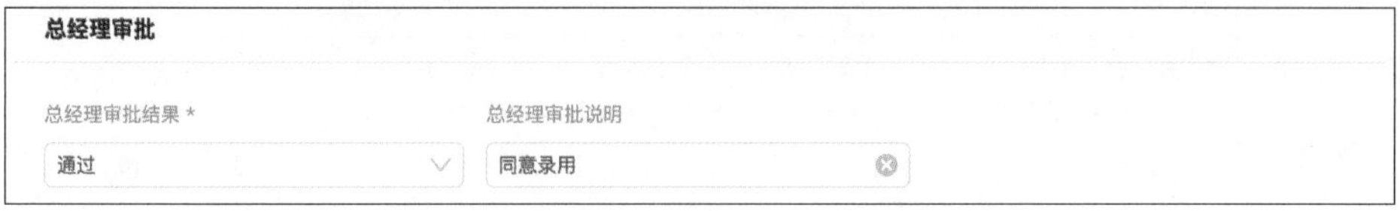

图 5-28 发起录用申请："总经理审批"分组

5.6 招聘管理

视频讲解

招聘管理为企业招聘团队提供了查看所有招聘工作进展的功能。其中,"管理:招聘"页面展示了所有招聘需求,招聘团队成员可以选择某个招聘需求,应用则会显示"招聘需求详情"页面,在该页面中集成了该招聘需求不同状态的面试记录以及录用申请流程。

5.6.1 "管理:招聘"功能开发

"管理:招聘"在开发过程中涉及的要点包括:该功能使用自定义页面搭建;数据源为"发起招聘需求"表单;在查询条件区,提供"招聘需求状态"查询条件;在数据详情区,展示招聘需求的基本信息,单击"详情"按钮,则会跳转至"招聘需求详情"自定义页面,在跳转的 URL 中携带选中招聘需求信息。

(1)数据源配置。在"管理:招聘"自定义页面中按照表 5-8 配置数据源。

表 5-8 "管理:招聘"的数据源配置及功能说明

数据源名称	数据源类型	数据源配置及功能说明
getZhaoPinXuQiuInstances	远程 API	从"发起招聘需求"表单中获取全量数据
searchKey	变量	存储搜索条件的变量,默认值:""

(2)页面搭建。使用"自定义管理页模板",复制一个自定义页面,命名为"管理:招聘",按照图 5-29 搭建该页面,并按照表 5-9 完成各个组件的属性设置。

表 5-9 "管理:招聘"的组件构成及设置信息

所在区域	组件类型	设置说明
页面头	页面头	(1)主标题:"招聘需求管理";(2)副标题:"职能管理人员专用"
查询条件区	查询	(1)添加查询条件:招聘需求状态(可选项:"审批中""招聘中""已完成""挂起关闭");(2)动作设置:"提交时触发的事件"回调函数为 onSubmit();(3)动作设置:"重置按钮点击触发的事件"回调函数为 onReset()
数据详情区	表格	(1)数据列:招聘需求编号、岗位、招聘类型、招聘人数、招聘需求状态、创建日期;(2)数据源:绑定 getZhaoPinXuQiuInstances;(3)数据主键:设置为 procInsId;(4)操作列:"详情",配置回调函数 onDetail();(5)顶部操作:"新增招聘需求",并配置页面跳转,关联页面选择"发起招聘需求",关联页面状态"增加";(6)动作设置:"分页、搜索、排序时触发"回调函数为 onFetchData()

代码

（3）在动作面板中实现函数功能。在该自定义页面的动作面板中，需要实现的函数如表 5-10 所示。

表 5-10　"管理：招聘"的函数功能说明

函数名称	功能说明
onSubmit()	该函数绑定页面中的"查询"按钮，单击后会更新 searchKey 变量的值，并调用 getZhaoPinXuQiuInstances 远程 API，查询符合条件的数据
onReset()	该函数绑定页面中的"重置"按钮，单击后会清空 searchKey 变量，并调用 getZhaoPinXuQiuInstances 远程 API，查询数据源表的全部数据
onDetail()	该函数绑定页面中的"详情"按钮，单击后会跳转"招聘需求详情"自定义页面
onFetchData()	该函数绑定页面中的翻页按钮，单击后会更新参数 currentPage 的值，并调用 getZhaoPinXuQiuInstances 远程 API，查询符合条件的数据

5.6.2　"招聘需求详情"功能开发

"招聘需求详情"在开发过程中涉及的要点包括：该功能使用自定义页面搭建；数据源包括"发起面试记录""发起录用申请"；在数据统计卡区，提供"简历推送""简历确认""面试中""面试通过""录用审批通过"状态的统计数据；在基本信息区，显示当前招聘需求的"岗位""招聘类型""招聘人数""招聘需求状态""创建日期"数据，以及提供"发起面试""发起录用"功能按钮；在数据详情区，通过选项卡，展示招聘需求的"详情""所有简历""简历推送""简历确认""面试中""面试通过""录用审批"，单击表格"详情"跳转至对应的表单详情页。

（1）数据源配置。在"招聘需求详情"自定义页面中按照表 5-11 配置数据源。

表 5-11　"招聘需求详情"的数据源配置及功能说明

数据源名称	数据源类型	数据源配置及功能说明
getMianShiJiLuInstances	远程 API	从"发起面试记录"表单中获取数据，获取数据后，需要在 didFetch() 中更新 jltsCount、jlqrCount、mszCount、mstgCount 的值
getLuYongShenQingInstances	远程 API	从"发起录用申请"表单中获取数据
searchKey	变量	存储筛选条件的变量，默认值：""
jltsCount	变量	简历推送数量，默认值：0
jlqrCount	变量	简历确认数量，默认值：0
mszCount	变量	面试中数量，默认值：0
mstgCount	变量	面试通过数量，默认值：0

（2）页面搭建。使用"自定义管理页模板"，复制一个自定义页面，命名为：招聘需求详情，按照图 5-30 搭建该页面，并按照表 5-12 完成各个组件的属性设置。

表 5-12　"招聘需求详情"的组件构成及设置信息

所在区域	组件名称	组件类型	设置说明
页面头	页面头	页面头	（1）主标题："招聘需求详情"；（2）副标题："员工及职能管理人员通用"
数据统计卡	简历推送	分组＋文本	（1）名称：简历推送；（2）文本组件绑定变量"state.jltsCount"
	简历确认	分组＋文本	（1）名称：简历确认；（2）文本组件绑定变量"state.jlqrCount"
	面试中	分组＋文本	（1）名称：面试中；（2）文本组件绑定变量"state.mszCount"

所在区域	组件名称	组件类型	设置说明
数据统计卡	面试通过	分组＋文本	(1)名称：面试通过；(2)文本组件绑定变量"state. mstgCount"
	录用审批通过	分组＋文本	(1)名称：录用审批通过；(2)文本组件绑定变量"state. getLuYongShenQingInstanceData. totalCount || "0""
基本信息区	招聘需求	分组	无
	岗位	输入框	(1)状态：只读；(2)默认值：绑定变量"state. urlParams. gw"
	招聘类型	输入框	(1)状态：只读；(2)默认值：绑定变量"state. urlParams. zplx"
	招聘人数	输入框	(1)状态：只读；(2)默认值：绑定变量"state. urlParams. zprs"
	招聘需求状态	下拉选择	(1)状态：只读；(2)默认值：绑定变量"state. urlParams. zpxqzt"
	创建日期	日期	(1)状态：只读；(2)默认值：绑定变量"state. urlParams. cjrq"
	发起面试	按钮	动作设置："OnClick 点击按钮"回调函数为 onFQMSClick()
	发起录用	按钮	动作设置："OnClick 点击按钮"回调函数为 onFQLYClick()
数据详情区	详情	Iframe	iFrame 地址：绑定"发起招聘需求"的 URL 地址，其中携带表单参数：procInsId ＝ ${state. urlParams. procInsId}
	所有简历	表格	(1)数据列：候选人、性别、联系方式、学历、年龄、工作年限、面试记录状态；(2)数据源：绑定 getMianShiJiLuInstances；(3)数据主键：设置为 procInsId；(4)操作列："详情"，配置回调函数 onMSJLDetail；(5)动作设置："分页、搜索、排序时触发"回调函数为 onFetchSYJLData；(6)searchKey：查询该招聘需求的所有简历
	简历推送	表格	(1)数据列：同"所有简历"；(2)数据源：绑定 getMianShiJiLuInstances；(3)数据主键：设置为 procInsId；(4)操作列："详情"，配置回调函数 onMSJLDetail()；(5)动作设置："分页、搜索、排序时触发"回调函数为 onFetchJLTSData()；(6)searchKey：查询该招聘需求中状态为"简历推送"的所有简历
	简历确认	表格	(1)数据列：同"所有简历"；(2)数据源：绑定 getMianShiJiLuInstances；(3)数据主键：设置为 procInsId；(4)操作列："详情"，配置回调函数 onMSJLDetail()；(5)动作设置："分页、搜索、排序时触发"回调函数为 onFetchJLQRData()；(6)searchKey：查询该招聘需求中状态为"简历确认通过"的所有简历
	面试中	表格	(1)数据列：同"所有简历"；(2)数据源：绑定 getMianShiJiLuInstances；(3)数据主键：设置为 procInsId；(4)操作列："详情"，配置回调函数 onMSJLDetail()；(5)动作设置："分页、搜索、排序时触发"回调函数为 onFetchMSZData()；(6) searchKey：查询该招聘需求中状态为"一面进行中""二面进行中""三面进行中"的所有简历
	面试通过	表格	(1)数据列：同"所有简历"；(2)数据源：绑定 getMianShiJiLuInstances；(3)数据主键：设置为 procInsId；(4)操作列："详情"，配置回调函数 onMSJLDetail()；(5)动作设置："分页、搜索、排序时触发"回调函数为 onFetchMSTGData()；(6)searchKey：查询该招聘需求中状态为"三面面试通过""备选待定"的所有简历

续表

所在区域	组件名称	组件类型	设置说明
数据详情区	录用审批	表格	（1）数据列：后续人、性别、联系方式、学历、年龄、工作年限、录用审批状态；（2）数据源：绑定 getLuYongShenQingInstances；（3）数据主键：设置为 procInsId；（4）操作列："详情"，配置回调函数 onLYSPDetail()；（5）动作设置："分页、搜索、排序时触发"回调函数为 onFetchLYSPData()

代码

（3）在动作面板中实现函数功能。在该自定义页面的动作面板中，需要实现的核心函数如表 5-13 所示。

表 5-13 "招聘需求详情"的函数功能说明

函数名称	功能说明
onTabChange()	该函数绑定页面中选项卡切换动作，单击后会更新 searchKey 变量的值，并调用 getMianShiJiLuInstances 远程 API 或 getLuYongShenQingInstances 远程 API，筛选符合条件的数据
onMSJLDetail()	该函数绑定"所有简历""简历推送""简历确认""面试中""面试通过"中的"详情"按钮，单击后会跳转"发起面试记录"表单的详情页面
onLYSPDetail()	该函数绑定"录用审批"中的"详情"按钮，单击后会跳转"发起录用申请"表单的详情页面
onFQMSClick()	该函数绑定"发起面试"按钮，单击后会跳转"发起面试记录"表单的创建页面
onFQLYClick()	该函数绑定"发起录用"按钮，单击后会跳转"发起录用申请"表单的创建页面

5.6.3 功能介绍

招聘管理功能的相关操作如下：

（1）管理招聘需求。在招聘团队执行招聘的过程中，需要联系候选人、安排面试官、发放录用通知等操作，可以在"管理：招聘"自定义页面中完成。依次选择"企业招聘"→"招聘管理"→"管理：招聘"，该页面专为招聘团队设计，可以查看所有的招聘需求，并可以根据招聘需求状态进行筛选，如图 5-29 所示。

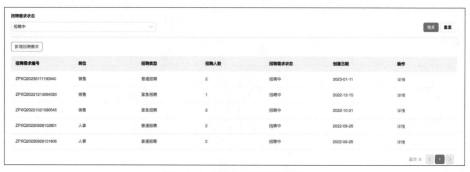

图 5-29 "管理：招聘"页面

（2）查看招聘需求详情。选择某个招聘需求，单击右侧的"详情"按钮，可以跳转到该招聘需求详情页面。该页面中，顶部的数据统计卡对不同状态的"面试记录"以及"录用申请"数量进行汇总统计；中间的招聘需求区域展示了该招聘需求的主要信息，并且可以通过单击右侧的"发起面试"以及"发起录用"按钮，发起面试记录以及发起录用申请；底部的数据展示区域展示了不同状态的"面试记录"以及"录用申请"列表，可以通过切换 Tab 页实现招聘进度信息的查看,如图 5-30 所示。

图 5-30 "招聘需求详情"页面

第 6 章

假 期 管 理

员工在工作期间不可避免都会因各种客观原因申请假期。假期的类型有很多,例如,年休假、病假、产假、事假等,但每种假期的申请规则都有所不同,所以从企业管理角度来说,需要针对不同类型的假期采用不同的管理方法。比如,当员工请年休假时,需要核对员工本年度剩余年休假的天数,并且不同工龄的员工每年的年休假天数也不尽相同。又比如当员工请病假时,需要提供医院出具的诊断证明等。除了上述类型的常见假期之外,很多企业也普遍实行调休制度,员工可以在周末或节假日申请加班,加班天数可以折算成调休天数,所以也需要对加班以及调休进行管理。"假期管理"应用能够解决中小微企业在员工假期管理方面的难题,支持请假/销假、加班/调休等相关操作,并能够为企业人力资源团队提供每位员工的假期明细数据。

目前中小微企业在员工假期管理方面存在着如下一些问题和挑战:

(1) 假期数据管理混乱,计算不准确。根据我国劳动法的规定,员工的年休假、病假等假期均与员工的工龄及司龄相关,而由于其计算规则相对复杂,且具有时效性(随着员工在岗时间的延长,相关假期数据会发生动态变化),对于中小微企业来说就具有较高的管理难度,手工方式管理费时费力,数据也容易产生错误。

(2) 加班信息管理不到位,容易产生合规风险。由于加班涉及加班费用的发放,并且根据我国劳动法的规定,法定节假日加班、周末加班以及日常加班时,加班费用的计算规则也存在差别,例如,法定节假日加班需要发放三倍工资。如果对于加班信息管理不到位,容易使企业面临用工方面的法律风险。

(3) 请假流程不规范,容易被"钻空子"。中小微企业通常缺乏完备的假期申请流程,员工的请假很多时候都是通过电话或口头方式跟基层管理者"打招呼"。从企业规范化管理的角度来说,过多的"人治"容易被"钻空子",通过建立规范化的请假制度,对提升企业管理水平也是必要工作之一。

6.1 应用概述

视频讲解

"假期管理"应用主要包括"请假""销假""加班""调休"四大功能模块,功能架构图如图 6-1 所示,功能说明见表 6-1。

图 6-1　"假期管理"应用功能架构图

表 6-1　"假期管理"应用功能列表

目录	功能菜单	类型	使用用户	功能说明
请假	请假申请	数据管理页	企业 HR	"发起请假申请"表单的数据管理页,支持请假申请的增、删、改、查操作
	发起请假申请	流程表单	企业员工	发起请假申请流程,默认为隐藏状态
销假	销假申请	数据管理页	企业 HR	"发起销假申请"表单的数据管理页,支持销假申请的增、删、改、查操作
	发起销假申请	流程表单	企业员工	通过销假申请取消已经审批通过的请假申请,默认为隐藏状态
加班	加班申请	数据管理页	企业 HR	"发起加班申请"表单的数据管理页,支持加班申请的增、删、改、查操作
	发起加班申请	流程表单	企业员工	发起加班申请流程,加班时长可以折算调休时长,默认为隐藏状态
调休	调休申请	数据管理页	企业 HR	"发起调休申请"表单的数据管理页,支持调休申请的增、删、改、查操作
	发起调休申请	流程表单	企业员工	当员工有加班时长时,可以发起调休申请进行调休,默认为隐藏状态

"假期管理"应用在中小微企业使用过程中,具有如下优势及特色:

(1)打通员工档案信息,准确、动态地管理员工的假期数据。打通员工请假、销假、加班、调休的数据,精确管理企业员工的假期信息。

(2)基于流程管控员工的请假行为,减少"人情世故",防止"钻空子"。员工请假需要通过应用发起线上审批流程,登记请假原因、请假时长等信息,经过领导审批后才能休假,避免请假的随意性。

(3)加班申请线上化存档,加班费或调休时长准确计算。员工加班均需要通过线上提交加班申请,经项目经理以及部门经理确认后才能加班,一方面能够确认加班的必要性,减少无效加班情况的发生,另一方面能够对加班行为进行精细化管理。

(4)打通项目管理信息,利于项目成本核算。加班申请关联某个立项项目信息,在项目结项进行成本利润率计算时,可以提供准确的加班成本数据。

(5)低成本、支持定制、极速上线使用。与钉钉平台无缝集成,一键安装,支持中小微企业根据自身业务特点进行定制化修改。

6.2　请假

视频讲解

在员工请假之前,需要提交请假申请,在请假申请中需要选择请假类型,例如,事假、病假、年休假、婚假等,不同类型的假期需要提供的材料有所区别。例如,婚假需要提供结婚证、病假需要提供医院出具的病假单等,年休假则需要校验该员工剩余年休假是否足够。

6.2.1 功能开发

表单组件

"发起请假申请"在开发过程中涉及的要点包括：该功能使用流程表单搭建；员工提交"发起请假申请"表后，由"部门主管"进行审批；如果员工请假类型为"年休假"，那么在"部门主管"审批通过后，需要更新该员工在"新增假期明细"表单中"B：本年已用年休假天数"字段的值和"C：本年剩余可用年休假天数（A－B）"字段的值。

（1）新建一个流程表单，命名为：发起请假申请，表单样式可参考 6.2.2 节的介绍。

代码 1

（2）实现 onQJMSChange() 函数。该函数的功能为：当"请假模式"组件的值发生变化时，将"本次请假天数"组件的值初始化为 0 天。

（3）实现 onQJSJDChange() 函数。该函数的功能为：当"请假模式"选择"半天请假"时，根据"请假时间段"组件的值，设置"本次请假天数"组件的值为 0.5 天。

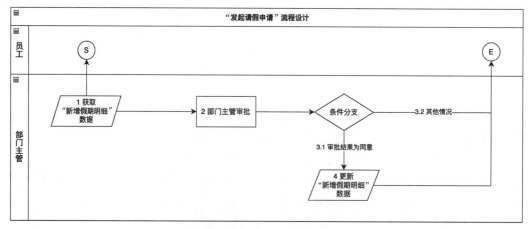

代码 2

（4）在"流程设计"中，按照图 6-2 的流程设计以及表 6-2 的节点功能说明完成配置。

图 6-2 "发起请假申请"流程设计

表 6-2 "发起请假申请"流程节点配置

编号	节点名称	节点类型	功能说明及节点设置
S	发起	默认节点	字段权限：保持表单默认设置的状态
1	获取"新增假期明细"数据	获取单条数据	按条件过滤数据："新增假期明细"表单的 userId 字段的值等于本表单的 userId 字段的值
2	部门主管审批	审批人	（1）审批人："选择表单内成员字段"设置为"部门主管"；（2）审批按钮：启用"同意"按钮，名称修改为"提交"；（3）设置字段权限："部门主管审批结果""备注（部门主管）"组件设置为"可编辑"状态
3.1	审批结果为同意	条件分支	条件规则："部门主管审批结果"＝"同意"且"请假类型"＝"年休假"
3.2	其他情况	条件分支	无
4	更新"新增假期明细"数据	更新数据	（1）选择数据节点：更新"获取'新增假期明细'数据"中的数据；（2）更新数据："B：本年已用年休假天数"的值设为公式："获取'新增假期明细'数据.B：本年已用年休假天数＋本次请假天数"；"C：本年剩余可用年休假天数（A－B）"的值设为公式："获取'新增假期明细'数据.C：本年剩余可用年休假天数（A－B）－本次请假天数"
E	结束	默认节点	无

6.2.2 功能介绍

请假功能的相关操作如下：

（1）发起请假申请。登录平台，依次选择"假期管理"→"请假"→"请假申请"，单击"新增"按钮，即可发起请假申请，如图 6-3 所示。

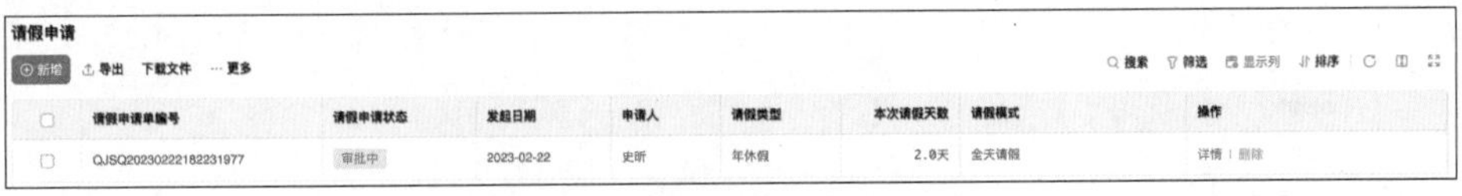

图 6-3 "请假申请"管理页面

（2）在"基本信息"分组中，应用会自动生成"请假申请单编号""请假申请状态""发起日期""申请人""申请人工号""岗位"信息，如图 6-4 所示；其中，"请假申请状态"包括"审批中""已通过""已拒绝""已销假"4 种状态，各状态含义如表 6-3 所示。

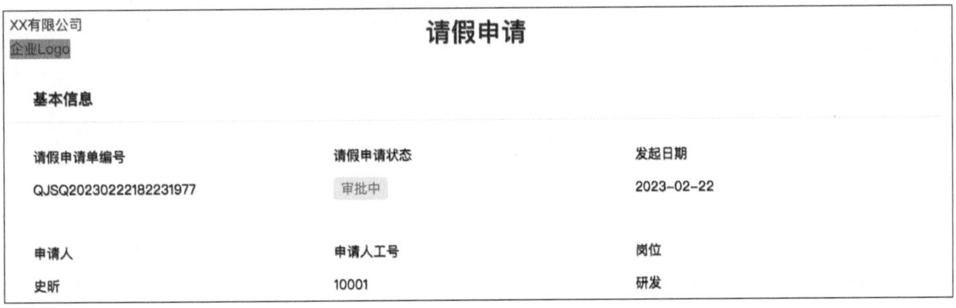

图 6-4 发起请假申请："基本信息"分组

表 6-3 "请假申请状态"的可选项及含义

可选项	含 义
审批中	默认状态，请假申请流程发起后，状态为"审批中"
已通过	请假申请已审批通过，状态为"已通过"
已拒绝	请假申请流程中任意一个审批人否决，则流程结束，状态为"已拒绝"
已销假	状态为已通过的流程，如果发起销假申请，并且销假申请通过，则该请假申请的状态更新为"已销假"

（3）在"请假类型"分组中，"请假类型"的可选值包括"年休假""病假""事假"等，可以根据企业的实际情况做定制化修改。当选择"年休假"时，应用会自动显示"申请人年休假信息"分组，显示用户本年度可用年休假天数，如图 6-5 所示；当选择"病假"时，应用会显示"附件上传"分组，必须上传病假证明材料。

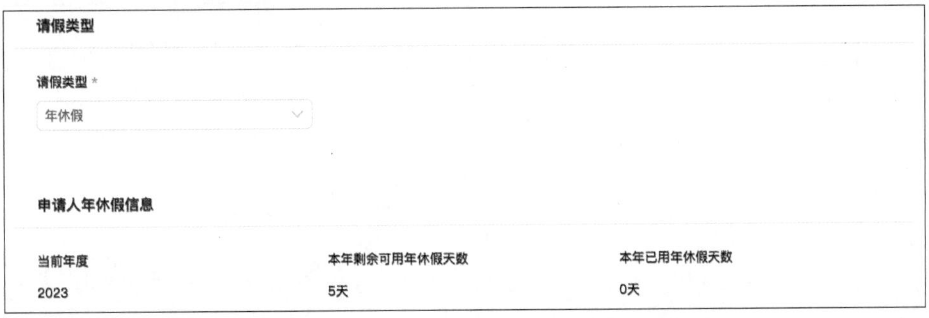

图 6-5 发起请假申请："请假类型"及"申请人年休假信息"分组

（4）在"请假时间"分组中，支持"半天请假"和"全天请假"两种模式。当选择"半天请假"时，需要填写"请假日期"和"请假时间段"；当选择"全天请假"时，需要填写"请假区间"，如图 6-6 所示。

图 6-6　发起请假申请："请假时间"分组

（5）在"部门主管审批"分组中，"部门主管"默认为申请人的直接主管，该请假申请提交后，会由该主管进行审批，如图 6-7 所示。如果该请假类型为"年休假"，审批通过后会自动更新"新增假期明细"表单中员工的年休假信息。

图 6-7　发起请假申请："部门主管审批"分组

视频讲解

6.3　销假

如果员工的请假申请审批通过之后，由于客观原因需要取消请假申请，则员工需要提交销假申请，审批通过后，即可冲销前期的请假申请。

6.3.1　功能开发

"发起销假申请"在开发过程中涉及的要点包括：该功能使用流程表单搭建；员工提交"发起销假申请"表单后，由部门主管进行审批；如果需要销假的为年休假，部门主管审批通过后，需要更新该员工在"新增假期明细"表单中"B：本年已用年休假天数"和"C：本年剩余可用年休假天数（A－B）"字段的值以及"发起请假申请"表中"请假申请状态"字段的值。

表单组件

（1）新建一个流程表单，命名为：发起销假申请，表单样式可参考 6.3.2 节的介绍。

（2）实现 onXJFSChange() 函数。该函数的功能为：根据"销假方式"组件的选项值，更新"销假天数"组件的值与状态。

代码 1

（3）在"流程设计"中，按照图 6-8 的流程设计以及表 6-4 的节点功能说明完成配置。

代码 2

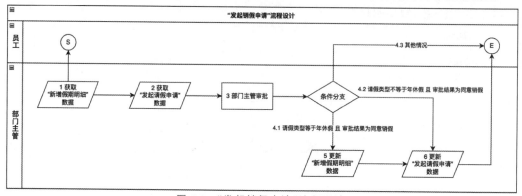

图 6-8　"发起销假申请"流程设计

表 6-4 "发起销假申请"流程节点配置

编号	节点名称	节点类型	功能说明及节点设置
S	发起	默认节点	字段权限：保持表单默认设置的状态
1	获取"新增假期明细"数据	获取单条数据	按条件过滤数据："新增假期明细"表单的 userId 字段的值等于本表单的 userId 字段的值
2	获取"发起请假申请"数据	获取单条数据	按条件过滤数据："发起请假申请"表单的"请假申请单编号"字段的值等于本表单的"请假申请单编号"字段的值
3	部门主管审批	审批人	(1)审批人："选择表单内成员字段"设置为"部门主管"；(2)审批按钮：启用"同意"按钮,名称修改为"提交"；(3)设置字段权限："部门主管审批意见""备注（部门主管）"组件设置为"可编辑"状态
4.1	请假类型等于年休假且审批结果为同意销假	条件分支	条件规则："请假类型"＝"年休假"且"部门主管审批结果"＝"同意销假"
4.2	请假类型不等于年休假且审批结果为同意销假	条件分支	条件规则："请假类型"≠"年休假"且"部门主管审批结果"＝"同意销假"
4.3	其他情况	条件分支	无
5	更新"新增假期明细"数据	更新数据	(1)选择数据节点：更新"获取'新增假期明细'数据"中的数据；(2)更新数据："B：本年已用年休假天数"的值设为公式："获取'新增假期明细'数据.B：本年已用年休假天数－销假天数"；"C：本年剩余可用年休假天数（A－B）"的值设为公式："获取'新增假期明细'数据.C：本年剩余可用年休假天数（A－B）＋销假天数"
6	更新"发起请假申请"数据	更新数据	(1)选择数据节点：更新"获取'发起请假申请'数据"中的数据；(2)更新数据："请假申请状态"的值设为"已销假"
E	结束	默认节点	无

6.3.2 功能介绍

销假功能的相关操作如下：

（1）发起销假申请。如果请假申请审批通过后需要取消,则需要提交销假申请。登录系统后,依次选择"假期管理"→"销假"→"销假申请",单击"新增"按钮,即可发起销假申请,如图 6-9 所示。

图 6-9 "销假申请"管理页面

（2）在"基本信息"分组中,应用会自动生成"销假申请单编号""销假申请状态""发起日期",并根据登录人自动显示"申请人""申请人工号""岗位",如图 6-10 所示。

（3）在"请假时间"分组中,需要选择"关联请假申请",应用会筛选申请人本人发起且已审批通过的请假单,选中后应用会自动显示该请假单的相关信息,如图 6-11 所示。

图 6-10　发起销假申请："基本信息"分组

图 6-11　发起销假申请："请假时间"分组

（4）在"销假申请"分组中选择"销假方式"，"销假方式"支持"全部销假"和"部分销假"两种，如图 6-12 所示。

图 6-12　发起销假申请："销假申请"分组

（5）提交部门主管审批后，即可完成销假。假如请假类型为"年休假"时，在完成销假审批后，已扣减的年休假天数将会做退回处理，同时该请假申请状态变更为"已销假"，如图 6-13 所示。

图 6-13　请假申请状态变更为"已销假"

视频讲解

6.4　加班

当项目遇到赶工等情况时，需要安排员工加班。对于加班的补偿方式，不同企业采取的方式可能会有差别，例如，加班可以发放加班费，也可以安排员工在工作日调休。不论是发放加班费或者调休，都需要对员工的加班情况进行记录并统计，才能准确核算加班费以及可调休天数。另外，为了避免无效加班，加班需要员工提前发起申请，并且经过项目经理或者部门经理确认后，才能执行。

6.4.1　功能开发

"发起加班申请"在开发过程中涉及的要点包括：该功能使用流程表单搭建；员工提交"发起加班申请"表后，审批流程首先判断"项目经理"字段是否有值，若有值，则依次由"项目经理"→"部门主管"进行审批，否则由"部门主管"直接审批；部门主管通过审批后，需要更新该员工在"新增假期明细"表中"A：加班天数（申请通过）"和"C：剩余调休天数（A－B）"字段的值。

（1）新建一个流程表单，命名为：发起加班申请，表单样式可参考 6.4.2 节的介绍。

表单组件

（2）实现 onSQMSChange() 函数。该函数的功能为："申请模式"组件的值发生变化时，将"本次加班天数"组件的值初始化为 0 天。

（3）实现 onJBSJDChange() 函数。该函数的功能为：当"加班时间段"组件的值发生变化时，将"本次加班天数"组件的值设置为 0.5 天。

代码 1

（4）在"流程设计"中，按照图 6-14 的流程设计以及表 6-5 的节点功能说明完成配置。

代码 2

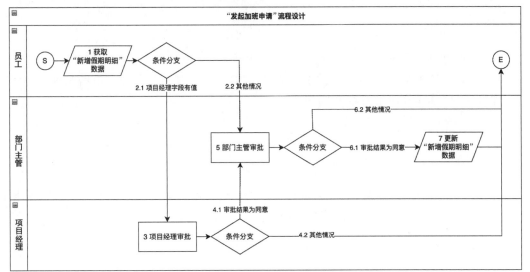

图 6-14 "发起加班申请"流程设计

表 6-5 "发起加班申请"流程节点配置

编号	节点名称	节点类型	功能说明及节点设置
S	发起	默认节点	字段权限：保持表单默认设置的状态
1	获取"新增假期明细"数据	获取单条数据	按条件过滤数据："新增假期明细"表单的 userId 字段的值等于本表单的 userId 字段的值
2.1	项目经理字段有值	条件分支	条件规则："项目经理"字段有值
2.2	其他情况	条件分支	无
3	项目经理审批	审批人	(1)审批人："选择表单内成员字段"设置为"项目经理"；(2)审批按钮：启用"同意"按钮，名称修改为"提交"；(3)设置字段权限："项目经理审批结果"组件设置为"可编辑"状态
4.1	审批结果为同意	条件分支	条件规则："项目经理审批结果"="同意"
4.2	其他情况	条件分支	无
5	部门主管审批	审批人	(1)审批人："选择表单内成员字段"设置为"部门主管"；(2)审批按钮：启用"同意"按钮，名称修改为"提交"；(3)设置字段权限："部门主管审批结果""备注（部门主管）"组件设置为"可编辑"状态
6.1	审批结果为同意	条件分支	条件规则："部门主管审批结果"="同意"
6.2	其他情况	条件分支	无

编号	节点名称	节点类型	功能说明及节点设置
7	更新"新增假期明细"数据	更新数据	（1）选择数据节点：更新"获取'新增假期明细'数据"中的数据； （2）更新数据："A：加班天数（申请通过）"的值设为公式："获取'新增假期明细'数据.A：加班天数（申请通过）＋本次加班天数"；"C：剩余调休天数（A－B）"的值设为公式："获取'新增假期明细'数据.C：剩余调休天数（A－B）＋本次加班天数"
E	结束	默认节点	无

6.4.2 功能介绍

加班功能的相关操作如下：

（1）发起加班申请。登录平台，依次选择"假期管理"→"加班"→"加班申请"，单击"新增"按钮，即可发起加班申请，如图 6-15 所示。

图 6-15 "加班申请"页面

（2）在"基本信息"分组中，应用会自动生成"加班申请单编号""加班申请状态""发起日期"，并根据当前登录人显示"申请人""申请人工号""岗位"信息，如图 6-16 所示。

XX有限公司
企业Logo
加班申请

基本信息

| 加班申请单编号 | 加班申请状态 | 发起日期 |
| JBSQ20230222183253975 | 审批中 | 2023-02-22 |

| 申请人 | 申请人工号 | 岗位 |
| 史昕 | 10001 | 研发 |

图 6-16 发起加班申请："基本信息"分组

（3）申请人填写"加班信息"。如图 6-17 所示，其中，"加班类型"可以选择"法定节假日加班"或"周末加班"，通过该选项可以在"流程设计"中设置加班时长与调休时长的换算方法，例如，"法定节假日加班"按照 1∶3 换算加班与调休时长，"周末加班"按照 1∶2 换算加班与调休时长。

图 6-17 发起加班申请："加班信息"分组

（4）选择关联的项目信息。如图 6-18 所示，由于项目原因产生的加班，需要选择"关联立项项目"，应用会自动显示该项目的"项目经理"，加班申请会经过"项目经理"的审批，并且加班记录需要用于后续核算项目的成本。

（5）部门主管审批。如图 6-19 所示，项目经理审批通过后，将由部门主管审批，审批通过后，该加班申请流程结束。应用会根据加班与调休的换算比例，更新"新增假期明细"表单中"可调休天数"字段的值。

图 6-18　发起加班申请："项目信息"分组

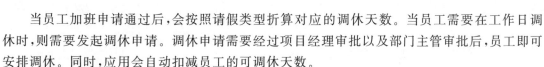

图 6-19　发起加班申请："部门主管审批"分组

6.5　调休

视频讲解

当员工加班申请通过后，会按照请假类型折算对应的调休天数。当员工需要在工作日调休时，则需要发起调休申请。调休申请需要经过项目经理审批以及部门主管审批后，员工即可安排调休。同时，应用会自动扣减员工的可调休天数。

6.5.1　功能开发

"发起调休申请"在开发过程中涉及的要点包括：该功能使用流程表单搭建；员工提交"发起调休申请"表单后，审批流程首先判断"项目经理"字段是否有值，若有值，则依次由"项目经理"→"部门主管"进行审批，否则由"部门主管"直接进行审批；部门主管通过审批后，需要更新该员工在"新增假期明细"表单中"B：已调休天数（不含申请中）"和"C：剩余调休天数（A－B）"字段的值。

表单组件

（1）新建一个流程表单，命名为：发起调休申请，表单样式可参考 6.5.2 节的介绍。

（2）实现 onSQMSChange() 函数。该函数的功能为："申请模式"组件的值发生变化时，将"本次调休天数"组件的值初始化为 0 天。

代码 1

（3）实现 onTXSJDChange() 函数。该函数的功能为：当"调休时间段"组件的值发生变化时，将"本次调休天数"组件的值设置为 0.5 天。

代码 2

（4）在"流程设计"中，按照图 6-20 的流程设计以及表 6-6 的节点功能说明完成配置。

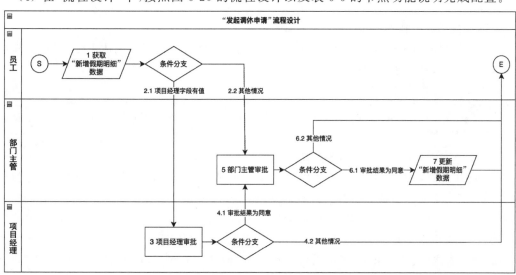

图 6-20　"发起调休申请"流程设计

表 6-6 "发起调休申请"流程节点配置

编号	节点名称	节点类型	功能说明及节点设置
S	发起	默认节点	字段权限：保持表单默认设置的状态
1	获取"新增假期明细"数据	获取单条数据	按条件过滤数据："新增假期明细"表单的 userId 字段的值等于本表单的 userId 字段的值
2.1	项目经理字段有值	条件分支	条件规则："项目经理"字段有值
2.2	其他情况	条件分支	无
3	项目经理审批	审批人	(1)审批人："选择表单内成员字段"设置为"项目经理"；(2)审批按钮：启用"同意"按钮，名称修改为"提交"；(3)设置字段权限："项目经理审批结果"组件设置为"可编辑"状态
4.1	审批结果为同意	条件分支	条件规则："项目经理审批结果"="同意"
4.2	其他情况	条件分支	无
5	部门主管审批	审批人	(1)审批人："选择表单内成员字段"设置为"部门主管"；(2)审批按钮：启用"同意"按钮，名称修改为"提交"；(3)设置字段权限："部门主管审批结果""备注(部门主管)"组件设置为"可编辑"状态
6.1	审批结果为同意	条件分支	条件规则："部门主管审批结果"="同意"
6.2	其他情况	条件分支	无
7	更新"新增假期明细"数据	更新数据	(1)选择数据节点：更新"获取'新增假期明细'数据"中的数据；(2)更新数据："B：已调休天数(不含申请中)"的值设为公式："获取'新增假期明细'数据.B：已调休天数(不含申请中)+本次调休天数"；"C：剩余调休天数(A−B)"的值设为公式："获取'新增假期明细'数据.C：剩余调休天数(A−B)−本次调休天数"
E	结束	默认节点	无

6.5.2 功能介绍

调休功能的相关操作如下：

（1）发起调休申请。登录平台，依次选择"假期管理"→"调休"→"调休申请"，单击"新增"按钮，即可发起调休申请，如图 6-21 所示。

图 6-21 "调休申请"管理页面

（2）应用会自动生成"调休申请单编号""调休申请状态""发起日期"，并且根据当前登录人自动显示"申请人""申请人工号""岗位"，如图 6-22 所示。

（3）在"可用调休天数"分组中，应用会自动带出当前申请人的"加班天数(申请通过)""已调休天数(不含申请中)""剩余调休天数(A−B)"，如图 6-23 所示。

（4）在"调休信息"分组中，申请人可以选择"申请模式"，可选项包括"全天调休""半天调休"，输入"调休日期""调休时间段"，并填写"调休原因"，如图 6-24 所示。

XX有限公司
企业Logo

调休申请

基本信息

调休申请单编号	调休申请状态	发起日期
TXSQ20230222183923458	审批中	2023-02-22
申请人	**申请人工号**	**岗位**
史昕	10001	研发

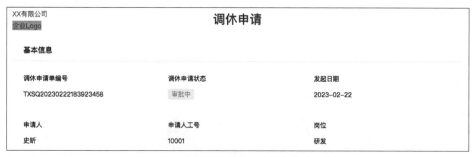

图 6-22 发起调休申请："基本信息"分组

可用调休天数

C:剩余调休天数（A-B）	A:加班天数(申请通过)	B:已调休天数（不含申请中）
0.5天	0.5天	0天

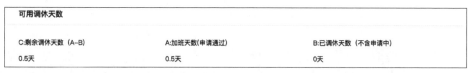

图 6-23 发起调休申请："可用调休天数"分组

调休信息

申请模式 *	本次调休天数	调休原因 *
半天调休	0.5天	家中有事，申请调休半天
调休日期 *	**调休时间段 ***	
2023-02-27	上午	

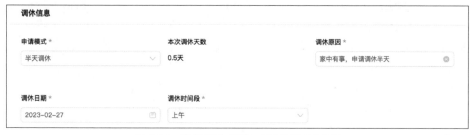

图 6-24 发起调休申请："调休信息"分组

（5）在"项目信息"分组中，需要选择"关联立项项目"，主要目的是申请人调休必须得到当前所在项目的项目经理许可，以免影响项目进度，如图 6-25 所示。

项目信息

关联立项项目	项目经理	项目经理审批结果 *
低代码应用开发项目	史昕(10001)	同意

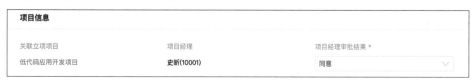

图 6-25 发起调休申请："项目信息"分组

（6）部门主管审批。如图 6-26 所示，调休申请经过项目经理审批通过后，流程推进到部门主管审批，部门主管审批通过，则该调休申请流程的状态变更为"已通过"。

部门主管审批

部门主管	部门主管审批结果 *	备注(部门主管)
史昕	同意	同意调休

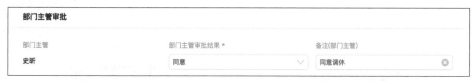

图 6-26 发起调休申请："部门主管审批"分组

（7）调休流程审批通过后，应用会自动从"新增假期明细"表单中扣减相应的调休天数，如图 6-27 所示。

员工工号	员工姓名	入职日期	在岗状态	A:加班天数(申请通过)	B:已调休天数(不含申请中)	C:剩余调休天数(A-B)	A:本年累计可用年休假天数	操作
10001	史昕	2022-07-01	在职	0.5天	0.5天	0.0天	5.0天	详情 ∣ 删除

图 6-27 在"新增假期明细"表单中扣减调休天数

第 7 章

外勤管理

对于企业内部的销售岗位或者客服岗位来说，其工作场所通常不在公司内部，而是需要经常外出到客户驻地进行拜访或服务。为了对员工的外勤进行管理，员工在外出前，需要通过线上发起外勤申请，经过部门领导或者项目经理审批后，员工才可以外出。根据外勤的时长以及地点，通常存在市内外勤（本地且时间短）和市外出差（外地且时间长）两种。这两种外勤方式在报销费用方面也存在差异，例如，市外出差通常需要给员工发放出差补贴，而市内外勤通常会发放交通补贴等。"外勤管理"应用能够支持市内外勤和市外出差两种外勤模式，同时能够与"费用管理"应用结合，对外勤工作管理以及外勤费用核算提供相应的支撑。

中小微企业在对销售人员、客服人员等外出较多的岗位管理中，通常存在很多的漏洞和难题，主要表现在：

（1）如何管理外勤工作的真实性。缺乏外勤审批的情况下，销售人员外出拜访客户通常都是"口头"说明，对于部门管理者来说，无法验证其外勤工作的真实性，包括外勤时间以及外勤地点。

（2）如何统计分析外勤人员的工作量。例如，销售人员的工作产出，通常情况下会与客户拜访量有强关联。在没有信息系统支撑的情况下，统计销售人员的客户拜访量的工作非常烦琐，不利于销售团队负责人开展团队绩效评估。

（3）如何核算外勤工作的费用补贴。外勤工作通常涉及市内交通补贴或出差补贴的计算，在缺乏线上数据支撑的情况下，无法核实员工提交费用清单的真实性。

视频讲解

7.1 应用概述

"外勤管理"应用主要包"市内外勤""市外出差"两个模块，功能架构图如图 7-1 所示，功能列表如表 7-1 所示。

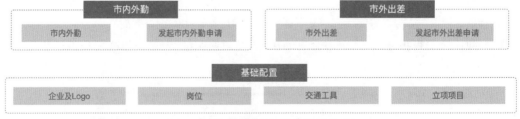

图 7-1 "外勤管理"应用功能架构图

表 7-1　"外勤管理"应用功能列表

目录	功能菜单	类型	使用用户	功能说明
市内外勤	市内外勤	数据管理页	企业员工	"发起市内外勤申请"表单的数据管理页,查看员工或本人发起的市内外勤流程
	发起市内外勤申请	流程表单	企业员工	新建市内外勤申请表单,设置为隐藏状态
市外出差	市外出差	数据管理页	企业员工	"发起市外出差申请"表单的数据管理页,查看员工或本人发起的市外出差流程
	发起市外出差申请	流程表单	企业员工	新建市外出差申请表单,设置为隐藏状态

"外勤管理"应用具有的主要优势和特色包括:

(1)保证外勤工作的真实性。支持手机定位打卡,外勤人员需要在外勤申请时间范围内,在外勤地点使用手机打卡确认,从而避免了虚假外勤的情况。

(2)便于统计外勤工作量。能够按月批量导出所有的外勤申请,用于统计外勤人员的工作量和绩效。

(3)与"费用管理"应用结合,报销单可以关联外勤申请。在"费用管理"应用中,出差报销单可以关联已审批通过的市外出差申请单,从而确保每笔费用的报销均合规。

(4)易于使用且低成本。基于宜搭平台搭建的"外勤管理"应用流程易懂,使用简单,并且支持企业根据自身业务需要进行二次定制化开发,使用成本低廉。

7.2　市内外勤

企业在管理员工市内外勤工作的时候,主要需要解决的问题是如何确保员工按时到达指定外勤地点。在发起市内外勤申请中,申请人需要在申请单中输入外勤地点和外勤时间,经过主管审批通过后,还需要在指定的时间和地点使用手机定位进行打卡,从而解决了企业在管理员工外勤工作时的难题。

视频讲解

7.2.1　功能开发

"发起市内外勤申请"在开发过程中涉及的要点包括:该功能使用流程表单搭建;员工提交"发起市内外勤申请"表单后,审批流程由部门主管进行审批;审批通过后,发起人需要使用手机在外勤地点打卡,打卡完成后,流程结束。

(1)新建一个流程表单,命名为:发起市内外勤申请,表单样式可参考 7.2.2 节的介绍。

(2)在"流程设计"中,按照图 7-2 的流程设计以及表 7-2 的节点功能说明完成配置。

表单组件

表 7-2　"发起市内外勤申请"流程节点配置

编号	节点名称	节点类型	功能说明及节点设置
S	发起	默认节点	字段权限:保持表单默认设置的状态
1	当前所在部门主管审批	审批人	(1)审批人:"选择表单内成员字段"设置为"部门主管";(2)审批按钮:启用"同意"按钮,名称修改为"提交";(3)设置字段权限:"部门主管审批结果""备注(部门主管)"组件设置为"可编辑"状态
2.1	审批结果为同意	条件分支	条件规则:"部门主管审批结果"="同意"
2.2	其他情况	条件分支	无

编号	节点名称	节点类型	功能说明及节点设置
3	申请人外勤打卡	审批人	(1)审批人：设置为"发起人本人"；(2)审批按钮：启用"提交"按钮；(3)设置字段权限："外勤打卡"分组中的所有组件设置为"可编辑"状态
E	结束	默认节点	无

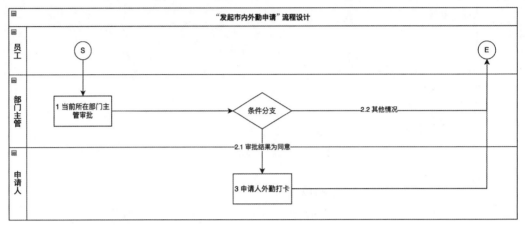

图 7-2 "发起市内外勤申请"流程设计

7.2.2 功能介绍

市内外勤功能的相关操作如下：

（1）发起市内外勤申请。外勤申请人登录平台，依次选择"外勤管理"→"市内外勤"→"市内外勤"，单击"新增"按钮，即可发起市内外勤申请，如图 7-3 所示。

图 7-3 "市内外勤"管理页面

（2）在"基本信息"分组中，应用会自动显示"外勤申请单编号""外勤申请状态""发起日期""申请人"等相关信息，如图 7-4 所示。"外勤申请状态"的含义如表 7-3 所示。

图 7-4 发起市内外勤申请："基本信息"分组

表 7-3　"外勤申请状态"的可选项及含义

可选项	含　义
审批中	默认值,市内外勤申请提交后为"审批中"状态
已同意	部门主管审批通过后,市内外勤申请流程状态变为"已同意"
已拒绝	部门主管拒绝审批,该流程状态变为"已拒绝"
已打卡	员工到达外勤地点后,使用手机完成打卡,该流程状态变为"已打卡"
已取消	员工未能够在申请的时间和地点完成打卡,该流程变更为"已取消"

（3）在"外勤信息"分组中,由员工填写"外勤时间""外勤地点""外勤事由"信息,如图 7-5 所示。

图 7-5　发起市内外勤申请:"外勤信息"分组

（4）部门主管审批。外勤申请人提交后,将由选定的"部门主管"进行审批,审批通过后,流程会推进到外勤申请人打卡环节,如图 7-6 所示。

图 7-6　发起市内外勤申请:"部门主管审批"分组

（5）外勤申请人手机端打卡。如图 7-7 所示,外勤申请人需要使用手机完成打卡,打卡操作只能在手机端完成,打卡完成后,该市内外勤申请流程的状态变更为"已打卡"。

图 7-7　外勤申请人手机端打卡

视频讲解

7.3 市外出差

市外出差与市内外勤相比,在离岗时长和成本费用核算方面存在差异。市外出差通常与项目执行相关,会影响到项目交付的利润率,所以市外出差申请除了部门主管审批之外,还需要项目经理审批,得到项目经理的许可。当员工提交出差报销单时,需要关联该市外出差申请。

7.3.1 功能开发

"发起市外出差申请"在开发过程中涉及的要点包括:该功能使用流程表单搭建;员工提交"发起市外出差申请"表后,审批流程首先判断"项目经理"字段是否有值,若有值,则依次由"项目经理"→"部门主管"进行审批,否则由"部门主管"进行审批;由于员工出差一次可能需要到达多个目的地,因此可以使用子表单添加多条行程信息。

表单组件

(1)新建一个流程表单,命名为:发起市外出差申请,表单样式可参考 7.3.2 节的介绍。

(2)在"流程设计"中,按照图 7-8 的流程设计以及表 7-4 的节点功能说明完成配置。

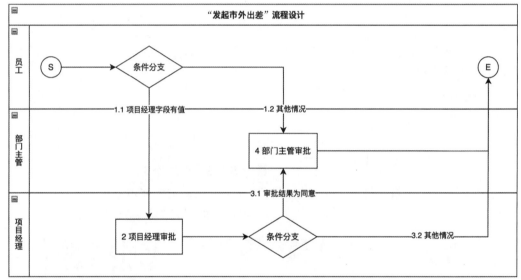

图 7-8 "发起市外出差申请"流程设计

表 7-4 "发起市外出差申请"流程节点配置

编号	节点名称	节点类型	功能说明及节点设置
S	发起	默认节点	字段权限:保持表单默认设置的状态
1.1	项目经理字段有值	条件分支	条件规则:"项目经理"字段有值
1.2	其他情况	条件分支	无
2	项目经理审批	审批人	(1)审批人:"选择表单内成员字段"设置为"项目经理";(2)审批按钮:启用"同意"按钮,名称修改为"提交";(3)设置字段权限:"项目经理审批结果"组件设置为"可编辑"状态
3.1	审批结果为同意	条件分支	条件规则:"项目经理审批结果"="同意"
3.2	其他情况	条件分支	无

续表

编号	节点名称	节点类型	功能说明及节点设置
4	部门主管审批	审批人	(1)审批人:"选择表单内成员字段"设置为"部门主管";(2)审批按钮:启用"同意"按钮,名称修改为"提交";(3)设置字段权限:"部门主管审批结果""备注(部门主管)"组件设置为"可编辑"状态
E	结束	默认节点	无

7.3.2 功能介绍

市外出差功能的相关操作如下:

(1)发起市外出差申请。登录平台,依次选择"外勤管理"→"市外出差"→"市外出差",单击"新增"按钮,即可发起市外出差申请单,如图 7-9 所示。

图 7-9 "市外出差"管理页面

(2)应用会自动生成"出差申请单编号""出差申请状态""发起日期",并且根据当前登录人自动显示"申请人""申请人工号""岗位",如图 7-10 所示。

市外出差申请

企业名称
logo展示

基本信息

出差申请单编号	出差申请状态	发起日期
CCSQ20230111151027920	审批中	2023-01-11

申请人	申请人工号	岗位
史昕	10001	研发

图 7-10 发起市外出差申请:"基本信息"分组

(3)在"出差信息"分组中,申请人需要填写本次出差的"出差原因"以及"行程明细"。假如一次出差需要到达多个目的地时,可以在"行程明细"中添加多条记录,如图 7-11 所示。

图 7-11 发起市外出差申请:"出差信息"分组

(4)当出差的原因是为了执行某个项目的交付工作时,还需要在"项目信息"分组中,选择该立项项目。申请提交后,会先由该项目的"项目经理"进行审批,如图 7-12 所示。

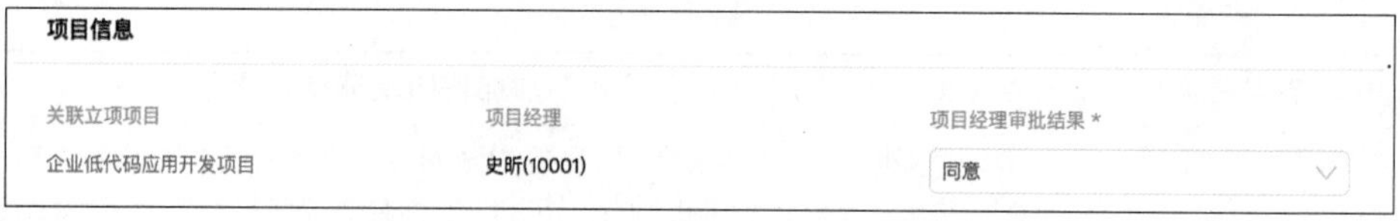

项目信息

关联立项项目	项目经理	项目经理审批结果 *
企业低代码应用开发项目	史昕(10001)	同意 ∨

图 7-12　发起市外出差申请："项目信息"分组

（5）部门主管审批。如图 7-13 所示，项目经理审批通过后，流程会推进到部门主管审批环节。部门主管审批通过后，该市外出差申请流程完成。

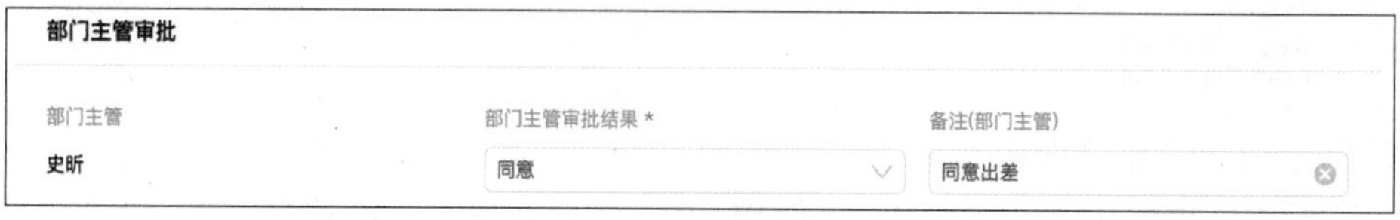

部门主管审批

部门主管	部门主管审批结果 *	备注(部门主管)
史昕	同意 ∨	同意出差 ⊗

图 7-13　发起市外出差申请："部门主管审批"分组

第 8 章

项目管理

　　企业运营通常是围绕一个一个项目展开的,企业的销售、实施、采购、财务等各个环节都是为"项目"服务的。同时,项目也是企业成本核算的基础单元,通过归集项目的投入与产出数据,可以核算出项目的投入产出比,进而核算公司整体的盈亏情况,并通过成本分析进一步优化成本投入。"项目管理"应用,以 PMBOK(Project Management Body Of Knowledge,项目管理知识体系)理论作为指导,从项目立项、项目启动、项目规划、项目执行、项目监控以及项目收尾等各环节对项目进行全生命周期的管控,提供了包括项目立项、项目结项、工时管理、进度管理、风险管理、变更管理、采购管理、费用报销等核心功能,能够满足中小微企业在项目管理领域信息化的要求。

　　中小微企业在缺乏信息化应用支撑的情况之下,在项目管理领域普遍存在如下问题与挑战:

　　(1) 工时投入难以统计。工时投入是项目成本中的重要构成因素,由于一个员工可能并行支撑多个项目,因此需要员工按照各个项目投入的实际工时填报。在缺乏信息化应用支撑的情况下,手工统计的工时投入数据,准确性及时效性均无法保证。

　　(2) 项目进度无法实时跟踪。项目进度管理是项目管理中的核心之一,如果无法管控项目各个阶段的里程碑达成情况,将会造成项目进度的延后,增加项目违约赔偿的风险。

　　(3) 项目范围容易蔓延。项目的需求以及变更管控是项目能否顺利交付的关键,如果无法管控并跟踪需求的执行,将会造成项目成本超支,客户满意度下降。

　　(4) 项目资料管理混乱。项目资料,如设计方案、实施方案、风险登记册、验收证书等,既是本项目验收的材料,同时也是企业的重要资产。如果缺乏有效的管控措施,随着人员的更替或者离职,将会造成资料的遗失。

　　(5) 费用管控不严,浪费严重。采购、报销都是项目执行中会直接产生费用的场景,如果不能对采购及报销进行全流程的管控,很容易造成项目成本超出预算。

　　(6) 无法精确核算项目成本、收入及利润。销售过程管理决定了项目的收入,采购、费用、工时、进度等决定了项目的成本,为了提升项目的整体利润,需要在每个环节都进行精细化管理。

8.1　应用概述

　　"项目管理"应用主要包括"基础配置""项目过程管理""项管大盘"三大主功能模块,在每个主功能模块中又包括若干二级功能,该应用的功能架构图如图 8-1 所示,部分功能的详细说明见表 8-1。

视频讲解

图 8-1 "项目管理"应用功能架构图

表 8-1 "项目管理"应用功能列表

目录	功能菜单	类型	使用用户	功能说明
立项管理	立项申请	数据管理页	项目管理委员会、项目经理	"发起立项申请"的数据管理页,查看所有立项申请
	发起立项申请	流程表单	项目经理	项目启动执行前,发起立项申请,默认状态为隐藏
结项管理	结项申请	数据管理页	项目管理委员会、项目经理	"发起结项申请"的数据管理页,查看所有结项申请
	发起结项申请	流程表单	项目经理	项目执行完成后,发起结项申请,默认状态为隐藏
风险管理	风险登记册	数据管理页	项目经理	"新增风险登记"的数据管理页,查看所有的风险监控情况
	新增风险登记	普通表单	项目经理	新增项目风险登记,默认状态为隐藏
工时管理	工时申报	数据管理页	项目成员、项目经理、项目管理委员会	"发起工时申报"的数据管理页,查看所有的工时申报
	发起工时申报	流程表单	项目成员	普通员工每周填报项目工时,默认状态为隐藏
进度管理	阶段	数据管理页	项目经理	"新增阶段"的数据管理页,查看所有阶段的进度
	新增阶段	普通表单	项目经理	添加项目阶段信息,默认状态为隐藏
	里程碑	数据管理页	项目经理	"新增里程碑"的数据管理页,查看项目的所有里程碑达成进度信息
	新增里程碑	普通表单	项目经理	添加项目里程碑,默认状态为隐藏
任务管理	任务登记册	数据管理页	项目成员、项目经理	"发起任务登记"的数据管理页,查看项目所有任务的执行情况
	发起任务登记	流程表单	项目成员、项目经理	发起新任务,默认状态为隐藏
报告管理	项目报告	数据管理页	项目经理	"发起项目报告"的数据管理页,查看项目的周报、月报信息
	发起项目报告	流程表单	项目经理	项目经理上报项目信息,默认状态为隐藏

续表

目录	功能菜单	类型	使用用户	功能说明
组织过程资产	项目资料	数据管理页	项目成员、项目经理	"新增项目资料"的数据管理页,查看项目的文档资料
	新增项目资料	流程表单	项目成员、项目经理	项目资料的线上归档上传,默认状态为隐藏
项管大盘	项管大盘	自定义页面	项目经理、项目管理委员会	提供给项目经理或项目管理委员会查看所有项目的整体执行信息
	项管详情	自定义页面	项目经理、项目管理委员会	查看单一项目的所有过程信息
基础配置	立项项目表	普通表单	系统管理员	所有立项审批通过项目的明细记录表
	工时明细表	普通表单	系统管理员	审批通过工时的明细记录表

"项目管理"应用以 PMBOK 项目管理理论为指导,充分考虑我国中小微企业项目的实际情况,具有如下优势及特色:

(1)功能全面,使用简单。覆盖项目管理全生命周期,包括项目立项、项目规划、项目执行、项目监控以及项目收尾全过程。

(2)精确管理项目工时,提升工作效率。员工定期按照项目填报工时的投入,从而为项目工时核算提供了数据。

(3)费用管控流程化。采购以及费用报销均需线上申请,其中,项目的采购需要经过采购申请、询价、下订单、接收、付款等多个环节,每个环节均由专职人员参与;费用报销需要提前申请预算,实际报销时需要经过项目经理确认审批后,才可将费用归集到项目中。

(4)项目执行进度可视化。通过设定里程碑并跟踪里程碑的执行进度,可以实现项目进度的可视化。同时,项目经理使用项目报告功能,可以定期上报项目的执行进度、风险、问题等。

(5)组织过程资产线上化。项目执行过程中的文档资料均支持线上归档,避免因为人员变动造成的资料遗失。

(6)项目成本核算精确化。基于工时、采购成本以及费用报销的线上数据,可以实现项目成本的精确核算。

8.2　立项管理

视频讲解

为了满足项目管理的要求,在项目启动之前,需要完成项目立项操作。在立项申请中,由项目经理登记项目的基本信息,如项目名称、项目经理、项目计划、成本预算等信息,提交项目管理委员会(Project Management Office,PMO)审批后,即可完成项目立项。同时,应用会将项目信息同步到"立项项目表"中。项目立项是后续所有项目操作的前置条件,相关流程中涉及的项目均需从"立项项目表"中获取。

8.2.1　功能开发

"发起立项申请"在开发过程中涉及的要点包括:该功能使用流程表单搭建;项目经理提交"发起立项申请"后,审批流程由"项目管理委员会"进行审批;"立项项目表"使用普通表单搭建;项目管理委员会审批通过后,应用需在"立项项目表"中新增立项项目信息记录。

(1)新建一个普通表单,命名为:立项项目表,按照表 8-2 添加组件并完成对每个组件的属性设置。

表 8-2 "立项项目表"表单组件构成及设置信息

所在分组	组件名称	组件类型	功能说明及属性设置
	立项项目	图文展示	(1)表单标题；(2)内容：设置为"立项项目"
	企业 Logo	图文展示	从全局配置中心中读取企业 Logo 信息
项目信息	项目信息	分组	
	立项项目编号	单行文本	状态：只读
	项目状态	下拉单选	(1)状态：只读；(2)可选项："交付中"（默认选中）、"已交付"和"被动终止"
	项目名称	单行文本	状态：只读
	项目类型	下拉单选	(1)状态：只读；(2)可选项："软件研发类""系统集成类"
	项目级别	下拉单选	(1)状态：只读；(2)可选项："普通项目""重点项目"
	项目经理	成员	状态：只读
	项目所属部门	部门	状态：只读
	开始日期	日期	(1)状态：只读；(2)日期格式：年-月-日
	预期结束日期	日期	(1)状态：只读；(2)日期格式：年-月-日
	预期工期	数值	(1)状态：只读；(2)单位：天
	附件	附件	状态：只读
预算信息	预算信息	分组	
	预计收入	数值	(1)状态：只读；(2)单位：元；(3)小数位数：2
	预计支出	数值	(1)状态：只读；(2)单位：元；(3)小数位数：2
	预计投入工时	数值	(1)状态：只读；(2)单位：人天
关联信息	关联信息	分组	
	客户编号	单行文本	状态：只读
	合同编号	单行文本	状态：只读
	销售订单编号	单行文本	状态：只读
	立项申请编号	单行文本	状态：只读
	立项申请日期	日期	(1)状态：只读；(2)日期格式：年-月-日
	立项申请人	单行文本	状态：只读

表单组件

（2）新建一个流程表单，命名为：发起立项申请，表单样式可参考 8.2.2 节的介绍。

（3）在"流程设计"中，按照图 8-2 的流程设计以及表 8-3 的节点功能说明完成配置。

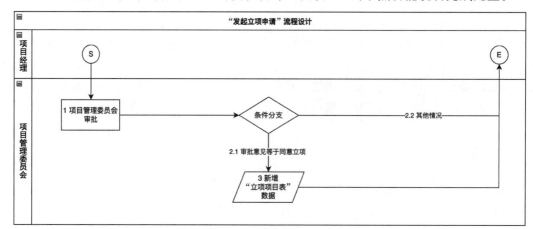

图 8-2 "发起立项申请"流程设计

表 8-3 "发起立项申请"流程节点配置

编号	节点名称	节点类型	功能说明及节点设置
S	发起	默认节点	字段权限：保持表单默认设置的状态
1	项目管理委员会审批	审批人	（1）审批人："选择指定角色"设置为"PMO（项目管理委员会）"；（2）多人审批方式：或签；（3）审批按钮：启用"同意"按钮，名称修改为"提交"；（4）设置字段权限："立项审批信息"分组中的所有组件设置为"可编辑"状态
2.1	审批意见等于同意立项	条件分支	条件规则："PMO 审批意见"＝"同意立项"
2.2	其他情况	条件分支	无
3	新增"立项项目表"数据	新增数据	新增数据：本表单字段的值与"立项项目表"字段的值一一对应
E	结束	默认节点	无

8.2.2 功能介绍

立项管理功能的相关操作如下：

（1）发起立项申请单。登录平台，依次选择"项目管理"→"立项管理"→"立项申请"，单击"新增"按钮，即可发起立项申请单，如图 8-3 所示。

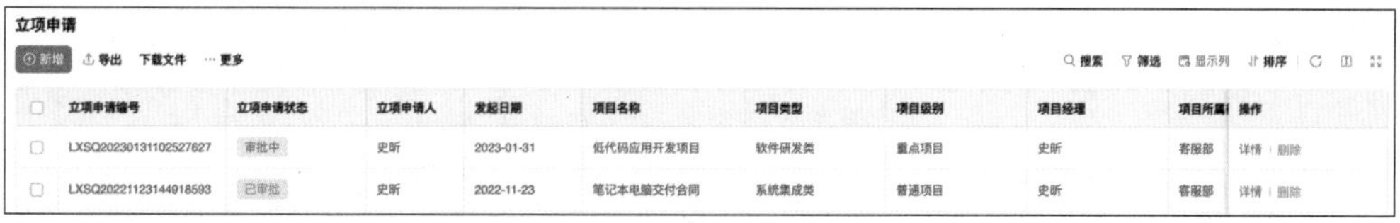

图 8-3 "立项申请"管理页面

（2）填写立项申请基本信息。如图 8-4 所示，在"基本信息"分组中，应用会自动生成"立项申请编号""立项申请状态""发起日期"，并且根据当前登录人自动显示"立项申请人""申请人工号""岗位"。如果是因销售产生的交付类项目，则需要选择"关联客户""关联合同""关联销售订单"；如果是企业内部的项目，则无须填写上述信息。其中，"立项申请状态"的可选值及含义如表 8-4 所示。

图 8-4 发起立项申请："基本信息"分组

表 8-4 "立项申请状态"的可选项及含义

可 选 项	含 义
审批中	默认值,流程发起后,立项申请状态为"审批中"
已审批	立项申请经过项目管理委员会审批通过后,该流程的状态为"已审批"
已拒绝	立项申请被项目管理委员会拒绝,该流程的状态为"已拒绝"

（3）填写项目信息。如图 8-5 所示,在"项目信息"分组中,应用会自动生成"立项项目编号"（需要注意区分"立项申请编号"）,并由项目立项申请人填写"项目名称""项目类型""项目级别""项目经理""项目所属部门""开始日期""预期结束日期",并按需上传"附件"资料。

图 8-5 发起立项申请:"项目信息"分组

（4）填写项目预算信息。如图 8-6 所示,为了控制项目的成本,在立项时,需要填写项目的预算信息,包括"预计收入""预计支出""预计投入工时"。

图 8-6 发起立项申请:"项目预算信息"分组

（5）项目管理委员会审批。如图 8-7 所示,项目立项申请人提交立项申请后,立项申请流程将由项目管理委员会（PMO）进行审批,审批通过后,该立项申请状态变更为"已审批"。

图 8-7 发起立项申请:"立项审批信息"分组

（6）立项申请审批通过后,为了跟踪项目的执行状态,应用会同步立项项目信息到"立项项目表"中。如图 8-8 所示为"立项项目表"中新增的立项项目信息。

图 8-8 在"立项项目表"中新增数据

视频讲解

8.3　结项管理

当项目执行完毕或者因为客观原因无法继续推进时，需要由项目经理发起项目结项申请。结项申请是项目完结的里程碑，在结项申请中，需要提交项目结项的凭证，通常情况下需要上传验收证书，同时填写项目实际投入的成本、工时等信息。结项申请经过项目管理委员会审批后，需要将"立项项目表"中项目的状态变更为"已交付"状态。

8.3.1　功能开发

"发起结项申请"在开发过程中涉及的要点包括：该功能使用流程表单搭建；项目经理提交"发起结项申请"后，审批流程由"项目管理委员会"进行审批；项目管理委员会审批通过后，需要将该项目"立项项目表"中"项目状态"字段的值更新为"已交付"。

表单组件

（1）新建一个流程表单，命名为：发起结项申请，表单样式可参考 8.3.2 节的介绍。

（2）在"流程设计"中，按照图 8-9 的流程设计以及表 8-5 的节点功能说明完成配置。

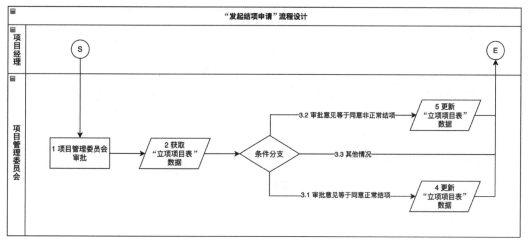

图 8-9　"发起结项申请"流程设计

表 8-5　"发起结项申请"流程节点配置

编号	节点名称	节点类型	功能说明及节点设置
S	发起	默认节点	字段权限：保持表单默认设置的状态
1	项目管理委员会审批	审批人	（1）审批人："选择指定角色"设置为"PMO（项目管理委员会）"；（2）多人审批方式：或签；（3）审批按钮：启用"同意"按钮，名称修改为"提交"；（4）设置字段权限："结项审批信息"分组中的所有组件设置为"可编辑"状态
2	获取"立项项目表"数据	获取单条数据	按条件过滤数据："立项项目表"表单的"立项项目编号"字段的值等于本表单的"立项项目编号"字段的值
3.1	审批意见等于同意正常结项	条件分支	条件规则："PMO 审批意见"="同意正常结项"
3.2	审批意见等于同意非正常结项	条件分支	条件规则："PMO 审批意见"="同意非正常结项"
3.3	其他情况	条件分支	无

编号	节点名称	节点类型	功能说明及节点设置
4	更新"立项项目表"数据	更新数据	(1)选择数据节点：更新"获取'立项项目表'数据"中的数据； (2)更新数据："项目状态"的值设为"已交付"
5	更新"立项项目表"数据	更新数据	(1)选择数据节点：更新"获取'立项项目表'数据"中的数据； (2)更新数据："项目状态"的值设为"被动终止"
E	结束	默认节点	无

8.3.2　功能介绍

结项管理功能的相关操作如下：

（1）发起结项申请。项目经理登录平台，依次选择"项目管理"→"结项管理"→"结项申请"，单击"新增"按钮，即可发起结项申请，如图 8-10 所示。

图 8-10　"结项申请"管理页面

（2）填写结项申请基本信息。如图 8-11 所示，在"基本信息"分组中，应用会自动生成"结项申请编号""结项申请状态""发起日期"，并且根据当前登录人自动显示"结项申请人""结项申请人工号""岗位"，选择"关联立项项目"后，应用会自动显示该项目的基本信息。其中，"结项申请状态"的可选值及含义如表 8-6 所示。

图 8-11　发起结项申请："基本信息"分组

表 8-6　"结项申请状态"的可选项及含义

可　选　项	含　　义
审批中	默认值，流程发起后为"审批中"状态
已审批	项目结项申请经过项目管理委员会审批通过，该结项申请的状态为"已审批"
已拒绝	项目结项申请被项目管理委员会拒绝，该结项申请的状态"已拒绝"

（3）填写项目的投入产出信息。如图 8-12 所示，在"投入产出（ROI）信息"分组中，根据项

目的实际收入与投入,填写"实际收入""实际支出""实际投入工时"。

图 8-12　发起结项申请:"投入产出(ROI)信息"分组

(4)上传结项凭证。如图 8-13 所示,在"结项信息"分组中,选择"结项方式",当选择"正常结项"时,需要上传"结项凭证",例如,验收证书;当选择"非正常结项"时,需要说明无法正常结项的原因。

图 8-13　发起结项申请:"结项信息"分组

(5)项目管理委员会审批。如图 8-14 所示,项目经理提交结项申请后,流程将会由项目管理委员会进行审批,审批通过后,该流程的状态变更为"已审批"。

图 8-14　发起结项申请:"结项审批信息"分组

(6)结项申请审批通过后,应用会自动将"立项项目表"中该项目的"项目状态"变更为"已交付",如图 8-15 所示。

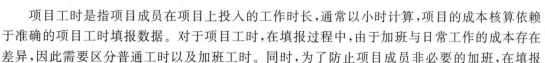

图 8-15　"立项项目表"中该项目的"项目状态"更新

8.4　工时管理

视频讲解

项目工时是指项目成员在项目上投入的工作时长,通常以小时计算,项目的成本核算依赖于准确的项目工时填报数据。对于项目工时,在填报过程中,由于加班与日常工作的成本存在差异,因此需要区分普通工时以及加班工时。同时,为了防止项目成员非必要的加班,在填报加班工时时，需要关联加班申请。工时填报完成后，需要项目经理审批确认，同时应用会自动把审批通过的工时新增到"工时明细表"中，用于后续的项目成本核算。

8.4.1　功能开发

表单组件

"发起工时申报"在开发过程中涉及的要点包括：该功能使用流程表单搭建；项目成员提交"发起工时申报"后，流程由"项目经理"进行审批；工时申报表中需要区分"普通工时"和"加班工时"，其中，"加班工时"需要关联加班申请单；项目经理审批通过后，应用需要根据工时申报表单在"工时明细表"表单中插入工时明细数据。

（1）新建一个流程表单，命名为：发起工时申报，表单样式可参考 8.4.2 节的介绍。

（2）在"流程设计"中，按照图 8-16 的流程设计以及表 8-7 的节点功能说明完成配置。

图 8-16　"发起工时申报"流程设计

表 8-7　"发起工时申报"流程节点配置

编号	节点名称	节点类型	功能说明及节点设置
S	发起	默认节点	字段权限：保持表单默认设置的状态
1	项目经理审批	审批人	（1）审批人："选择表单内成员字段"设置为"项目经理"；（2）审批按钮：启用"同意"按钮，名称修改为"提交"；（3）设置字段权限：无
E	结束	默认节点	无

（3）在"全局设置"中创建节点提交规则，在"项目经理审批"通过后，将"普通工时"插入"工时明细表"，如图 8-17 所示。

图 8-17　将"普通工时"插入"工时明细表"

（4）在"全局设置"中创建节点提交规则，在"项目经理审批"通过后，将"加班工时"插入"工时明细表"，如图 8-18 所示。

图 8-18　将"加班工时"插入"工时明细表"

8.4.2　功能介绍

工时管理功能的相关操作如下：

（1）发起工时申报。项目成员登录平台，依次选择“项目管理”→“工时管理”→“工时申报”，单击“新增”按钮，即可发起工时申报单，如图 8-19 所示。

工时申报
新增
导出
下载文件
更多
搜索
筛选
显示列
排序
工时申报编号
申报人姓名
申报人工号
岗位
申报时间
项目名称
项目经理
审批结果
操作
GSSB20230131105039622
史昕
10001
研发
2023-01-31 10:50:39
低代码应用开发项目
史昕(10001)
同意
详情 | 删除

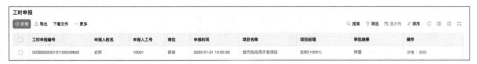

图 8-19　“工时申报”管理页面

（2）填写工时申报基本信息。如图 8-20 所示，在“基本信息”分组，应用会自动生成“工时申报编号”以及“申报日期”，并且根据当前登录人自动显示“申报人姓名”“申报人工号”“岗位”。申报人需要选择“关联项目”，应用会自动显示该项目的“项目名称”以及“项目经理”信息。

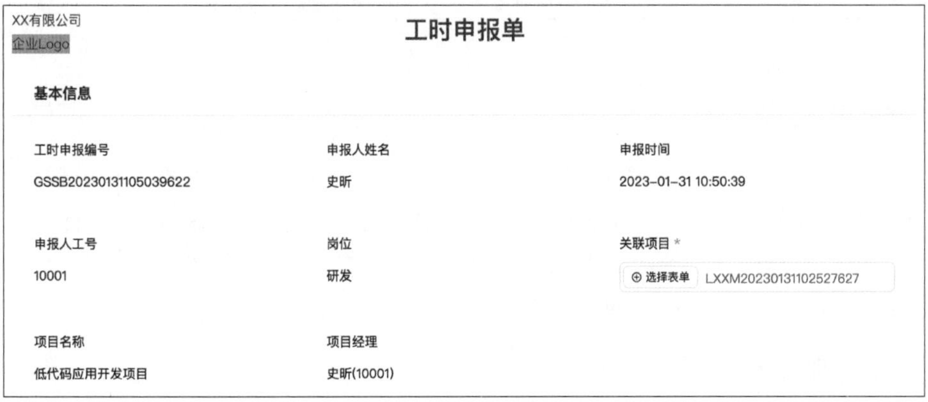

XX有限公司
企业Logo
工时申报单
基本信息
工时申报编号
GSSB20230131105039622
申报人姓名
史昕
申报时间
2023-01-31 10:50:39
申报人工号
10001
岗位
研发
关联项目 *
选择表单
LXXM20230131102527627
项目名称
低代码应用开发项目
项目经理
史昕(10001)

图 8-20　发起工时申报：“基本信息”分组

（3）申报普通工时。如图 8-21 所示，对于普通工作日投入的工时，需要在“普通工时申报信息”分组中进行申报，申报人需要填写“报工日期”“投入工时”“工作内容说明”，可以同时申报多个工作日的工时。

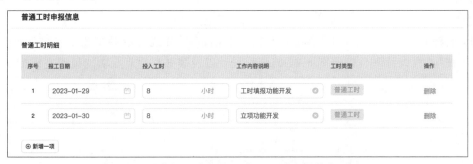

普通工时申报信息
普通工时明细
序号
报工日期
投入工时
工作内容说明
工时类型
操作
1
2023-01-29
8
小时
工时填报功能开发
普通工时
删除
2
2023-01-30
8
小时
立项功能开发
普通工时
删除
新增一项

图 8-21　发起工时申报：“普通工时申报信息”分组

（4）申报加班工时。如图 8-22 所示，对于周末、节假日时的加班工时申报，需要选择“关联加班申请单”，并填写“报工日期”“投入工时”“工作内容说明”，从而防止无目的加班情况的发生。

（5）项目成员填报工时后，将由项目经理对工时申报情况进行确认审批。审批通过后，应用会把工时申报信息插入到“工时明细表”中。如图 8-23 所示，根据审批通过的工时申报单，在“工时明细表”中插入 3 条工时记录。

图 8-22　发起工时申报："加班工时申报信息"分组

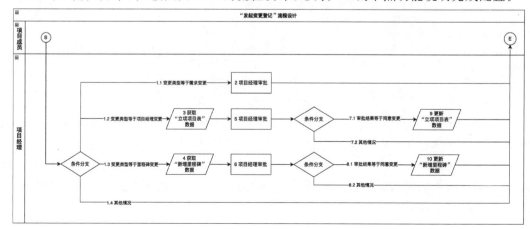

图 8-23　在"工时明细表"中新增工时记录数据

8.5　变更管理

项目执行过程中，变更不可避免，从项目管理的角度来说，需要对变更进行记录并管控，才能确保变更的正确和有序执行。常见的变更类型包括需求变更、里程碑变更、项目人员变更以及物资变更等。"变更登记册"用于登记项目执行过程中的各种变更，项目组成员提交变更申请后，经过项目经理评估和审批，即可纳入变更执行中。

8.5.1　功能开发

"发起变更登记"在开发过程中涉及的要点包括：该功能使用流程表单搭建；根据表单中的"变更类型"选项值，切换不同类型的变更信息登记分组；项目成员提交"发起变更登记"后，审批流程由"项目经理"进行审批；"项目经理"审批通过后，当"变更类型"为"项目经理变更"时，需要更新"立项项目表"中"项目经理"字段的值；当"变更类型"为"里程碑变更"时，需要更新"新增里程碑"中"里程碑名称""计划达成日期"字段的值。

（1）新建一个流程表单，命名为：发起变更登记，表单样式可参考8.5.2节的介绍。

（2）在"流程设计"中，按照图8-24的流程设计以及表8-8的节点功能说明完成配置。

图 8-24　"发起变更登记"流程设计

表 8-8 "发起变更登记"流程节点配置

编号	节点名称	节点类型	功能说明及节点设置
S	发起	默认节点	权限字段：保持表单默认设置的状态
1.1	变更类型等于需求变更	条件分支	条件规则："变更类型"="需求变更"
1.2	变更类型等于项目经理变更	条件分支	条件规则："变更类型"="项目经理变更"
1.3	变更类型等于里程碑变更	条件分支	条件规则："变更类型"="里程碑变更"
1.4	其他情况	条件分支	无
2/5/6	项目经理审批	审批人	(1)审批人："选择表单内成员字段"设置为"项目经理"；(2)审批按钮：启用"同意"按钮，名称修改为"提交"；(3)设置字段权限："变更审批信息"分组中的所有组件设置为"可编辑"状态
3	获取"立项项目表"数据	获取单条数据	按条件过滤数据："立项项目表"表单的"立项项目编号"字段的值等于本表单的"立项项目编号"字段的值
4	获取"新增里程碑"数据	获取单条数据	按条件过滤数据："新增里程碑"表单的"里程碑编号"字段的值等于本表单的"里程碑编号"字段的值
7.1	审批结果等于同意变更	条件分支	条件规则："项目经理审批结果"="同意变更"
7.2	其他情况	条件分支	无
8.1	审批结果等于同意变更	条件分支	条件规则："项目经理审批结果"="同意变更"
8.2	其他情况	条件分支	无
9	更新"立项项目表"数据	更新数据	(1)选择数据节点：更新"获取'立项项目表'数据"中的数据；(2)更新数据："项目经理"的值设为"新项目经理"
10	更新"新增里程碑"数据	更新数据	(1)选择数据节点：更新"获取'新增里程碑'数据"中的数据；(2)更新数据："里程碑名称"的值设为"里程碑名称(新)"；"计划达成日期"的值设为"计划达成日期(新)"
E	结束	默认节点	无

8.5.2 功能介绍

变更管理功能的相关操作如下：

(1)发起变更登记。登录平台，依次选择"项目管理"→"变更管理"→"变更登记册"，单击"新增"按钮，即可发起项目变更登记，如图 8-25 所示。

图 8-25 "变更登记册"管理页面

(2)填写变更基本信息。如图 8-26 所示，在"基本信息"分组中，应用会自动生成"变更编号""变更状态""发起日期"，并且根据当前登录人自动显示"变更申请人""变更申请人工号""岗位"。变更申请人需要选择"关联立项项目"，并选择"变更类型"，应用会自动根据变更类型的选项值，切换需要登记的变更信息。其中，"变更状态"的可选值及含义如表 8-9 所示。

图 8-26 发起变更登记："基本信息"分组

表 8-9 "变更状态"的可选项及含义

可 选 项	含 义
审批中	默认值，流程发起后，该变更流程的状态为"审批中"
已同意	变更申请经过项目经理评估后审批通过，该变更流程的状态为"已同意"
已拒绝	变更申请被项目经理拒绝，该变更流程的状态为"已拒绝"

（3）需求变更。如图 8-27 所示，当"变更类型"选择"需求变更"时，会显示"需求变更"分组。变更申请人需要选择发起变更的需求，并录入"需求变更内容说明"。

图 8-27 发起变更登记："需求变更"分组

（4）项目经理变更。如图 8-28 所示，当"变更类型"选择"项目经理变更"时，会显示"项目经理变更"分组。变更申请人需要输入"新项目经理"，经过原项目经理审批后，应用会自动更新"立项项目表"中该项目的项目经理人选，并通过钉钉消息抄送给新项目经理审批结果。

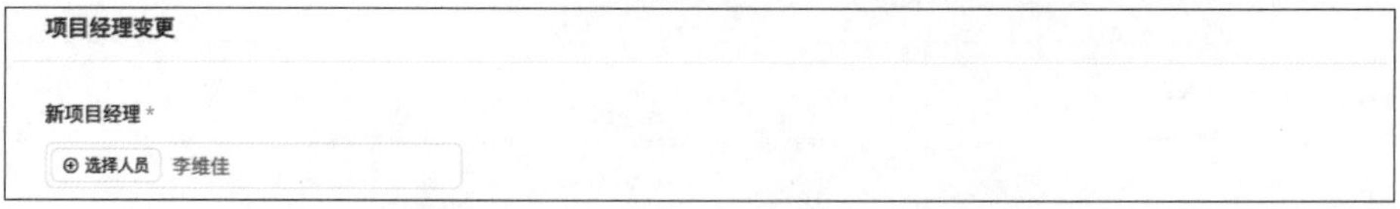

图 8-28 发起变更登记："项目经理变更"分组

（5）里程碑变更。如图 8-29 所示，当"变更类型"选择"里程碑变更"时，会显示"里程碑变更"分组。变更申请人需要选择"关联里程碑"，并输入"里程碑变更原因"以及新里程碑信息。

（6）项目经理审批。如图 8-30 所示，变更申请人提交申请后，变更单推进到项目经理审批环节，项目经理审批通过后，该变更生效，状态变为"已审批"。

图 8-29 发起变更登记："里程碑变更"分组

图 8-30 发起变更登记："变更审批信息"分组

8.6 风险管理

视频讲解

每个项目在执行过程中都会遇到各种风险,因此需要对项目风险进行统一管理。项目的风险管理,一方面可以让项目经理快速定位项目问题,实时掌握风险信息,并进行及时干预;另一方面有利于企业为后续同类型项目积累应对经验。"风险登记册"是用于记录风险的工具,除了记录风险之外,还可以登记每个风险的应对措施以及管控过程,从而避免因风险管理不当造成的损失。

8.6.1 功能开发

表单组件

"新增风险登记"在开发过程中涉及的要点包括:该功能使用普通表单搭建;风险需要登记风险的基本信息、关联的项目信息,并且使用子表单记录风险应对信息。可参考 8.6.2 节的介绍搭建该表单页面。

8.6.2 功能介绍

风险管理功能的相关操作如下:

(1)新增风险登记。如图 8-31 所示,风险登记人登录平台,依次选择"项目管理"→"风险管理"→"风险登记册",单击"新增"按钮,即可新增风险登记信息。

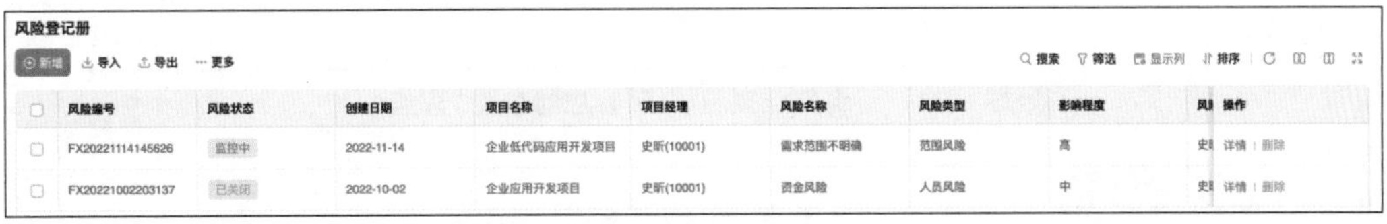

图 8-31 "风险登记册"管理页面

(2)填写风险基本信息。如图 8-32 所示,在"基本信息"分组,应用会自动生成"风险编号""风险状态""创建日期",并且根据当前登录人自动显示"风险登记人"。其中,"风险状态"的可选值及含义如表 8-10 所示。风险登记人需要填写"风险名称""风险类型""影响程度""发生概率""风险应对人"。

图 8-32 新增风险登记："基本信息"分组

表 8-10 "风险状态"的可选项及含义

可 选 项	含 义
监控中	默认值，风险未排除前，该风险的状态为"监控中"
已关闭	经评估该风险已经排除，由风险应对人修改该风险的状态为"已关闭"

（3）填写项目信息。如图 8-33 所示，在"项目信息"分组中，风险登记人选择"关联立项项目"，风险会记录到该项目的风险登记册中。

图 8-33 新增风险登记："项目信息"分组

（4）填写风险应对信息。如图 8-34 所示，风险应对人应在"风险应对跟踪明细"中，随时更新该风险的"应对方法""应对策略描述""更新日期""更新人"。其中，按照 PMBOK 的定义，"应对方法"的可选值包括"识别""回避""减轻""接受""储备""已解决"。

图 8-34 新增风险登记："风险应对信息"分组

视频讲解

8.7 进度管理

项目进度的管控包括阶段管理、里程碑管理以及任务管理。首先，一个"项目"会被划分为若干个"阶段"，以软件项目为例，可以划分为需求调研阶段、设计阶段、研发阶段、测试阶段、实施阶段等。其次，一个"阶段"可以定义若干个关键"里程碑"，所有里程碑达成后，标志着该阶段完成，例如，"设计阶段"可以包含"概要设计完成""详细设计完成"等多个里程碑。最后，为了达成每个"里程碑"需要定义若干个"任务"，当所有任务都完成后，标志着该里程碑达成，例如，为了达成"概要设计完成"里程碑，需要完成"A 模块概设""B 模块概设"等多个任务。通过对“阶段”“里程碑”“任务”进行逐层分解，可以把项目的所有工作分解到最小执行单元——“任务”，这种对项目要素以可交付成果为导向的分解思路，也符合 PMBOK 中的工作分解结构（Work Breakdown Structure，WBS）思想。

8.7.1　功能开发

本功能共涉及“新增阶段”“新增里程碑”两个表单的开发，其中：

（1）“新增阶段”在开发过程中涉及的要点包括：该功能使用普通表单搭建；阶段需要登记阶段的基本信息、关联项目信息，并且可以使用子表单更新填写进度；阶段的状态与进度关联，当进度为 0%时，状态为“待启动”；当进度为 100%时，状态为“已完成”；当进度在 0～100%之间时，状态为“进行中”。可参考 8.7.2 节的介绍搭建该表单页面。

（2）新增里程碑在开发过程中涉及的要点包括：该功能使用普通表单搭建；里程碑需要登记里程碑的基本信息、关联项目信息、关联阶段信息，并可以登记里程碑的成果。可参考 8.7.2 节的介绍搭建该表单页面。

表单组件 1

代码

表单组件 2

8.7.2　功能介绍

进度管理功能的相关操作如下：

（1）新增项目阶段。登录平台，依次选择“项目管理”→“进度管理”→“阶段”，单击“新增”按钮，即可新增项目阶段，如图 8-35 所示。

阶段
新增
导入
导出
更多
搜索
筛选
排序
阶段编号
阶段状态
项目名称
阶段名称
阶段负责人
关联前置阶段
前置阶段名称
计划开始日期
操作
JD20230131112335
进行中
低代码应用开发项目
研发阶段
史昕
调研阶段
调研阶段
2023-02-01
详情 | 删除
JD20221114183407
待启动
企业低代码应用开发项目
实施阶段
史昕
测试阶段
测试阶段
2022-11-21
2022-11-27
详情 | 删除

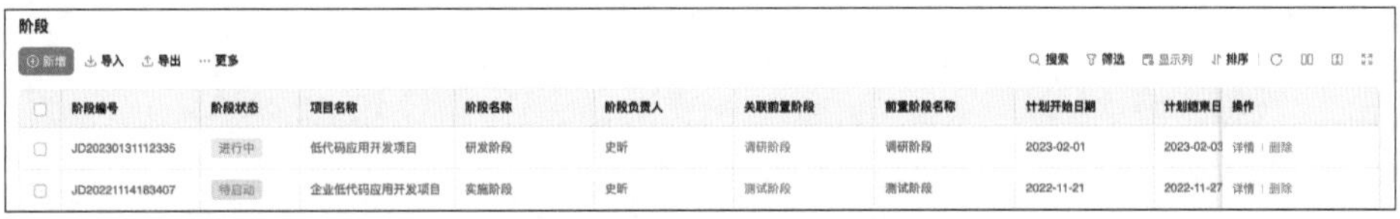

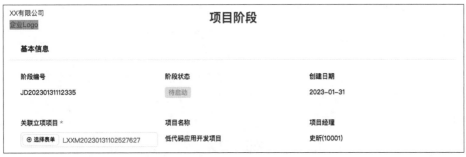

图 8-35　“阶段”管理页面

（2）填写阶段基本信息。如图 8-36 所示，在“基本信息”分组中，应用会自动生成“阶段编号”“阶段状态”“创建日期”，项目经理选择“关联立项项目”后，应用会自动显示“项目名称”及“项目经理”。其中，“阶段状态”的可选值及含义如表 8-11 所示。

XX有限公司
企业Logo
项目阶段
基本信息
阶段编号
JD20230131112335
阶段状态
待启动
创建日期
2023-01-31
关联立项项目 *
选择表单
LXXM20230131102527627
项目名称
低代码应用开发项目
项目经理
史昕(10001)

图 8-36　新增阶段：“基本信息”分组

表 8-11　“阶段状态”的可选项及含义

可　选　项	含　　义
待启动	默认值，当阶段的完成进度为 0%时，该阶段的状态为“待启动”
进行中	当阶段的完成进度大于 0%且小于 100%时，该阶段的状态为“进行中”
已完成	当阶段的完成进度为 100%时，该阶段的状态为“已完成”

（3）填写阶段信息。如图 8-37 所示，项目经理填写"阶段名称""阶段负责人""计划开始日期""计划结束日期"，当该阶段依赖于前置阶段的完成时，需要选择前置阶段信息。

图 8-37　新增阶段："阶段信息"分组

（4）更新阶段的进度信息。如图 8-38 所示，当阶段进度有更新时，由项目成员或项目经理在该阶段的"进度信息"分组中填写"当前进度"以及"进度更新记录"。

图 8-38　新增阶段："进度信息"分组

（5）新增里程碑。登录平台，依次选择"项目管理"→"进度管理"→"里程碑"，单击"新增"按钮，即可新增项目里程碑，如图 8-39 所示。

图 8-39　"里程碑"管理页面

（6）填写里程碑基本信息。如图 8-40 所示，在"基本信息"分组中，应用会自动生成"里程碑编号""里程碑状态""创建日期"，项目经理选择"关联立项项目"后，应用会自动显示"项目名称"及"项目经理"。

图 8-40　新增里程碑："基本信息"分组

（7）填写里程碑信息。如图 8-41 所示，在"里程碑信息"分组中，填写"里程碑名称""里程碑负责人""计划达成日期"，并选择该里程碑所处阶段，从而建立"里程碑"与"阶段"的对应关系。

里程碑信息

里程碑名称 *	里程碑负责人	计划达成日期 *
详细设计文档编写完成 ⊗	⊕ 选择人员　史昕	2023-02-02

关联所处阶段（必选）*	所处阶段名称	所处阶段负责人
⊕ 选择表单　JD20230131112335	研发阶段	史昕

图 8-41　新增里程碑："里程碑信息"分组

（8）更新里程碑成果。如图 8-42 所示，当里程碑达成时，项目成员或项目经理需要在"里程碑成果记录"分组中添加里程碑达成凭证，该凭证通常是项目的重要资料，因此需要在项目资料中提前录入相关信息。

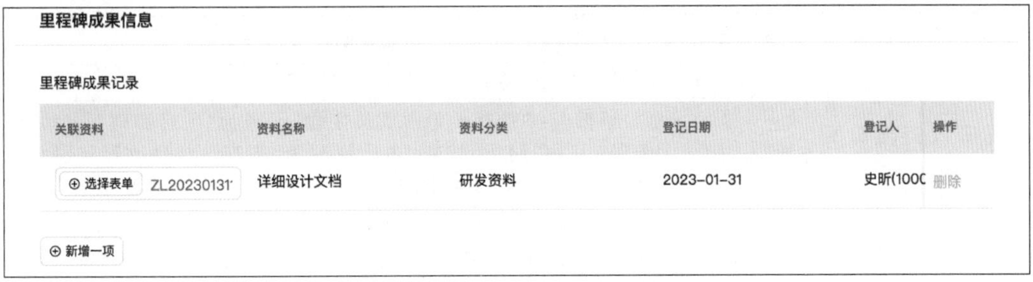

里程碑成果信息

里程碑成果记录

关联资料	资料名称	资料分类	登记日期	登记人	操作
⊕ 选择表单　ZL20230131	详细设计文档	研发资料	2023-01-31	史昕(1000	删除

⊕ 新增一项

图 8-42　新增里程碑："里程碑成果信息"分组

8.8　任务管理

视频讲解

"任务"是项目交付成果的最小单元，即项目交付需要分解为若干"任务"。每个任务都需要跟踪其执行过程，包括任务提出、任务分派、任务执行、任务验收等环节。当任务没有按照预期要求达成时，还需要再次重复上述环节。任务可以关联需求、关联风险、关联问题或关联变更，同时每个任务都会归属于项目交付中的某个"阶段"，从而根据任务的完成情况评估该阶段的进度。

8.8.1　功能开发

"发起任务登记"在开发过程中涉及的要点包括：该功能使用流程表单搭建。任务提出人提交"发起任务登记"后，依次由"项目经理"→"任务负责人"→"任务验收人"进行审批。在任务验收人验收环节，需要配置用于退回操作的"重新激活"按钮，单击该按钮后，可以将流程退回至"项目经理"分派环节。在任务验收人验收环节，需要校验任务验收人的操作与其填写的"任务验收结果"选项值是否匹配，匹配规则是：当任务验收人单击"确认关闭"按钮时，"任务验收结果"选项值必须为"确认关闭"；当任务验收人单击"重新激活"按钮时，"任务验收结果"选项值必须为"重新激活"。

表单组件

（1）新建一个流程表单，命名为：发起任务登记，表单样式可参考 8.8.2 节的介绍。

（2）在"流程设计"中，按照图 8-43 的流程设计以及表 8-12 的节点功能说明完成配置。

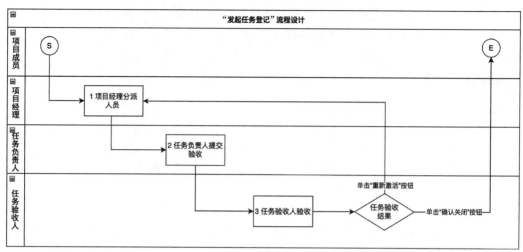

图 8-43 "发起任务登记"流程设计

表 8-12 "发起任务登记"流程节点配置

编号	节点名称	节点类型	功能说明及节点设置
S	发起	默认节点	字段权限：保持表单默认设置的状态
1	项目经理分派人员	审批人	(1)审批人："选择表单内成员字段"设置为"项目经理"；(2)审批按钮：启用"同意"按钮，名称修改为"提交"；(3)设置字段权限："任务分派信息"分组中的所有组件设置为"可编辑"状态
2	任务负责人提交验收	审批人	(1)审批人："选择表单内成员字段"设置为"任务负责人"；(2)审批按钮：启用"同意"按钮，名称修改为"提交"；(3)设置字段权限："提交验收信息"分组中的所有组件设置为"可编辑"状态
3	任务验收人验收	审批人	(1)审批人："选择表单内成员字段"设置为"任务验收人"；(2)审批按钮：启用"同意"按钮，名称修改为"确认关闭"；启用"退回"按钮，名称修改为"重新激活"；(3)设置字段权限："任务完成确认"分组中的所有组件设置为"可编辑"状态
E	结束	默认节点	无

（3）在"流程设计"的"全局设置"中，添加校验规则：在"需求验收人验收"节点选择"退回"时，如果"需求验收结果"的选项值为"确认关闭"，则需要进行阻断操作。

（4）在"流程设计"的"全局设置"中，添加校验规则：在"需求验收人验收"节点选择"同意"时，如果"需求验收结果"的选项值为"重新激活"，则需要进行阻断操作。

8.8.2 功能介绍

为了确保任务能够闭环管理，每个任务都会涉及"已提出""已分派""待验收""已取消""已关闭""重新激活"6 种状态，上述 6 种状态的含义以及转换过程参见图 8-44 及表 8-13。

表 8-13 "任务状态"的可选项及含义

可选项	含　　义
已提出	该状态为流程的起始状态，任务登记流程发起后为"已提出"状态
已分派	项目经理收到任务后，指定任务负责人，该任务的状态为"已分派"
待验收	任务负责人完成任务执行，"任务完成情况"选择"已完成"，该任务会流转到任务验收人，此时该任务的状态为"待验收"

续表

可选项	含　义
已取消	任务负责人确认该任务因为客观原因无法完成,"任务完成情况"选择"无法完成",该任务会流转到任务验收人,由任务验收人确认该任务是否可以关闭,此时该任务的状态为"已取消"
已关闭	(1)该状态为流程的最终状态;(2)任务验收人确认该问题已经解决,"任务验收结果"选择"确认关闭",此时该任务的状态为"已关闭"
重新激活	(1)"待验收"状态的流程,任务验收人发现任务完成情况不达预期,则"任务验收结果"选择"重新激活",此时该任务的状态为"重新激活";(2)"重新激活"状态的任务,需要项目经理进行重新分派

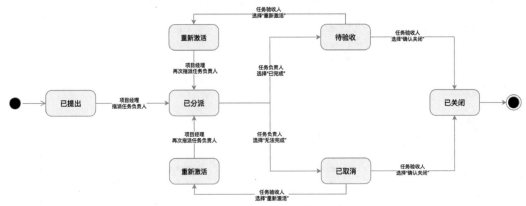

图 8-44　"任务状态"的转换过程

任务管理功能的相关操作如下:

(1)发起任务登记。任务提出人登录平台,依次选择"项目管理"→"任务管理"→"任务登记册",单击"新增"按钮,即可发起任务登记,如图 8-45 所示。

图 8-45　"任务登记册"管理页面

(2)填写任务基本信息。如图 8-46 所示,在"基本信息"分组中,应用会自动生成"任务编号""任务状态""发起日期",并且根据当前登录人自动显示"提出人姓名""提出人工号""岗位"。选择"关联立项项目"及"关联阶段"后,应用会自动显示"项目名称""项目经理""阶段名称""阶段负责人"信息。

(3)填写任务信息。如图 8-47 所示,在"任务信息"分组中,任务提出人填写该任务的描述信息,包括"任务名称""任务类型""优先级""是否关键任务""提出日期""期望完成日期""附件"等,并可以对该任务的情况进行详细描述。

(4)填写任务来源。如图 8-48 所示,任务作为项目执行过程中可以交付的最小单元,其来源通常包括需求、风险、问题或者变更,因此在提交任务时,可以选择该任务的来源。

(5)项目经理指派任务负责人。如图 8-49 所示,任务提出人提交任务后,将由项目经理指派唯一的任务负责人,同时还可以指派若干"任务参与人"。

(6)任务负责人提交验收。如图 8-50 所示,任务完成后,任务负责人填写"任务完成情况",

图 8-46　发起任务登记："基本信息"分组

图 8-47　发起任务登记："任务信息"分组

图 8-48　发起任务登记："任务来源"分组

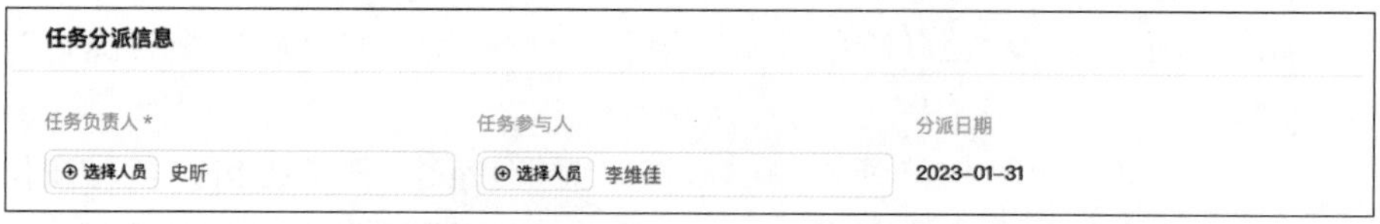

任务分派信息

任务负责人 *	任务参与人	分派日期
⊕ 选择人员　史昕	⊕ 选择人员　李维佳	2023-01-31

图 8-49　发起任务登记："任务分派信息"分组

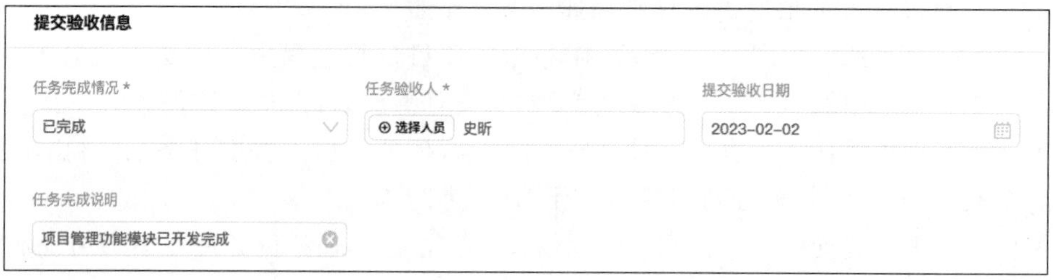

提交验收信息

任务完成情况 *	任务验收人 *	提交验收日期
已完成	⊕ 选择人员　史昕	2023-02-02

任务完成说明

项目管理功能模块已开发完成

图 8-50　发起任务登记："提交验收信息"分组

并指定"任务验收人"进行任务完成情况的验收。

（7）任务验收人确认任务验收结果。如图 8-51 所示,任务验收人将对任务的完成情况进行最终确认,如果"任务验收结果"为"确认关闭",则该任务的状态变更为"已关闭";如果"任务验收结果"为"重新激活",则该任务的状态变更为"重新激活",此时流程重新流转到项目经理,由项目经理指派新的任务负责人。

图 8-51　发起任务登记:"任务完成确认"分组

8.9　报告管理

视频讲解

项目成员或项目经理在项目交付期间,为了上报项目进展,需要定期发送项目报告,按照报告的周期划分,包括日报、周报、月报等。项目成员编写的项目报告,通常为本人的工作内容,编写完成后提交给项目经理。项目经理提交的项目报告,一般为本项目的整体进展,需要抄送给项目管理委员会成员。

8.9.1　功能开发

"发起项目报告"在开发过程中涉及的要点包括:该功能使用流程表单搭建;项目成员"发起项目报告"表后,审批流程由"项目经理"进行审批,审批通过后会抄送"报告接收人";项目经理"发起项目报告"后,直接抄送"报告接收人"。

表单组件

（1）新建一个流程表单,命名为:发起项目报告,表单样式可参考 8.9.2 节的介绍。

（2）在"流程设计"中,按照图 8-52 的流程设计以及表 8-14 的节点功能说明完成配置。

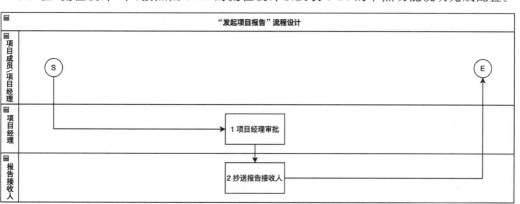

图 8-52　"发起项目报告"流程设计

表 8-14　"发起项目报告"流程节点配置

编号	节点名称	节点类型	功能说明及节点设置
S	发起	默认节点	字段权限:保持表单默认设置的状态
1	项目经理审批	审批人	(1)审批人:"选择表单内成员字段"设置为"项目经理";(2)审批按钮:启用"同意"按钮,名称修改为"提交";(3)设置字段权限:无
2	抄送报告接收人	抄送人	(1)抄送人:"选择表单内成员字段"设置为"报告接收人";(2)设置字段权限:无
E	结束	默认节点	无

8.9.2 功能介绍

报告管理功能的相关操作如下：

（1）发起项目报告。项目成员或项目经理登录平台，依次选择"项目管理"→"报告管理"→"项目报告"，单击"新增"按钮，即可发起项目报告，如图8-53所示。

图8-53 "项目报告"管理页面

（2）填写项目报告基本信息。如图8-54所示，在"基本信息"分组中，应用会自动生成"报告编号"以及"发起时间"，并且根据当前登录人自动显示"提交人""提交人人工号""岗位"；提交人选择"关联立项项目"，应用会显示"项目名称""项目经理"信息。

图8-54 发起项目报告："基本信息"分组

（3）报告人选择"报告类型"，应用会根据"日报""周报""月报"，自动切换报告期。报告人选择该报告的"报告接收人"，提交后会由该接收人审阅，分别如图8-55、图8-56和图8-57所示。

图8-55 发起项目报告：日报

图8-56 发起项目报告：周报

图8-57 发起项目报告：月报

（4）在"报告内容"分组中填写项目报告的详细内容，如图8-58所示。

图8-58 发起项目报告："报告内容"分组

8.10　组织过程资产

视频讲解

项目交付的各个阶段都会产出关键资料,例如,设计阶段产出的设计方案、研发阶段产出的系统分析文档、测试阶段产出的测试分析文档、交付阶段产出的验收证书等,这些资料都属于项目的组织过程资产,需要进行归档。"项目资料"模块支持项目组成员上传项目资料,并且在"里程碑"中可以关联上述资料,作为里程碑达成的重要凭证。

8.10.1　功能开发

表单组件

"新增项目资料"在开发过程中涉及的要点包括:该功能使用普通表单搭建;项目资料需要登记基本信息、资料信息,并关联具体的立项项目。可参考 8.10.2 节的介绍搭建该表单页面。

8.10.2　功能介绍

组织过程资产功能的相关操作如下:

(1)新增项目资料。登录平台,依次选择"项目管理"→"组织过程资产"→"项目资料",单击"新增"按钮,即可新增项目资料,如图 8-59 所示。

图 8-59　"项目资料"管理页面

(2)填写项目资料基本信息。如图 8-60 所示,在"基本信息"分组中,应用会自动生成"资料编号""创建日期"并显示"提交人"信息,提交人选择"关联立项项目",应用会自动显示"项目名称"及"项目经理"信息。

图 8-60　新增项目资料:"基本信息"分组

(3)填写项目资料信息。如图 8-61 所示,在"资料信息"分组中,填写"资料名称""资料分类""上传资料",同时也可以给该资料评分。

图 8-61　新增项目资料:"资料信息"分组

视频讲解

8.11 项管大盘

项目管理委员会是企业项目管理的最高组织,通常由企业高层领导组成,负责管控所有项目的执行。"项管大盘"为项目管理委员会提供了管理项目的统一视图,能够查看所有项目以及每个项目的详情信息。

8.11.1 项管大盘首页功能开发

"项管大盘"在开发过程中涉及的要点包括:该功能使用自定义页面搭建;数据源为"立项项目表";在数据统计卡区,提供"交付中项目数量""已交付项目数量""被动终止项目数量"统计数据;在查询条件区,提供"立项项目编号""项目名称""项目类型""项目级别""项目经理""项目状态"查询条件;在数据详情区,展示项目的基本信息,单击记录的"详情"按钮,跳转至"项管详情"的自定义页面,跳转的 URL 中需要携带选中立项项目的信息(rowData)。

(1)数据源配置。在"项管大盘"自定义页面中按照表 8-15 配置数据源。

表 8-15　"项管大盘"的数据源配置及功能说明

数据源名称	数据源类型	数据源配置及功能说明
getLiXiangXiangMuFormDatas	远程 API	从"立项项目表"中获取全量数据
searchKey	变量	存储搜索条件的变量,默认值:""
jfzCount	变量	交付中项目数量,默认值:""
yjfCount	变量	已交付项目数量,默认值:""
bdzzCount	变量	被动终止项目数量,默认值:""

(2)页面搭建。使用"自定义管理页模板",复制一个自定义页面,命名为:项管大盘,按照图 8-62 搭建该页面,按照表 8-16 对各个组件的属性进行设置。

表 8-16　"项管大盘"的组件构成及设置信息

所在区域	组件类型	设置说明
页面头	页面头	主标题:"项管大盘"
数据统计卡	分组＋文本	(1)名称:交付中项目数量;(2)文本组件绑定变量"state.jfzCount"
	分组＋文本	(1)名称:已交付项目数量;(2)文本组件绑定变量"state.yjfCount"
	分组＋文本	(1)名称:被动终止项目数量;(2)文本组件绑定变量"state.bdzzCount"
查询条件区	查询	(1)添加查询条件:立项项目编号、项目名称、项目类型(可选项:"软件研发类""系统集成类")、项目级别(可选项:"普通项目""重点项目")、项目经理、项目状态(可选项:"交付中""已交付""被动终止");(2)动作设置:"提交时触发的事件"回调函数为 onSubmit();(3)动作设置:"重置按钮点击触发的事件"回调函数为 onReset()
数据详情区	表格	(1)数据列:立项项目编号、项目名称、项目类型、项目级别、项目经理、项目状态、开始日期、预期结束日期、工期;(2)数据源:绑定 getLiXiangXiangMuFormDatas;(3)数据主键:设置为 formInstId;(4)操作列:"详情",配置回调函数 onDetail();(5)动作设置:"分页、搜索、排序时触发"回调函数为 onFetchData()

(3)在动作面板中实现函数功能。在该自定义页面的动作面板中,需要实现的核心函数如表 8-17 所示。

代码

表 8-17　"项管大盘"的函数功能说明

函数名称	功 能 说 明
onSubmit()	该函数绑定页面中的"查询"按钮,单击后会更新 searchKey 变量的值,并调用 getLiXiangXiangMuFormDatas 远程 API,查询符合条件的数据
onReset()	该函数绑定页面中的"重置"按钮,单击后会清空 searchKey 变量的值,并调用 getLiXiangXiangMuFormDatas 远程 API,查询符合条件的数据
onDetail()	该函数绑定表格中的"详情"按钮,单击后会跳转选中项目的"项管详情"自定义页面

8.11.2　项管详情功能开发

"项管详情"在开发过程中涉及的要点包括:该功能使用自定义页面搭建;在基本信息区,提供该项目的"立项目编号""立项项目名称""项目类型""项目级别""项目经理""项目状态"数据,上述字段的数据源来自于跳转 URL;在数据详情区,通过切换选项卡,展示该项目的"详情""收入""采购""工时""进度""任务""变更""风险""组织过程资产""报告",单击记录"详情"按钮,会跳转至对应的表单详情页。

(1) 数据源配置。在"项管详情"自定义页面中按照表 8-18 配置数据源。

表 8-18　"项管详情"的数据源配置及功能说明

数据源名称	数据源类型	数据源配置及功能说明
getShouRuFormDatas	远程 API	从"收款计划"表单中获取该项目的收款数据
getCaiGouInstances	远程 API	从"发起采购申请"表单中获取该项目的采购申请数据
getGongShiFormDatas	远程 API	从"工时明细表"表单中获取该项目的工时申报数据
getJinDuFormDatas	远程 API	从"新增里程碑"表单中获取该项目的里程碑数据
getRenWuInstances	远程 API	从"发起任务登记"表单中获取该项目的任务数据
getBianGengInstances	远程 API	从"发起变更登记"表单中获取该项目的变更数据
getFengXianFormDatas	远程 API	从"新增风险登记"表单中获取该项目的风险数据
getZuZhiGuoChengZiChanFormDatas	远程 API	从"新增项目资料"表单中获取该项目的项目资料数据
getBaoGaoInstances	远程 API	从"发起项目报告"表单中获取该项目的项目报告数据

(2) 页面搭建。使用"自定义管理页模板",复制一个自定义页面,命名为:项管详情,按照图 8-63 搭建该页面,按照表 8-19 对各个组件的属性进行设置。

表 8-19　"项管详情"的组件构成及设置信息

所在区域	组件名称	组件类型	设置说明
页面头	页面头	页面头	主标题:"项管详情"
基 本 信 息区	基本信息	分组	
	立项项目编号	输入框	(1)状态:只读;(2)默认值:绑定变量"state. urlParams. lxxmbh"
	立项项目名称	输入框	(1)状态:只读;(2)默认值:绑定变量"state. urlParams. xmmc"
	项目类型	输入框	(1)状态:只读;(2)默认值:绑定变量"state. urlParams. xmlx"
	项目级别	输入框	(1)状态:只读;(2)默认值:绑定变量"state. urlParams. xmjb"
	项目经理	输入框	(1)状态:只读;(2)默认值:绑定变量"state. urlParams. xmjl"
	项目状态	输入框	(1)状态:只读;(2)默认值:绑定变量"state. urlParams. xmzt"

所在区域	组件名称	组件类型	设置说明
数据详情区	详情	iframe	iFrame 地址：绑定"立项项目表"的 URL 地址，其中携带表单参数：formInstId=${state.urlParams.formInstId}
	收入	表格	(1))数据列：收款计划编号、收款计划状态、计划收款日期、收款名目、收款条件、收款负责人；(2)数据源：绑定 getShouRuFormDatas；(3)数据主键：设置为 formInstId；(4)操作列："详情"，配置回调函数 onShouRuDetail()；(5)动作设置："分页、搜索、排序时触发"回调函数为 onFetchShouRuData()
	采购	表格	(1)数据列：采购申请编号、采购申请状态、申请时间、采购类别、品牌型号及规格说明、申请数量、计量单位；(2)数据源：绑定 getCaiGouInstances；(3)数据主键：设置为 procInsId；(4)操作列："详情"，配置回调函数 onCaiGouDetail()；(5)顶部操作："发起采购申请"，配置回调函数 onCaiGouCreate()；(6)动作设置："分页、搜索、排序时触发"回调函数为 onFetchCaiGouData()
	工时	表格	(1)数据列：申报人、申报人工号、申报人岗位、申报日期、投入工时、工时类型；(2)数据源：绑定 getGongShiFormDatas；(3)数据主键：设置为 formInstId；(4)操作列："详情"，配置回调函数 onGongShiDetail()；(5)动作设置："分页、搜索、排序时触发"回调函数为 onGongShiGouData()
	进度	表格	(1)数据列：里程碑编号、里程碑状态、里程碑名称、里程碑负责人、计划达成日期；(2)数据源：绑定 getJinDuFormDatas；(3)数据主键：设置为 formInstId；(4)操作列："详情"，配置回调函数 onJinDuDetail()；(5)顶部操作："新增里程碑"，配置回调函数 onJinDuCreate()；(6)动作设置："分页、搜索、排序时触发"回调函数为 onFetchJinDuData()
	任务	表格	(1)数据列：任务编号、任务名称、任务状态、任务负责人、优先级、是否关键任务、项目名称、提出日期；(2)数据源：绑定 getRenWuInstances；(3)数据主键：设置为 procInsId；(4)操作列："详情"，配置回调函数 onRenWuDetail()；(5)顶部操作："新建任务"，配置回调函数 onRenWuCreate()；(6)动作设置："分页、搜索、排序时触发"回调函数为 onFetchRenWuData()
	变更	表格	(1)数据列：变更编号、变更时间、变更登记人、变更登记人工号、变更登记人岗位、变更类型、审批状态；(2)数据源：绑定 getBianGengInstances；(3)数据主键：设置为 procInsId；(4)操作列："详情"，配置回调函数 onBianGengDetail()；(5)顶部操作："新增变更"，配置回调函数 onBianGengCreate()；(6)动作设置："分页、搜索、排序时触发"回调函数为 onFetchBianGengData()
	风险	表格	(1)数据列：风险编号、风险状态、风险名称、风险类型、影响程度、发生概率、风险应对人、风险登记人、风险登记日期；(2)数据源：绑定 getFengXianFormDatas；(3)数据主键：设置为 formInstId；(4)操作列："详情"，配置回调函数 onFengXianDetail()；(5)顶部操作："新增风险"，配置回调函数 onFengXianCreate()；(6)动作设置："分页、搜索、排序时触发"回调函数为 onFetchFengXianData()

续表

所在区域	组件名称	组件类型	设置说明
数据详情区	组织过程资产	表格	(1)数据列：资料编号、提交人、资料名称、资料分类、资料添加时间；(2)数据源：绑定 getZuZhiGuoChengZiChanFormDatas；(3)数据主键：设置为 formInstId；(4)操作列："详情"，配置回调函数 onZiChanDetail()；(5)顶部操作："新增组织过程资产"，配置回调函数 onZiChanCreate()；(6)动作设置："分页、搜索、排序时触发"回调函数为 onFetchZiChanData()
	报告	表格	(1)数据列：报告编号、报告填写时间、提交人、报告类型；(2)数据源：绑定 getBaoGaoInstances；(3)数据主键：设置为 procInsId；(4)操作列："详情"，配置回调函数 onBaoGaoDetail()；(5)顶部操作："新增报告"，配置回调函数 onBaoGaoCreate()；(6)动作设置："分页、搜索、排序时触发"回调函数为 onFetchBaoGaoData()

（3）在动作面板中实现函数功能。在该自定义页面的动作面板中，需要实现的核心函数如表 8-20 所示。

代码

表 8-20　"项管详情"的函数功能说明

函 数 名 称	功 能 说 明
onShouRuDetail()	该函数绑定"收入"选项卡的"详情"按钮，单击后会跳转到"收款计划"表单的详情页面
onCaiGouDetail()	该函数绑定"采购"选项卡的"详情"按钮，单击后会跳转到"发起采购申请"表单的详情页面
onGongShiDetail()	该函数绑定"工时"选项卡的"详情"按钮，单击后会跳转到"工时明细表"表单的详情页面
onJinDuDetail()	该函数绑定"进度"选项卡的"详情"按钮，单击后会跳转到"新增里程碑"表单的详情页面
onRenWuDetail()	该函数绑定"任务"选项卡的"详情"按钮，单击后会跳转到"发起任务登记"表单的详情页面
onBianGengDetail()	该函数绑定"变更"选项卡的"详情"按钮，单击后会跳转到"发起变更登记"表单的详情页面
onFengXianDetail()	该函数绑定"风险"选项卡的"详情"按钮，单击后会跳转到"新增风险登记"表单的详情页面
onZiChanDetail()	该函数绑定"组织过程资产"选项卡的"详情"按钮，单击后会跳转到"新增项目资料"表单的详情页面
onBaoGaoDetail()	该函数绑定"报告"选项卡的"详情"按钮，单击后会跳转到"发起项目报告"表单的详情页面
onCaiGouCreate()	该函数绑定"发起采购申请"按钮，单击后会跳转到"发起采购申请"表单的创建页面
onJinDuCreate()	该函数绑定"新增里程碑"按钮，单击后会跳转到"新增里程碑"表单的创建页面
onRenWuCreate()	该函数绑定"新增任务"按钮，单击后会跳转到"发起任务登记"表单的创建页面
onBianGengCreate()	该函数绑定"新增变更"按钮，单击后会跳转到"发起变更登记"表单的创建页面
onFengXianCreate()	该函数绑定"新增风险"按钮，单击后会跳转到"新增风险登记"表单的创建页面
onZiChanCreate()	该函数绑定"新增组织过程资产"按钮，单击后会跳转到"新增项目资料"表单的创建页面
onBaoGaoCreate()	该函数绑定"新增报告"按钮，单击后会跳转到"发起项目报告"表单的创建页面

8.11.3　功能介绍

项管大盘功能的相关操作如下：

（1）登录平台，依次选择"项目管理"→"项管大盘"→"项管大盘"，即可打开项管大盘自定义页面，如图 8-62 所示。

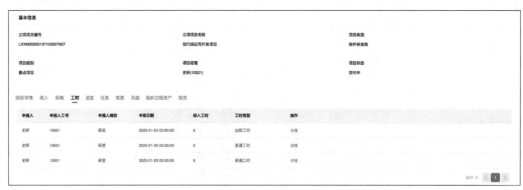

图 8-62　"项管大盘"自定义页面

（2）项目列表信息。在"项管大盘"中，顶部数据统计卡区按照项目的不同状态提供了统计汇总功能；中间查询条件区提供了用于查询的筛选条件，包括"立项项目编号""立项项目名称""项目类型""项目级别""项目经理""项目状态"；底部数据详情区展示了所有项目的列表，单击右侧的"详情"按钮会打开该项目的详情页。

（3）项目详情信息。如图 8-63 所示，在"项目详情"中，顶部基本信息区会显示该项目的基本信息；下方数据详情区中汇聚了该项目的所有管理信息，包括项目详情、收入、采购、工时、进度、任务、变更、风险、组织过程资产以及报告相关信息，切换 Tab 页可以查看各个子选项的详细信息。

图 8-63　"项目详情"自定义页面

第 9 章

行政服务

行政部门是企业的重要部门之一,员工入职后就会与行政部门产生业务交集,行政部门通常会负责企业人员的入职、离职、办公用品申领、公车派遣、证明开具、公章管理、访客申请、出勤考勤等日常工作。"行政服务"应用专为国内中小微企业定制开发,能够高效支撑中小微企业行政工作中最常见的业务场景,为企业行政团队提供有力保障,提升企业办公效率,最大限度地发挥行政岗位的作用。

中小微企业在行政办公领域普遍存在如下的问题和挑战:

(1)办公用品浪费严重。办公用品虽然属于企业的低值易耗品,但如果对其申领过程缺乏管理,也会造成企业成本的浪费。

(2)公车使用不透明。公车如果不能严格管理,普遍会存在公车私用的情况。

(3)公章管理混乱。公章是企业的重要物品,通常由专人负责保管,但公章的使用却普遍缺乏制度规范进行约束。

(4)开具证明过于随意。员工在职期间经常需要企业开具在职证明、收入证明、社保缴纳证明等证明文件,上述证明在出具过程中如果对证明内容把控不严、管控不当,容易为企业带来法律风险。

9.1 应用概述

"行政服务"应用主要包括"办公用品管理""证明开具""用车管理""用章管理"四大模块,该应用的功能架构图如图 9-1 所示,功能说明见表 9-1。

图 9-1 "行政服务"应用功能架构图

表 9-1 "行政服务"应用功能列表

目录	功能菜单	类型	使用用户	功能说明
办公用品管理	办公用品目录	数据管理页	办公用品管理员	管理办公用品种类列表，"新增办公用品"的数据管理页
	办公用品入库单	数据管理页	办公用品管理员	入库单的管理页面，"发起入库单"的数据管理页
	发起入库单	流程表单	办公用品管理员	发起入库单审批通过后，需要将数据同步到"入库记录"表单，默认为隐藏状态
	入库记录	普通表单	系统管理员	管理所有入库记录，默认为隐藏状态
	办公用品领用单	数据管理页	企业员工	领用单的管理页面，"发起领用单"的数据管理页
	发起领用单	流程表单	企业员工	发起领用单审批通过后，需要将数据同步到"领用记录"表单，默认为隐藏状态
	领用记录	普通表单	系统管理员	管理所有领用记录，默认为隐藏状态
	管理：办公用品	自定义页面	办公用品管理员	管理所有办公用品的自定义管理页
	办公用品详情	自定义页面	办公用品管理员	单一品类办公用品的详情数据页面，包括入库、出库信息，默认为隐藏状态
证明开具	证明开具	数据管理页	行政岗位	证明开具的管理页面，"发起证明开具"的数据管理页
	发起证明开具	流程表单	企业员工	发起证明开具，默认为隐藏状态
用章管理	用章申请	数据管理页	公章管理员	用章申请的管理页面，"发起用章申请"的数据管理页
	发起用章申请	流程表单	企业员工	发起用章申请，默认为隐藏状态
用车管理	用车申请	数据管理页	车辆管理员	用车申请的管理页面，"发起用车申请"的数据管理页
	发起用车申请	流程表单	企业员工	发起用车申请，默认为隐藏状态

"行政服务"应用具有如下优势及特色：

（1）办公用品的全流程闭环管理。结合"企业采购"应用，可以实现办公用品的申请、采购、入库、领用的闭环管理。

（2）公车使用的全过程跟踪。实现用车申请、用车审批、车辆分配以及车辆返回后时间及里程登记，杜绝公车私用的情况发生。

（3）规范化用章。对于需要使用企业公章的场景，均需要提交线上申请，上传待盖章文件的电子件，由负责人审批确认后，公章管理员才进行盖章操作。

（4）证明开具审批在线归档。员工需要企业开具的各类证明，需要提交线上审批，证明原件可以归档备案，管控企业合规风险。

视频讲解

9.2 办公用品目录

企业办公用品的管理，通常由行政岗位负责。对办公用品进行采购、入库以及领用之前，需要提前配置办公用品的基本信息。办公用品属于"低值易耗品"，与普通"物资"相比，办公用品通常不需要去核算成本,因此在入库时无须记录办公用品的实际成本,领用时也无须在项目上归集成本,通常情况下也不存在退还的情况。

9.2.1　功能开发

"新增办公用品"在开发过程中涉及的要点包括:该功能使用普通表单搭建;办公用品需要登记其基本信息以及当前库存数量。可参考 9.2.2 节的介绍搭建该表单页面。

9.2.2　功能介绍

表单组件

办公用品目录功能的相关操作如下:

(1)新增办公用品。登录平台,依次选择"行政服务"→"办公用品管理"→"办公用品目录",单击"新增"按钮,即可新增办公用品类型,如图 9-2 所示。

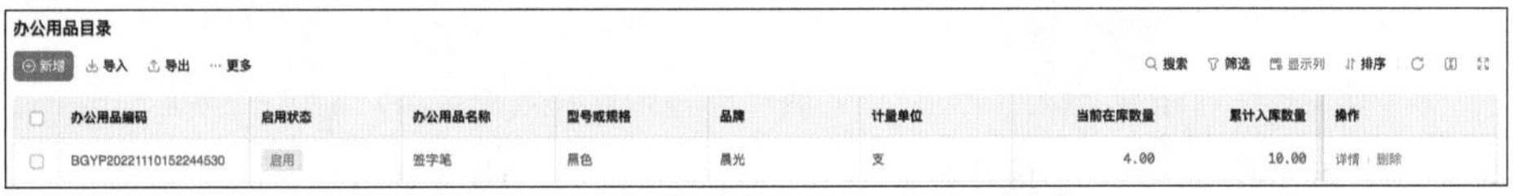

图 9-2　"办公用品目录"管理页面

(2)填写办公用品的基本信息。如图 9-3 所示,在"基本信息"分组中,应用会自动生成"办公用品编号"以及"创建日期",办公用品管理员需要输入"办公用品名称""型号或规格""品牌""计量单位",并从"关联物资分类"中选择"办公用品"。

图 9-3　新增办公用品:"基本信息"分组

(3)填写办公用品数量。如图 9-4 所示,在"办公用品数量"分组中,需要根据当前办公用品的库存情况预先填写"累计入库数量""累计领用数量""当前在库数量",如果是首次启用的办公用品,那么上述字段输入 0 即可。

图 9-4　新增办公用品:"办公用品数量"分组

9.3　办公用品入库单

企业采购的办公用品,需要首先由办公用品管理员登记入库后,才能申领。办公用品的入

视频讲解

库单中，需要登记办公用品的种类、入库数量、入库时间等信息，并且可以关联办公用品的采购申请、采购订单以及接收单，提交行政主管审批后，即可完成入库操作。为了便于后续的统计和管理，办公用品入库单审批通过后，应用会根据入库单中的入库明细向"入库记录"表单中新增入库记录，并更新"新增办公用品"表单中该办公用品的累计入库数量以及当前在库数量信息。

9.3.1　功能开发

"发起入库单"在开发过程中涉及的要点包括：该功能使用流程表单搭建；办公用品管理员提交"发起入库单"表单后，审批流程由"行政主管"进行审批；使用普通表单搭建"入库记录"表单，行政主管确认入库后，在"入库记录"中新增入库明细数据，同时需要更新"新增办公用品"表单中各入库办公用品的"累计入库数量"和"当前在库数量"字段的值。

（1）新建一个普通表单，命名为：入库记录，按照表 9-2 添加组件并完成对每个组件的属性设置。

表 9-2　"入库记录"表单组件构成及设置信息

所在分组	组件名称	组件类型	功能说明及属性设置
	办公用品入库记录	图文展示	（1）表单标题；（2）内容：设置为"办公用品入库记录"
	企业 Logo	图文展示	从全局配置中心中读取企业 Logo 信息
基本信息	基本信息	分组	无
	入库记录编号	单行文本	状态：只读
	创建日期	创建日期	（1）状态：只读；（2）日期格式：年-月-日
	办公用品编码	单行文本	状态：只读
	办公用品名称	单行文本	状态：只读
	物资分类	单行文本	状态：只读
	物资分类编码	单行文本	状态：只读
入库信息	入库信息	分组	无
	入库日期	日期	（1）状态：只读；（2）日期格式：年-月-日
	入库数量	数值	状态：只读
	入库单编号	单行文本	状态：只读
系统字段	系统字段	分组	默认隐藏该分组
	userId	单行文本	（1）状态：只读；（2）普通表单模板默认字段

表单组件

（2）新建一个流程表单，命名为：发起入库单，表单样式可参考 9.3.2 节的介绍。

（3）在"流程设计"中，按照图 9-5 的流程设计以及表 9-3 的节点功能说明完成配置。

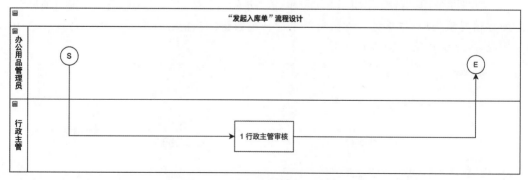

图 9-5　"发起入库单"流程设计

表 9-3　"发起入库单"流程节点配置

编号	节点名称	节点类型	功能说明及节点设置
S	发起	默认节点	字段权限：保持表单默认设置的状态
1	行政主管审核	审批人	(1)审批人："选择指定角色"设置为"行政主管"；(2)多人审批方式：或签；(3)审批按钮：启用"同意"按钮，名称修改为"提交"；(4)设置字段权限："行政主管审核"分组中的所有组件设置为"可编辑"状态
E	结束	默认节点	无

（4）在"全局设置"中创建节点提交规则，在"结束节点"新增"入库记录"数据，如图 9-6 所示。

图 9-6　添加节点提交规则：新增"入库记录"数据

（5）在"全局设置"中创建节点提交规则，在"结束节点"更新"新增办公用品"表单中"累计入库数量"和"当前在库数量"的值，如图 9-7 所示。

图 9-7　添加节点提交规则：更新"新增办公用品"表单中"累计入库数量"和"当前在库数量"的值

9.3.2　功能介绍

办公用品入库单功能的相关操作如下：

（1）发起入库单。登录平台，依次选择"行政服务"→"办公用品管理"→"入库单（办公用品）"，单击"新增"按钮，即可发起办公用品入库申请，如图 9-8 所示。

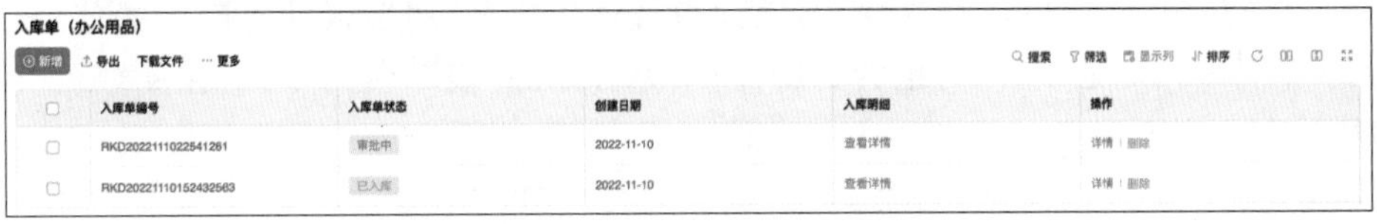

图 9-8　"入库单（办公用品）"管理页面

（2）填写入库单基本信息。如图 9-9 所示，在"基本信息"分组中，应用会自动生成"入库单编号""入库单状态""创建日期"。其中，"入库单状态"共有 3 种状态，其含义如表 9-4 所示。如果办公用品的获取来源是从供应商采购，则可以选择"关联采购申请""关联采购订单""关联接收单"。

图 9-9 发起入库单（办公用品）：“基本信息”分组

表 9-4 “入库单状态”的可选项及含义

可 选 项	含 义
审批中	默认值，流程发起后，该入库单的状态为“审批中”
已入库	行政主管审核后，办公用品入库完成，该入库单的状态为“已入库”
无法入库	行政主管审核后，办公用品无法入库，该入库单的状态为“无法入库”

（3）填写入库明细。如图 9-10 所示，在“入库明细”分组中，在“关联办公用品”中，选择需要入库的办公用品，应用会自动显示该办公用品的名称、分类、单位等信息，同时需要办公用品管理员输入“入库数量”以及“入库日期”。一个入库单可以支持同时添加多种办公用品入库。

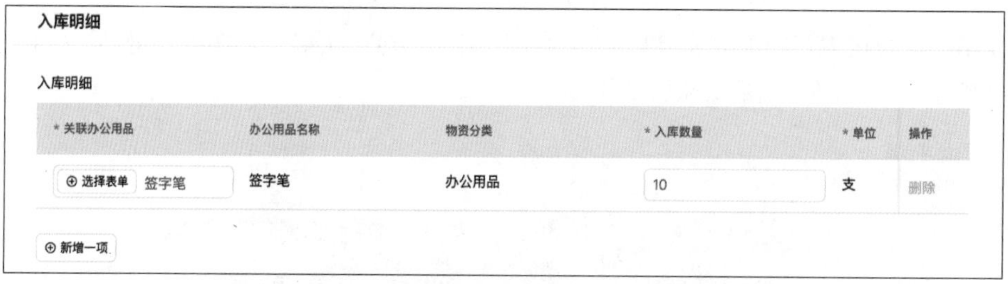

图 9-10 发起入库单（办公用品）：“入库明细”分组

（4）行政主管审核。如图 9-11 所示，办公用品管理员提交入库申请后，流程推进到行政主管审核环节，经过行政主管审核后，入库流程完毕。

图 9-11 发起入库单（办公用品）：“行政主管审核”分组

（5）入库单审批完成后，为了后续的统计与管理需要，应用会根据入库单的信息在“入库记录”表单中新增入库记录，同时也会更新“新增办公用品”表单中的“当前在库数量”以及“累计入库数量”，分别如图 9-12 和图 9-13 所示。

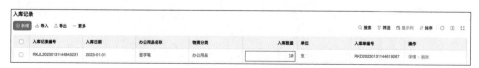

图 9-12 在“入库记录”表单中新增记录

图 9-13　更新"新增办公用品"表单中的"当前在库数量"以及"累计入库数量"

视频讲解

9.4　办公用品领用单

当员工申领办公用品时,需要发起办公用品领用单,在库存中选择需要领用的办公用品及数量,经过办公用品管理员执行完成后,即可完成领用申请。

9.4.1　功能开发

"发起领用单"在开发过程中涉及的要点包括:该功能使用流程表单搭建;员工提交"发起领用单"前,需要校验申请办公用品数量是否小于或等于库存数量;员工提交"发起领用单"后,审批流程由"办公用品管理员"进行审批;使用普通表单创建"领用记录"表单,办公用品管理员确认出库后,应用需要在"领用记录"表单中新增领用记录明细数据,同时更新该办公用品在"新增办公用品"表单中"累计领用数量"和"当前在库数量"字段的值。

(1)新建一个普通表单,命名为:领用记录,按照表 9-5 添加组件并完成对每个组件的属性设置。

表 9-5　"领用记录"表单组件构成及设置信息

所在分组	组件名称	组件类型	功能说明及属性设置
	办公用品领用记录	图文展示	(1)表单标题;(2)内容:设置为"办公用品领用记录"
	企业 Logo	图文展示	从全局配置中心中读取企业 Logo 信息
基本信息	基本信息	分组	无
	领用记录编号	单行文本	状态:只读
	创建日期	创建日期	(1)状态:只读;(2)日期格式:年-月-日
	办公用品编码	单行文本	状态:只读
	办公用品名称	单行文本	状态:只读
	物资分类	单行文本	状态:只读
	物资分类编码	单行文本	状态:只读
领用信息	领用信息	分组	无
	领用日期	日期	(1)状态:只读;(2)日期格式:年-月-日
	领用数量	数值	状态:只读
	单位	单行文本	状态:只读
	领用单编号	单行文本	状态:只读
系统字段	系统字段	分组	默认隐藏该分组
	userId	单行文本	(1)状态:只读;(2)普通表单模板默认字段

(2)新建一个流程表单,命名为:发起领用单,表单样式可参考 9.4.2 节的介绍。

(3)在"流程设计"中,按照图 9-14 的流程设计以及表 9-6 的节点功能说明完成配置。

表单组件

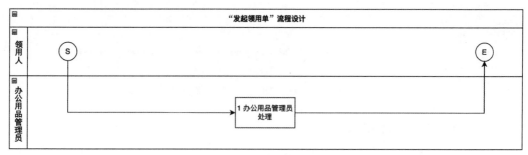

图 9-14 "发起领用单"流程设计

表 9-6 "发起领用单"流程节点配置

编号	节点名称	节点类型	功能说明及节点设置
S	发起	默认节点	字段权限：保持表单默认设置的状态
1	办公用品管理员处理	审批人	(1)审批人："选择指定角色"设置为"办公用品管理员"；(2)多人审批方式：或签；(3)审批按钮：启用"同意"按钮，名称修改为"提交"；(4)设置字段权限："领用明细"分组中的所有组件设置为"可编辑"状态
E	结束	默认节点	无

（4）在"全局设置"中创建节点提交规则，在"开始节点"提交表单时，校验：申请出库数量小于或等于库存数量，不满足校验提交条件时，需要阻断提交操作。如图 9-15 所示。

图 9-15 添加节点提交规则：申请出库数量小于或等于库存数量

（5）在"全局设置"中创建节点提交规则，在"结束节点"新增"领用记录"数据，如图 9-16 所示。

图 9-16 添加节点提交规则：新增"领用记录"数据

（6）在"全局设置"中创建节点提交规则，在"结束节点"更新"新增办公用品"表单中"累计领用数量"和"当前在库数量"字段的值，见图 9-17 所示。

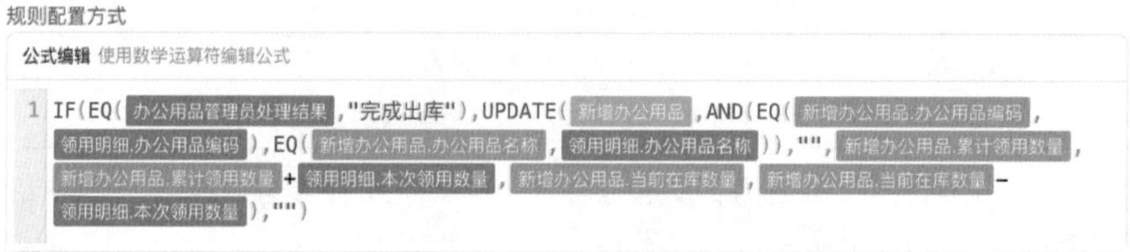

规则配置方式

公式编辑 使用数学运算符编辑公式

1 IF(EQ(办公用品管理员处理结果 , "完成出库"),UPDATE(新增办公用品 ,AND(EQ(新增办公用品.办公用品编码 , 领用明细.办公用品编码),EQ(新增办公用品.办公用品名称 , 领用明细.办公用品名称)),"", 新增办公用品.累计领用数量 , 新增办公用品.累计领用数量 + 领用明细.本次领用数量 , 新增办公用品.当前在库数量 , 新增办公用品.当前在库数量 − 领用明细.本次领用数量),"")

图 9-17 添加节点提交规则：更新"新增办公用品"表单中"累计领用数量"和"当前在库数量"字段的值

9.4.2 功能介绍

办公用品领用单功能的相关操作如下:

（1）发起办公用品领用单。登录平台,依次选择"行政服务"→"办公用品管理"→"领用单",单击"新增"按钮,即可发起办公用品领用申请,如图 9-18 所示。

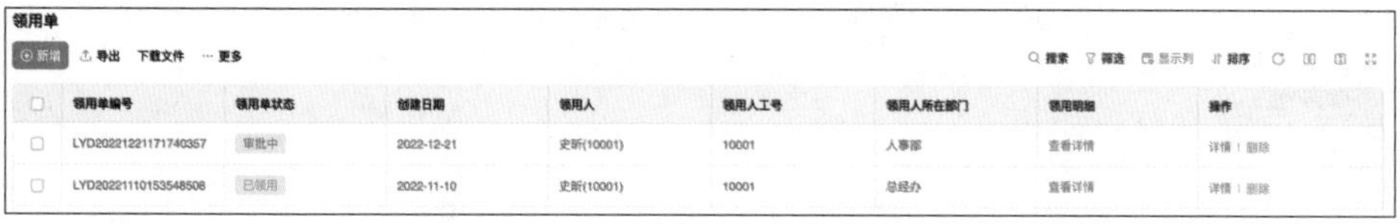

图 9-18 "领用单"管理页面

（2）填写办公用品领用单基本信息。如图 9-19 所示,在"基本信息"分组中,应用会自动生成"领用单编号""领用单状态""创建日期",并且根据当前登录人自动显示"领用人""领用人工号""领用人所在部门"。其中,"领用单状态"共有 3 种状态,其含义如表 9-7 所示。

图 9-19 发起领用单:"基本信息"分组

表 9-7 "领用单状态"的可选项及含义

可 选 项	含 义
审批中	默认值,流程发起后,该领用单的状态为"审批中"
已领用	办公用品管理员完成出库操作后,该领用单的状态为"已领用"
无法领用	办公用品管理员无法按申请完成出库操作,该领用单的状态为"无法领用"

（3）填写领用申请明细。如图 9-20 所示,在"领用申请明细"分组中,领用人需要选择"关联办公用品",应用会自动显示"办公用品名称""物资分类""型号或规格""品牌""库存""单位"等信息,并由领用人填写"申请领用数量",如图 9-21 所示,申请数量需小于或等于库存数量,否则在提交表单时,应用会阻断表单提交。

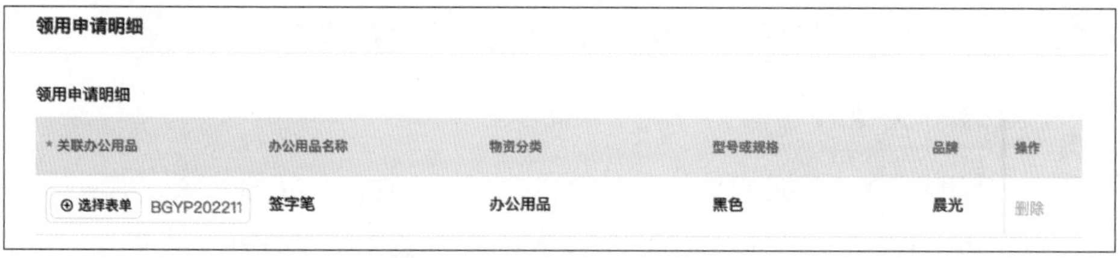

图 9-20 发起领用单:"领用申请明细"分组（1）

（4）办公用品管理员确认领用结果。如图 9-22 所示,领用人提交领用申请后,办公用品管理员需要根据申请内容填写领用明细,并填写"办公用品管理员处理结果"。

（5）当"办公用品管理员处理结果"为"完成出库"时,应用会把该领用单的信息同步到"领

图 9-21　发起领用单："领用申请明细"分组（2）

图 9-22　发起领用单："领用明细"分组

用记录"表中，如图 9-23 所示，用于后续的查询统计，同时会更新"新增办公用品"表单中的"当前在库数量"以及"累计领用数量"，如图 9-24 所示。

图 9-23　"领用记录"表单中新增数据

图 9-24　更新"新增办公用品"表单中的"当前在库数量"以及"累计领用数量"字段

视频讲解

9.5　管理办公用品

办公用品管理员在日常工作中需要准确掌握每种办公用品的库存状况，以便在库存不足之前及时采购，补充库存。同时，还需要对每种办公用品的领用记录进行分析，判断对每种办公用品的需求程度，从而对办公用品的采购进行合理预算。为了满足上述的要求，可以使用"管理：办公用品"功能，随时掌握所有办公用品的库存及领用信息。

9.5.1　"管理：办公用品"功能开发

"管理：办公用品"在开发过程中涉及的要点包括：该功能使用自定义页面搭建；数据源为"新增办公用品"；在查询条件区，提供"办公用品名称""办公用品编号""物资分类"查询条件；在数据详情区，展示办公用品的基本信息。当单击"办公用品详情"按钮时，跳转至"新增办公用品"表单的详情页面；当单击"操作记录"按钮时，跳转至"办公用品详情"自定义页面，跳转的 URL 中需要携带选中办公用品的信息（rowData）。

（1）数据源配置。在"管理：办公用品"自定义页面中按照表 9-8 配置数据源。

表 9-8　"管理：办公用品"的数据源配置及功能说明

数据源名称	数据源类型	数据源配置及功能说明
getBanGongYongPinFormDatas	远程 API	从"新增办公用品"表单中获取全量数据
searchKey	变量	存储搜索条件的变量，默认值：""

（2）页面搭建。使用"自定义管理页模板"，复制一个自定义页面，命名为"管理：办公用品"，按照图 9-25 搭建该页面，按照表 9-9 对各个组件的属性进行设置。

表 9-9　"管理：办公用品"的组件构成及设置信息

所在区域	组件类型	设 置 说 明
页面头	页面头	（1）主标题："办公用品管理"；（2）副标题："管理员专用"
查询条件区	查询	（1）添加查询条件：办公用品名称、办公用品编码、物资分类；（2）动作设置："提交时触发的事件"回调函数为 onSubmit()；（3）动作设置："重置按钮点击触发的事件"回调函数为 onReset()
数据详情区	表格	（1）数据列：办公用品编码、办公用品名称、型号或规格、品牌、物资分类、当前在库数量；（2）数据源：绑定 getBanGongYongPinFormDatas；（3）数据主键：设置为 formInstId；（4）操作列："办公用品详情"，配置回调函数 onDetail()；（5）"操作记录"，配置回调函数 onCZJLDetail()；（6）动作设置："分页、搜索、排序时触发"回调函数为 onFetchData()

（3）在动作面板中实现函数功能。在该自定义页面的动作面板中，需要实现的核心函数如表 9-10 所示。

代码

表 9-10　"管理：办公用品"的函数功能说明

函数名称	功 能 说 明
onSubmit()	该函数绑定查询条件区中的"查询"按钮，单击后会更新 searchKey 变量的值，并调用 getBanGongYongPinFormDatas 远程 API，查询符合条件的数据
onReset()	该函数绑定查询条件区中的"重置"按钮，单击后会清空 searchKey 变量，并调用 getBanGongYongPinFormDatas 远程 API，查询数据源表的全部数据
onDetail()	该函数绑定数据详情区中的"办公用品详情"按钮，单击后会跳转"新增办公用品"表单的详情页面
onCZJLDetail()	该函数绑定数据详情区中的"操作记录"按钮，单击后会跳转"办公用品详情"自定义页面，在该远程 API 中，需要将入参 rowData 存入跳转 URL 中

9.5.2　"办公用品详情"功能开发

"办公用品详情"在开发过程中涉及的要点包括：该功能使用自定义页面搭建；数据源包括"入库记录""领用记录"；在基本信息区，提供选中办公用品的"办公用品编码""办公用品名称""物资分类"数据；在数据详情区，通过选项卡，展示办公用品的"入库记录""领用记录"。

（1）数据源配置。在"办公用品详情"自定义页面中按照表 9-11 配置数据源。

表 9-11　"办公用品详情"的数据源配置及功能说明

数据源名称	数据源类型	数据源配置及功能说明
getRuKuJiLuFormDatas	远程 API	从"入库记录"表单中获取全量数据
getLingYongJiLuFormDatas	远程 API	从"领用记录"表单中获取筛选数据

（2）页面搭建。使用"自定义管理页模板"，复制一个自定义页面，命名为：办公用品详

情，按照图 9-26 搭建该页面，按照表 9-12 对各个组件的属性进行设置。

表 9-12　"办公用品详情"的组件构成及设置信息

所在区域	组件名称	组件类型	设 置 说 明
页面头	页面头	页面头	主标题："办公用品操作管理"
基本信息区	办公用品编码	输入框	（1）状态：只读；（2）默认值：绑定变量"state. urlParams. bm || "未知""
	办公用品名称	输入框	（1）状态：只读；（2）默认值：绑定变量"state. urlParams. mc || "未知""
	物资分类	输入框	（1）状态：只读；2.默认值：绑定变量"state. urlParams. wzfl || "未知""
数据详情区	入库记录	表格	（1）数据列：入库日期、入库数量、单位；（2）数据源：绑定 getRuKuJiLuFormDatas；（3）数据主键：设置为 formInstId；（4）动作设置："分页、搜索、排序时触发"回调函数为 onFetchRKJLData()
	领用记录	表格	（1）数据列：领用日期、领用数量、单位；（2）数据源：绑定 getLingYongJiLuFormDatas；（3）数据主键：设置为 formInstId；（4）动作设置："分页、搜索、排序时触发"回调函数为 onFetchLYJLData()

9.5.3　功能介绍

管理办公用品功能的相关操作如下：

（1）登录平台，依次选择"行政服务"→"办公用品管理"→"管理：办公用品"，即可打开办公用品管理页面。

（2）在"管理：办公用品"页面中，默认情况下会展示所有库存的办公用品，并且办公用品管理员可以根据"办公用品编码""办公用品名称""物资分类"进行条件筛选，如图 9-25 所示。

图 9-25　"管理：办公用品"页面

（3）单击办公用品右侧的"办公用品详情"按钮，应用会打开该办公用品的详情页。

（4）单击办公用品右侧的"操作记录"按钮，应用会打开"办公用品详情"自定义页面，在该页面中可以详细查看该办公用品的"入库记录"以及"领用记录"，如图 9-26 所示。

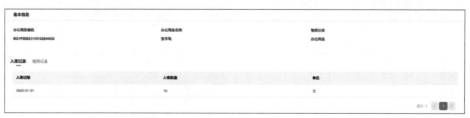

图 9-26　"办公用品详情"页面

9.6　证明开具

视频讲解

当员工需要企业开具诸如社保缴纳证明、收入证明、职称评审证明时,可以提交证明开具申请,填写开具证明的原因、证明类型、证明的电子件等,提交后由企业行政岗位人员提供。

9.6.1　功能开发

表单组件

"发起证明开具"在开发过程中涉及的要点包括：该功能使用流程表单搭建;员工提交"发起证明开具"申请后,审批流程由"行政"岗位进行审批。

(1) 新建一个流程表单,命名为：发起证明开具,表单样式可参考 9.6.2 节的介绍。

(2) 在"流程设计"中,按照图 9-27 的流程设计以及表 9-13 的节点功能说明完成配置。

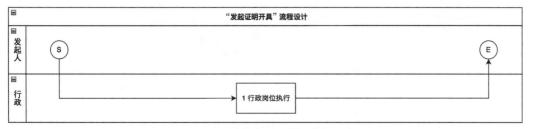

图 9-27　"发起证明开具"流程设计

表 9-13　"发起证明开具"流程节点配置

编号	节点名称	节点类型	功能说明及节点设置
S	发起	默认节点	字段权限：保持表单默认设置的状态
1	行政岗位执行	审批人	(1)审批人："选择指定角色"设置为"行政";(2)多人审批方式：或签;(3)审批按钮：启用"同意"按钮,名称修改为"提交";(4)设置字段权限："行政执行"分组中的所有组件设置为"可编辑"状态
E	结束	默认节点	无

9.6.2　功能介绍

证明开具功能的相关操作如下：

(1) 发起证明开具申请。登录平台,依次选择"行政服务"→"证明开具"→"证明开具",单击"新增"按钮,即可发起证明开具申请,如图 9-28 所示。

	证明编号	证明开具状态	发起日期	申请人姓名	证明类型	证明名称	证明格式	申请理由	操作
	ZM20221130120211649	申请中	2022-11-30	史昕	社保证明	社保缴纳证明	公司标准格式	开具购房证明需要	详情|删除
	ZM20221130011562675	已完成	2022-11-30	史昕	职称评定证明	职称评审	申请人提供(需上传附件)	申请高级工程师职称	详情|删除

图 9-28　"证明开具"管理页面

(2) 在"流程说明"分组中,可以通过配置显示证明开具的规则说明,规避企业的风险。如图 9-29 所示,在"员工基本信息"分组中,应用会自动生成"证明编号""证明开具状态""发起日期",并且根据当前登录人自动显示"申请人姓名""申请人工号""岗位"。其中,"证明开具状态"共有 3 种状态,其含义如表 9-14 所示。

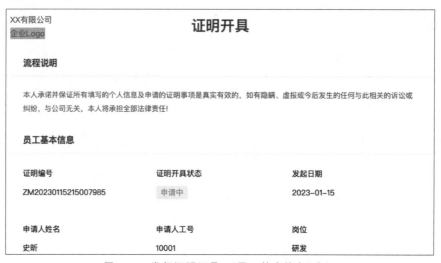

图 9-29　发起证明开具："员工基本信息"分组

表 9-14　"证明开具状态"的可选项及含义

可　选　项	含　　义
申请中	默认值,流程发起后,该流程的状态为"申请中"
已完成	行政岗位完成证明的开具后,该流程的状态为"已完成"
已拒绝	行政岗位拒绝开具证明,该流程的状态为"已拒绝"

（3）填写证明详情信息。如图 9-30 所示,在"证明详情"分组中,选择"证明类型""证明名称""证明格式",并填写"申请理由",上传需要开具证明的电子件。

图 9-30　发起证明开具："证明详情"分组

（4）行政执行。如图 9-31 所示,员工提交证明开具申请后,流程将流转到行政岗位执行,当"行政执行结果"为"已完成"时,该流程结束,流程的状态变更为"已完成";当"行政执行结果"为"已拒绝"时,行政岗位人员需要补充填写"拒绝原因"。

图 9-31　发起证明开具："行政执行"分组

视频讲解

9.7　用章管理

企业的公章通常都会由专职的公章管理员进行保管,为了规范化企业公章的使用,当企业员工盖章前,需要发起用章申请。在用章申请中,需要说明用章原因、用章类型,并附带需盖章文件的电子档归档备查。用章流程提交后,首先由申请人所在部门的主管进行用章审批,审批通过后由公章管理员执行盖章操作。

9.7.1　功能开发

"发起用章申请"在开发过程中涉及的要点包括：该功能使用流程表单搭建；员工提交"发起用章申请"后，依次由"部门主管"→"公章管理员"进行审批及执行。

表单组件

（1）新建一个流程表单，命名为：发起用章申请，表单样式可参考 9.7.2 节的介绍。

（2）在"流程设计"中，按照图 9-32 的流程设计以及表 9-15 的节点功能说明完成配置。

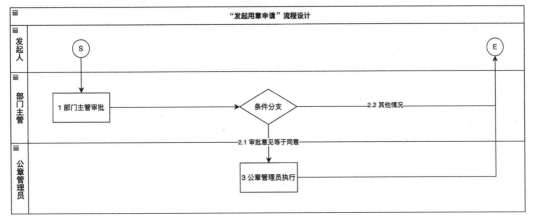

图 9-32　"发起用章申请"流程设计

表 9-15　"发起用章申请"流程节点配置

编号	节点名称	节点类型	功能说明及节点设置
S	发起	默认节点	字段权限：保持表单默认设置的状态
1	部门主管审批	审批人	(1)审批人："选择表单内成员字段"设置为"部门主管"；(2)审批按钮：启用"同意"按钮，名称修改为"提交"；(3)设置字段权限："部门主管审批意见""部门主管审批备注"组件设置为"可编辑"状态
2.1	审核意见等于同意	条件分支	条件规则："部门主管审批意见"="同意"
2.2	其他情况	条件分支	无
3	公章管理员执行	审批人	(1)审批人："选择指定角色"设置为"公章管理员"；(2)多人审批方式：或签；(3)审批按钮：启用"同意"按钮，名称修改为"提交"；(4)设置字段权限："公章管理员执行"分组中的所有组件设置为"可编辑"状态
E	结束	默认节点	无

9.7.2　功能介绍

用章管理功能的相关操作如下：

（1）发起用章申请。登录平台，依次选择"行政服务"→"用章管理"→"用章申请"，单击"新增"按钮，即可发起用章申请流程，如图 9-33 所示。

（2）填写用章申请基本信息。如图 9-34 所示，在"基本信息"分组中，应用会自动生成"用章申请编号""用章申请状态""发起日期"，并且根据当前登录人自动显示"申请人姓名""申请人工号""岗位"。其中，"用章申请状态"共有 4 种状态，其含义如表 9-16 所示。申请人需要选

图 9-33 "用章申请"管理页面

择"印章类型"，例如，"公章""合同专用章""人事专用章""财务专用章"，上传"盖章材料"附件，填写需要盖章的"份数"以及是否需要加盖骑缝章。

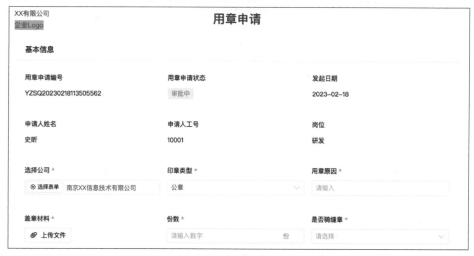

图 9-34 发起用章申请："基本信息"分组

表 9-16 "用章申请状态"的可选项及含义

可 选 项	含 义
审批中	默认值，流程发起后，该流程的状态为"审批中"
已审批	部门主管审批通过后，该流程的状态为"已审批"
已完成	公章管理员完成盖章后，该流程的状态为"已完成"
已拒绝	部门主管审批拒绝或公章管理员拒绝盖章，该流程的状态为"已拒绝"

（3）部门主管审批。如图 9-35 所示，申请人提交用章申请后，流程将由申请人所在部门主管进行审批。

图 9-35 发起用章申请："部门审批信息"分组

（4）公章管理员执行。如图 9-36 所示，部门主管审批通过后，将由公章管理员执行盖章操作，完成后该流程结束，状态变更为"已完成"。

图 9-36 发起用章申请："公章管理员执行"分组

视频讲解

9.8 用车管理

企业的公车通常由行政岗位的车辆管理员进行统一管理及调配。当员工因公使用公车前,需要发起用车申请流程,说明用车原因以及用车时间,经部门主管审批通过后,车辆管理员分配车辆并指定驾驶员,驾驶员完成出车任务后,需要关闭该用车申请流程并录入本次出车的时间及里程信息。

9.8.1 功能开发

"发起用车申请"在开发过程中涉及的要点包括:该功能使用流程表单搭建;员工提交"发起用车申请"后,依次由"部门主管"→"车辆管理员"→"驾驶员"进行审批及执行。

(1)新建一个流程表单,命名为:发起用车申请,表单样式可参考 9.8.2 节的介绍。

(2)在"流程设计"中,按照图 9-37 的流程设计以及表 9-17 的节点功能说明完成配置。

表单组件

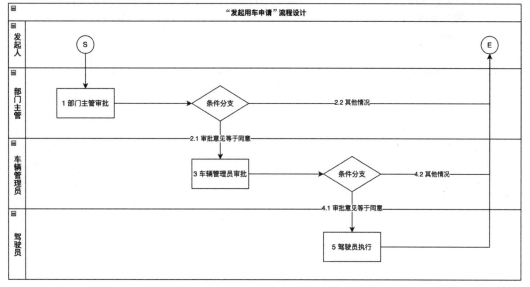

图 9-37 "发起用车申请"流程设计

表 9-17 "发起用车申请"流程节点配置

编号	节点名称	节点类型	功能说明及节点设置
S	发起	默认节点	字段权限:保持表单默认设置的状态
1	部门主管审批	审批人	(1)审批人:"选择表单内成员字段"设置为"部门主管";(2)审批按钮:启用"同意"按钮,名称修改为"提交";(3)设置字段权限:"部门主管审批意见""部门主管审批备注"组件设置为"可编辑"状态
2.1	审核意见等于同意	条件分支	条件规则:"部门主管审批意见"="同意"
2.2	其他情况	条件分支	无
3	车辆管理员审批	审批人	(1)审批人:"选择指定角色"设置为"车辆管理员";(2)多人审批方式:或签;(3)审批按钮:启用"同意"按钮,名称修改为"提交";(4)设置字段权限:"车辆管理员审批"分组中的所有组件设置为"可编辑"状态

编号	节点名称	节点类型	功能说明及节点设置
4.1	审核意见等于同意	条件分支	条件规则："车辆管理员审批意见"="同意"
4.2	其他情况	条件分支	无
5	驾驶员执行	审批人	(1)审批人："选择表单内成员字段"设置为"驾驶员"；(2)审批按钮：启用"同意"按钮，名称修改为"提交"；(3)设置字段权限："驾驶员执行"分组中的所有组件设置为"可编辑"状态
E	结束	默认节点	无

9.8.2　功能介绍

用车管理功能的相关操作如下：

（1）发起用车申请。登录平台，依次选择"行政服务"→"用车管理"→"用车申请"，单击"新增"按钮，即可发起用车申请，如图 9-38 所示。

图 9-38　"用车申请"管理页面

（2）填写用车申请基本信息。如图 9-39 所示，在"基本信息"分组中，应用会自动生成"用车申请编号""用车申请状态""发起日期"，并且根据当前登录人自动显示"申请人姓名""申请人工号""岗位"。其中，"用车申请状态"共有 7 种状态，其含义如表 9-18 所示。申请人需要录入本次用车的"用车人""随行人员""目的地""选择车辆""出发时间""预计返回时间""用车原因"。

图 9-39　发起用车申请："基本信息"分组

表 9-18　"用车申请状态"的可选项及含义

可　选　项	含　义
审批中	默认值,流程发起后,该流程的状态为"审批中"
部门主管审批通过	部门主管审批意见为"同意"时,该流程的状态为"部门主管审批通过"
部门主管审批拒绝	部门主管审批意见为"拒绝"时,该流程的状态为"部门主管审批拒绝"
车辆管理员已安排	车辆管理员已安排车辆并指定驾驶员后,该流程的状态为"车辆管理员已安排"
车辆管理员审批拒绝	车辆管理员拒绝安排车辆及驾驶员时,该流程的状态为"车辆管理员审批拒绝"
行程结束	驾驶员完成出车任务后,该流程的状态为"行程结束"
行程取消	行程未能成行,驾驶员选择"已取消"时,该流程的状态为"行程取消"

（3）部门主管审批。如图 9-40 所示,用车申请人提交用车申请后,流程将由用车申请人所在部门的主管进行审批。

图 9-40　发起用车申请:"部门审批"分组

（4）行政审批。如图 9-41 所示,部门主管审批通过后,流程将推进到车辆管理员审批环节,车辆管理员将安排车辆,并指定"驾驶员"。

图 9-41　发起用车申请:"车辆管理员审批"分组

（5）驾驶员执行。如图 9-42 所示,驾驶员完成行程后,需要填写"驾驶员执行情况",并根据实际行程填写"实际出发时间""实际返回时间""行驶里程"。

图 9-42　发起用车申请:"驾驶员执行"分组

第 10 章

合同管理

企业与外部单位之间的业务往来,通常都会围绕各种合同展开。例如,在销售场景下,企业需要跟甲方签订销售合同;在采购场景下,企业需要跟供应商签订采购合同;在企业合作场景下,合作双方需要签订战略合作协议。合同管理对于企业精细化管理来说是至关重要的,合同的履行将决定企业的应收账款和应付账款的数额,从而影响企业的整体经营。因此,一款高效易用的合同管理应用将对中小微企业的运营起到关键作用。本章介绍的"合同管理"应用会围绕合同的整个生命周期进行全方位管理,从合同审批开始,到合同履行,直至合同结束。

中小微企业在合同管理过程中,经常会遇到如下的问题和挑战:

(1)合同审批随意性强,无法第一时间发现合同履约风险。合同在签约之前缺乏完善的审批流程,合同履约风险无法在合同签订前进行识别,后期合同执行时会给企业带来经济和商誉损失。

(2)纸质合同存放混乱,容易遗失。中小微企业通常缺少专用的档案室以及档案管理设备,加上缺乏完备的档案管理制度,经常会出现合同遗失的情况,从而为后续合同的执行甚至索赔带来不便。

(3)合同检索不便。纸质合同无法提供快速检索能力,当需要查阅合同条款时,需要从海量的纸质合同中查找所需要的内容,严重影响工作效率。

(4)合同履约进度管理不清。由于很多合同涉及到多期付款或多期收款条款,如果无法准确管理合同的应收/应付条款,将会影响企业经营数据的核算。

视频讲解

10.1 应用概述

"合同管理"应用主要包括"合同审批""合同登记""管理合同"3 个模块。该应用的功能架构图如图 10-1 所示,功能列表如表 10-1 所示。

图 10-1 "合同管理"应用功能架构图

表 10-1　"合同管理"应用功能列表

目录	功能菜单	类型	使用用户	功能说明
合同审批	合同审批	数据管理页	合同发起人	"发起合同审批"表单的数据管理页,管理所有的合同审批流程
	发起合同审批	流程表单	合同发起人	发起合同审批流程,默认为隐藏状态
合同登记	合同登记	数据管理	合同档案管理员	"新增合同登记"表单的数据管理页,管理所有的已签约合同
	新增合同登记	普通表单	合同档案管理员	新增合同登记,已完成合同审批并签约的合同,均需要完成合同登记,记录合同的核心条款,并上传合同的扫描件,默认为隐藏状态
管理合同	管理:合同	自定义页面	合同档案管理员	根据合同类型以及合同状态分类管理合同,提供合同数据统计以及合同查询检索功能

"合同管理"应用充分考虑了中小微企业的实际运营状况,在功能方面具有如下的优势及特色:

（1）支持管理多种类型的合同。支持销售合同、采购合同以及合作协议等多种类型的合同,满足中小微企业管理要求。

（2）完善的合同审批流程。合同签约前,使用线上审批流完成对合同核心条款的审核与确认,业务部门、法务部门以及管理部门均参与其中。

（3）合同电子化归档,核心条款支持快速检索。支持合同电子化归档,并且能够支持根据合同中的关键条款进行快速检索,例如,签约对象、签约日期等。

（4）合同履约进度状态一目了然。支持合同执行的状态管控,特别是针对销售合同,可以随时对处于进行中状态的合同进行跟踪,确保企业应收账款的及时回款。

10.2　合同审批

视频讲解

企业在与外部单位签订合同之前,需要对合同文本的内容,特别是付款条件、开票情况、维保情况等核心条款进行审核和确认,因此需要提前由合同发起人（通常是某项业务的跟进人）发起合同审批,经过部门主管、法务团队以及总经理审批后,才能够与外部单位签订正式的合同。考虑到合同的签订通常是某项业务持续推进后所产生的结果,例如,销售工作的推进会签订销售合同,采购工作的推进会签订采购合同,因此,在合同审批流程中,可以关联前序的工作流程,从而为合同审批提供更多的有用信息。

10.2.1　功能开发

"发起合同审批"在开发过程中涉及的要点包括:该功能使用流程表单搭建;合同发起人提交"发起合同审批"后,依次由"部门主管"→"法务主管"→"总经理"进行审批;合同审批可以根据合同类型关联采购申请、询价单或销售订单。

（1）新建一个流程表单,命名为:发起合同审批,表单样式可参考 10.2.2 节的介绍。

（2）在"流程设计"中,按照图 10-2 的流程设计以及表 10-2 的节点功能说明完成配置。

表单组件

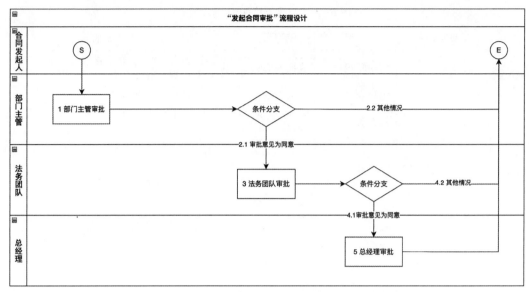

图 10-2 "发起合同审批"流程设计

表 10-2 "发起合同审批"流程节点配置

编号	节点名称	节点类型	功能说明及节点设置
S	发起	默认节点	字段权限：保持表单默认设置的状态
1	部门主管审批	审批人	(1)审批人："选择表单内成员字段"设置为"部门主管"；(2)审批按钮：启用"同意"按钮，名称修改为"提交"；(3)设置字段权限："部门主管审批意见""附件""部门主管修改意见"组件设置为"可编辑"状态
2.1	审批意见为同意	条件分支	条件规则："部门主管审批意见"="同意"
2.2	其他情况	条件分支	无
3	法务团队审批	审批人	(1)审批人："选择指定角色"设置为"法务主管"；(2)多人审批方式：或签；(3)审批按钮：启用"同意"按钮，名称修改为"提交"；(4)设置字段权限："法务团队审批意见"分组中的所有组件设置为"可编辑"状态
4.1	审批意见为同意	条件分支	条件规则："部门主管审批结果"="同意"
4.2	其他情况	条件分支	无
5	总经理审批	审批人	(1)审批人："选择指定角色"设置为"总经理"；(2)多人审批方式：或签；(3)审批按钮：启用"同意"按钮，名称修改为"提交"；(4)设置字段权限："总经理审批意见"分组中的所有组件设置为"可编辑"状态
E	结束	默认节点	无

10.2.2 功能介绍

合同审批功能的相关操作如下：

（1）发起合同审批。登录平台，依次选择"合同管理"→"合同审批"→"合同审批"，单击"新增"按钮，发起合同审批流程，如图 10-3 所示。

（2）应用会自动生成"合同审批编号""合同审批状态""发起日期"，如图 10-4 所示，其中

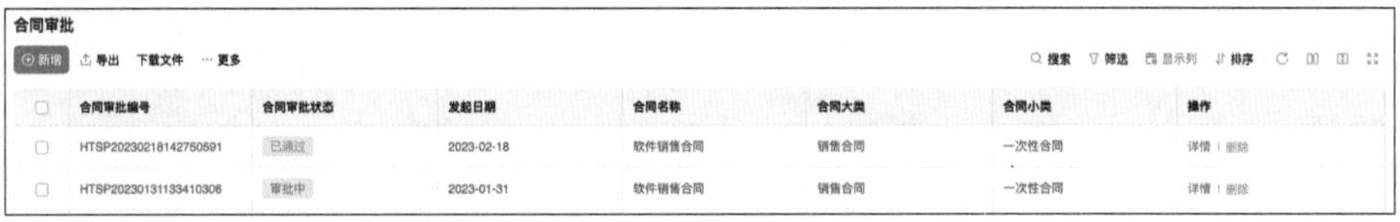

图 10-3 "合同审批"管理页面

"合同审批状态"主要包括 5 种状态,其含义如表 10-3 所示。

XX有限公司 企业Logo	**合同审批**	
基本信息		
合同审批编号	合同审批状态	发起日期
HTSP20230218142750591	审批中	2023-02-18

图 10-4 发起合同审批:"基本信息"分组(1)

表 10-3 "合同审批状态"的可选项含义

可 选 项	含 义
审批中	默认值,流程发起后,该合同审批流程的状态为"审批中"
已通过	合同审批通过后的最终状态为"已通过"
部门审批不通过	部门主管审批不通过,该合同审批流程的状态为"部门审批不通过"
法务审批不通过	法务团队审批不通过,该合同审批流程的状态为"法务审批不通过"
总经理审批不通过	总经理审批不通过,该合同审批流程的状态为"总经理审批不通过"

(3)合同概要信息登记。如图 10-5 所示,填写"合同名称",选择"合同大类""合同小类""我方签约主体",上传"合同电子档"信息,并选择签约的对方单位(关联外部单位)。其中,"合同大类"的可选项包括"销售合同""采购合同""其他合同"。当选择"销售合同"时,可以选择"关联销售订单";当选择"采购合同"时,必须输入"关联采购申请"和"关联询价单"。

图 10-5 发起合同审批:"基本信息"分组(2)

(4)填写合同的核心条款信息。如图 10-6 所示,为了审核合同的核心条款,在"核心条款"分组中,需要填写"合同金额""发票类型""税率""票款顺序""维保条款""争议处理机构""支付条款"这些核心信息,供后续审批使用。

(5)部门主管审批。如图 10-7 所示,申请人提交表单后,流程将推进到部门主管审批环节,部门主管审批通过,流程会由法务团队审批。

图 10-6　发起合同审批："核心条款"分组

图 10-7　发起合同审批："部门主管审批意见"分组

（6）法务团队审批。如图 10-8 所示，法务团队审核合同相关内容，如果发现合同条款需要修改，则上传相关修改意见。

图 10-8　发起合同审批："法务团队审批意见"分组

（7）总经理审批。如图 10-9 所示，法务团队审批通过后，合同最终由总经理完成审批，审批通过后该流程的状态更新为"已完成"。

图 10-9　发起合同审批："总经理审批意见"分组

视频讲解

10.3　合同登记

合同签订后，合同管理员除了进行纸质合同的存档之外，为了后续合同的检索以及执行跟踪，还需要对合同信息进行登记，建立合同的电子档案，包括：

（1）合同盖章扫描件的登记。

（2）合同关键条款的记录。

（3）合同执行信息的跟踪，如合同状态、剩余应收金额、累计付款金额、累计付款金额等。

表单组件

10.3.1　功能开发

"新增合同登记"在开发过程中涉及的要点包括：该功能使用普通表单搭建；合同登记时需要录入合同名称、合同类型、签约日期等主要信息,并提供一个附件组件存储合同扫描件；在"新增合同登记"表单中,需要添加合同执行情况跟踪分组,登记合同的收款、开票、付款、收票金额,从而为统计企业的应收账款和应付账款提供数据依据。可参考 10.3.2 节的介绍搭建该表单页面。

10.3.2　功能介绍

合同登记功能的相关操作如下：

（1）新增合同登记。登录平台,依次选择"合同管理"→"合同登记"→"合同登记",单击"新增"按钮,发起新增合同登记操作,如图 10-10 所示。

图 10-10　"合同登记"管理页面

（2）填写"合同基本信息"。如图 10-11 所示,在合同基本信息中,应用会自动生成"合同编号",作为合同的唯一标识。"合同执行状态"包括"执行中""已完成""暂停中止"3 个选项,当选择"暂停中止"时,需要填写"暂停中止原因"。

图 10-11　新增合同登记："基本信息"分组

（3）在"关联合同审批"中,选择已完成状态的合同审批流程,应用会自动填写"合同名称""我方签约主体""对方单位名称"等相关信息,如图 10-12 所示。在"合同大类"中选择该合同的类型,当合同大类为"采购合同"时,需要登记"关联采购申请",当合同大类为"销售合同"时,需要登记"关联销售订单"。在"关联项目类型"中可以根据项目类型选择"立项项目"或"非立项项目",并关联具体的项目。

图 10-12　新增合同登记：合同基本信息

（4）在"合同详情"分组中，填写该合同的详细信息，并上传该合同的盖章扫描件，如图 10-13 所示。

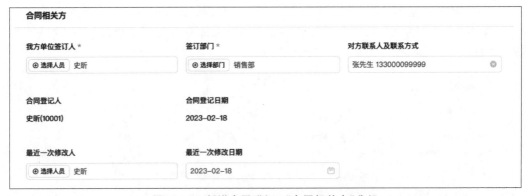

图 10-13　新增合同登记："合同详情"分组

（5）在"合同相关方"分组中，登记该合同签订、登记相关方的信息，包括"我方单位签订人""签订部门""对方联系人及联系方式""合同登记人""合同登记日期""最近一次修改人""最近一次修改日期"等，如图 10-14 所示。

图 10-14　新增合同登记："合同相关方"分组

10.4　管理合同

视频讲解

合同登记功能中虽然也提供了合同档案管理的功能，但是该功能主要服务于合同档案管理员。对于企业内部的管理人员来说，为了满足企业管理的要求，需要对合同提供更加精细化的管理功能，包括：

（1）能够根据合同类型进行分类管理，例如，销售合同、采购合同。从企业管理角度来说不同类型的合同需要由不同部门或岗位的人员进行跟踪，管理措施也不尽相同。

（2）能够根据合同状态进行分类管理。企业日常工作中需要重点跟踪"执行中"状态的合同；同时需要定期对"中止暂停"状态的合同进行重新梳理，分析合同风险或者是否可以重新启动；对于"已完成"状态的合同，则通常会在年底绩效核算中重点关注。

（3）提供更加便捷的查询和统计功能。能够提供常用条件对合同进行快速检索，并能够提供一些常用的合同统计数据。

10.4.1　功能开发

"管理：合同"在开发过程中涉及的要点包括：该功能使用自定义页面搭建；数据源为"新增合同登记"及"发起合同审批"；在数据统计卡区，提供"执行中合同数量""审批中合同数量"两个数据统计卡；在查询条件区，提供"合同名称""对方单位名称""签订日期""合同类型"查询条件；在数据详情区，添加 4 个选项卡选项，分别展示"进行中（销售合同）""进行中（采购合同）""已完成""中止暂停""审批中"状态的合同列表，单击"合同详情"按钮跳转至对应的合同详情页。

（1）数据源配置。在"管理：合同"自定义页面中按照表 10-4 配置数据源。

表 10-4　"管理：合同"的数据源配置及功能说明

数据源名称	数据源类型	数据源配置及功能说明
getHeTongDengJiFormDatas	远程 API	从"新增合同登记"表中获取全量数据，对变量 zxzCount 进行赋值，统计执行中合同的数量
getHeTongShenPiInstances	远程 API	从"发起合同审批"表单中获取全量数据，对变量 spzCount 进行赋值，统计审批中合同的数量
searchKey	变量	存储搜索条件的变量，默认值：""
zxzCount	变量	记录执行中合同数量的变量，默认值：0
spzCount	变量	记录审批中合同数量的变量，默认值：0

（2）页面搭建。使用"自定义管理页模板"，复制一个自定义页面，命名为"管理：合同"，按照图 10-15 搭建该页面，按照表 10-5 完成各个组件的属性设置。

表 10-5　"管理：合同"的组件构成及设置信息

所在区域	组件名称	组件类型	设置说明
页面头	合同管理	页面头	(1)主标题："合同管理"；(2)副标题："职能管理人员专用"
数据统计卡	执行中合同数量	分组＋文本	(1)名称：执行中合同数量；(2)文本组件绑定变量"state. zxzCount"
	审批中合同数量	分组＋文本	(1)名称：审批中合同数量；(2)文本组件绑定变量"state. spzCount"
查询条件区		查询	(1)添加查询条件：合同名称、对方单位名称、签订日期、合同类型(可选项："销售合同""采购合同""其他合同")；(2)动作设置："提交时触发的事件"回调函数为 onSubmit()；(3)动作设置："重置按钮点击触发的事件"回调函数为 onReset()
数据详情区	进行中（销售合同）	表格	(1)数据列：合同编号、合同名称、合同大类、合同小类、对方单位名称、签订日期、合同执行状态、待收款金额；(2)数据源：绑定 getHeTongDengJiFormDatas；(3)数据主键：设置为 formInstId；(4)操作列："合同详情"，配置回调函数 onHTDJDetail()；(5)动作设置："分页、搜索、排序时触发"回调函数为 onFetchJXZXSHTData()
	进行中（采购合同）	表格	(1)数据列：合同编号、合同名称、合同大类、合同小类、对方单位名称、签订日期、合同执行状态、待付款金额；(2)数据源：绑定 getHeTongDengJiFormDatas；(3)数据主键：设置为 formInstId；(4)操作列："合同详情"，配置回调函数 onHTDJDetail()；(5)动作设置："分页、搜索、排序时触发"回调函数为 onFetchJXZCGHTData()

续表

所在区域	组件名称	组件类型	设置说明
数据详情区	已完成	表格	(1)数据列：合同编号、合同名称、合同大类、合同小类、对方单位名称、签订日期、合同执行状态、是否存在维保、维保预估到期日期；(2)数据源：绑定 getHeTongDengJiFormDatas；(3)数据主键：设置为 formInstId；(4)操作列："合同详情"，配置回调函数 onHTDJDetail()；"收款计划"，配置回调函数 onSKJHDetail()；(5)动作设置："分页、搜索、排序时触发"回调函数为 onFetchYWCData()
	中止暂停	表格	(1)数据列：合同编号、合同名称、合同大类、合同小类、对方单位名称、签订日期、合同执行状态、中止暂停原因；(2)数据源：绑定 getHeTongDengJiFormDatas；(3)数据主键：设置为 formInstId；(4)操作列："合同详情"，配置回调函数 onHTDJDetail()；"收款计划"，配置回调函数 onSKJHDetail()；(5)动作设置："分页、搜索、排序时触发"回调函数为 onFetchZZZTData()
	审批中	表格	(1)数据列：合同名称、合同大类、合同小类、对方单位名称、发起人、审批状态；(2)数据源：绑定 getHeTongShenPiInstances；(3)数据主键：设置为 procInsId；(4)操作列："合同审批"，配置回调函数 onHTSPDetail()；(5)动作设置："分页、搜索、排序时触发"回调函数为 onFetchSPZData()

代码

（3）在动作面板中实现函数功能。在该自定义页面的动作面板中，需要实现的核心函数如表 10-6 所示。

表 10-6　"管理：合同"的函数功能说明

函数名称	功能说明
onSubmit()	该函数绑定页面中的"查询"按钮，单击后会更新 searchKey 变量的值，并调用 getHeTongDengJiFormDatas 远程 API 或 getHeTongShenPiInstances 远程 API，查询符合条件的数据
onReset()	该函数绑定页面中的"重置"按钮，单击后会清空 searchKey 变量，并调用 getHeTongDengJiFormDatas 远程 API 或 getHeTongShenPiInstances 远程 API，查询数据源表的全部数据
onHTDJDetail()	该函数绑定页面中"进行中（销售合同）""进行中（采购合同）""已完成""中止暂停"表单的"合同详情"按钮，单击后会跳转到"发起合同登记"表单的详情页面
onHTSPDetail()	该函数绑定页面中"审批中"表格的"合同审批"按钮，单击后会跳转到"发起合同审批"表单的详情页面
onSKJHDetail()	该函数绑定页面中"已完成""中止暂停"表单的"收款计划"按钮，单击后会跳转到"收款计划"表单的详情页面
onTabChange()	该函数绑定页面中选项卡切换动作，单击后会更新 searchKey 变量的值，并调用 getHeTongDengJiFormDatas 远程 API 或 getHeTongShenPiInstances 远程 API，筛选符合条件的数据

10.4.2　功能介绍

管理合同功能的相关操作如下：

（1）登录平台，依次选择"合同管理"→"管理合同"→"管理：合同"。如图 10-15 所示，在自定义页面中，数据统计卡区提供了针对合同的一些重要统计数据信息，例如，执行中合同数量、审批中合同数量；查询条件区，提供了根据"合同名称""对方单位名称""签订日期""合同类型"4 个查询条件；数据详情区则可以通过切换选项卡，实现不同类型、不同状态合同列表的切换。

图 10-15　"管理：合同"页面

　　（2）通过选项卡可以针对不同类型的合同实现信息切换。"进行中（销售合同）""进行中（采购合同）"选项卡分别展示了"进行中"状态的销售合同及采购合同，上述两类合同是企业管理中需要定期重点跟踪的合同。单击右侧的"合同详情"按钮，可以实现跳转对应合同档案页面。

第 11 章

费用管理

费用是指企业经营所发生的合理性支出。费用报销则是财务岗位的重要工作之一，也是企业员工与财务岗位接触最多的工作场景。由于涉及到企业资金的对外支付，所以需要对每一笔支付进行审批和管控。费用管理不仅涉及到费用的支付，还需要对费用进行分析和管理，例如，对项目的成本利润进行核算，从而对企业"降本增效"的管理要求提供支撑。

中小微企业在费用管理方面，通常存在如下问题与挑战：

（1）纸质报销单员工填写费时费力，财务核算效率低下。使用纸质报销单，需要员工手工填写报销单据，提交后，财务人员需要核对手写单据且容易出错。

（2）报销周期长，审批依赖老板签字。报销单需要经过老板签字后，才能由财务执行核对以及付款操作，但由于企业老板日常工作较为繁忙，报销单的审批通常不够及时，影响报销的时效。

（3）事先费控缺失，事后报销超支。费用发生前缺乏申请环节，造成报销时费用超支，不利于企业预算的执行和控制。

（4）费用数据统计不便，无法指导企业经营。纸质报销单无法按项目精准统计费用支出，不利于企业的精细化管理要求。

11.1 应用概述

视频讲解

"费用管理"应用主要包括"报销""借款""还款""管理费用"4 个模块，功能架构图如图 11-1 所示，功能列表如表 11-1 所示。

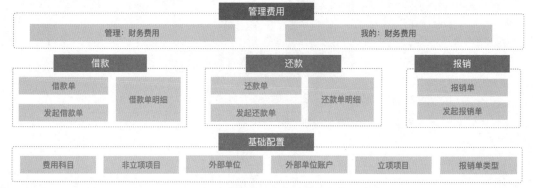

图 11-1 "费用管理"应用功能架构图

表 11-1　"费用管理"应用功能列表

目录	功能菜单	类型	使用用户	功能说明
借款	借款单	数据管理页	企业员工	"发起借款单"的数据管理页,提供借款单的增、删、改、查功能
	发起借款单	流程表单	企业员工	发起借款单申请,默认为隐藏状态
	借款单明细	普通表单	系统管理员	借款单审批通过后,用于保存和更新借款单信息的数据表
还款	还款单	数据管理页	企业员工	"发起还款单"的数据管理页,提供还款单的增、删、改、查功能
	发起还款单	流程表单	企业员工	发起还款单,其中需要关联某一借款单,默认为隐藏状态
	还款单明细	普通表单	系统管理员	还款单审批通过后,用于保存还款单信息的数据表
报销	报销单	数据管理页	企业员工	"发起报销单"的数据管理页,提供报销的增、删、改、查功能
	发起报销单	流程表单	企业员工	发起报销单申请,默认为隐藏状态
管理费用	管理:财务费用	自定义页面	财务人员	专为财务人员提供的费用管理页面
	我的:财务费用	自定义页面	企业员工	为企业员工提供的查看本人报销单、借款单、还款单的管理页面

"费用管理"应用的主要优势以及特色包括:

(1) 线上审批,提升效率。员工通过钉钉发起报销申请,领导使用手机在线审批,免除签字的不便,提升报销单的处理效率。

(2) 关联费用申请流程,避免费用支出超标。与相关费用申请流程进行关联,避免因未审批而产生的超支费用发生。例如,出差报销单需要关联出差申请,从而严格控制员工的出差费用,核实业务真实性。

(3) 功能全面。针对中小微企业的日常工作要求,提供了差旅报销单、费用报销单、借款单、还款单等功能,满足绝大多数中小微企业费用管理的要求。

(4) 满足项目费用管理精细化要求。在项目实施过程中,对涉及的费用申请、费用报销进行线上流程的管控,实现费用报销的标准化和规范化,并基于上述费用发生数据对项目投入产出比进行准确核算。

11.2　借款

视频讲解

当企业员工因公需要向公司借款时,需要提前发起借款单申请。在借款单中,需要注明借款原因和数额,经过项目经理、部门经理、总经理审批后,交由财务部门进行付款操作。通常来说,企业都存在"前账不清,后账不借"的管理制度。借款单审批完成后,需要跟踪还款进度,员工还款时,可以在报销单中使用报销金额冲抵借款,也可以直接还款。

11.2.1　功能开发

"发起借款单"在开发过程中涉及的要点包括:该功能使用流程表单搭建;员工提交"发起借款单"后,依次由"项目经理"→"部门主管"→"总经理"→"会计主管"→"出纳"进行审批及执行;"出纳"通过审批后,为了跟踪该借款单的还款情况,需要在"借款单明细"表单中同步插入该借款单信息。

（1）为了查询借款单记录以及跟踪还款进度，借款申请审批通过后，需要把借款申请的信息同步到"借款单明细"表单中。新建一个普通表单，命名为：借款单明细，该表单的字段及配置如表 11-2 所示。

表 11-2 "借款单明细"表单组件构成及设置信息

所在分组	组件名称	组件类型	功能说明及属性设置
	借款单明细	图文展示	(1)表单标题；(2)内容：设置为"借款单明细"
	企业 Logo	图文展示	从全局配置中心中读取企业 Logo 信息
基本信息	借款单信息	分组	无
	借款单编号	单行文本	状态：只读
	借款单状态	下拉单选	(1)状态：只读；(2)可选项："未完成还款""已完成还款"
	创建日期	日期	(1)状态：只读；(2)日期格式：年-月-日
	借款人	成员	状态：只读
	借款人工号	单号文本	状态：只读
	岗位	单行文本	状态：只读
借款信息	借款原因	单行文本	状态：只读
	项目类型	下拉单选	状态：只读
	项目编号	单行文本	状态：只读
	项目名称	单行文本	状态：只读
	项目负责人	成员	状态：只读
借款金额	借款金额	分组	无
	借款金额(元)	数值	(1)状态：只读；(2)单位：元；(3)小数位数：2
	其他要求	单行文本	状态：只读
付款信息	付款信息	分组	无
	收款人	单行文本	状态：只读
	开户行	单行文本	状态：只读
	银行账户	单行文本	状态：只读
	支付金额	数值	(1)状态：只读；(2)单位：元；(3)小数位数：2
	支付日期	日期	(1)状态：只读；(2)日期格式：年-月-日
	支付流水号	单行文本	状态：只读
系统字段	系统字段	分组	默认隐藏该分组
	userId	单行文本	(1)状态：只读；(2)普通表单模板默认组件
	已还款金额	数值	(1)状态：只读；(2)单位：元；(3)小数位数：2
	剩余待还款金额	数值	(1)状态：只读；(2)单位：元；(3)小数位数：2

表单组件

（2）新建一个流程表单，命名为：发起借款单，表单样式可参考 11.2.2 节的介绍。

（3）在"流程设计"中，按照图 11-2 的流程设计以及表 11-3 的节点功能说明完成配置。

表 11-3 "发起借款单"流程节点配置

编号	节点名称	节点类型	功能说明及节点设置
S	发起	默认节点	字段权限：保持表单默认设置的状态
1	项目经理审批	审批人	(1)审批人："选择表单内成员字段"设置为"项目经理"；(2)审批按钮：启用"同意"按钮，名称修改为"提交"；(3)设置字段权限："项目经理审批结果""项目经理审批备注"组件设置为"可编辑"状态
2.1	审批结果为同意	条件分支	条件规则："项目经理审批结果"="同意"
2.2	其他情况	条件分支	无

编号	节点名称	节点类型	功能说明及节点设置
3	部门主管审批	审批人	(1)审批人:"选择表单内成员字段"设置为"部门主管";(2)审批按钮:启用"同意"按钮,名称修改为"提交";(3)设置字段权限:"部门主管审批结果""部门主管审批备注"组件设置为"可编辑"状态
4.1	审批结果为同意	条件分支	条件规则:"部门主管审批结果"="同意"
4.2	其他情况	条件分支	无
5	总经理审批	审批人	(1)审批人:"选择指定角色"设置为"总经理";(2)多人审批方式:或签;(3)审批按钮:启用"同意"按钮,名称修改为"提交";(4)设置字段权限:"总经理审批结果"分组中的所有组件设置为"可编辑"状态
6.1	审批结果为同意	条件分支	条件规则:"总经理审批结果"="同意"
6.2	其他情况	条件分支	无
7	会计主管审批	审批人	(1)审批人:"选择指定角色"设置为"会计主管";(2)多人审批方式:或签;(3)审批按钮:启用"同意"按钮,名称修改为"提交";(4)设置字段权限:"会计主管审批结果"分组中的所有组件设置为"可编辑"状态
8.1	审批结果为同意	条件分支	条件规则:"会计主管审批结果"="同意"
8.2	其他情况	条件分支	无
9	出纳付款	审批人	(1)审批人:"选择指定角色"设置为"出纳";(2)多人审批方式:或签;(3)审批按钮:启用"同意"按钮,名称修改为"提交";(4)设置字段权限:"出纳付款信息"分组中的所有组件设置为"可编辑"状态
10.1	出纳付款结果等于已付款	条件分支	条件规则:"出纳付款结果"="已付款"
10.2	其他情况	条件分支	无
11	新增"借款单明细"数据	新增数据	新增数据:本表单字段的值与"借款单明细"字段的值一一对应,特别注意:"借款单状态"的值设置为"未完成还款"
E	结束	默认节点	无

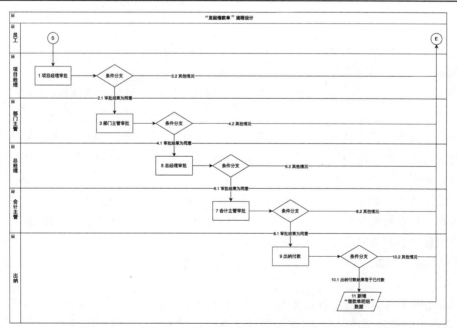

图 11-2　"发起借款单"流程设计

11.2.2　功能介绍

借款功能的相关操作如下：

（1）发起借款单。登录平台，依次选择"费用管理"→"借款"→"借款单"，单击"新增"按钮，即可发起借款申请，如图 11-3 所示。

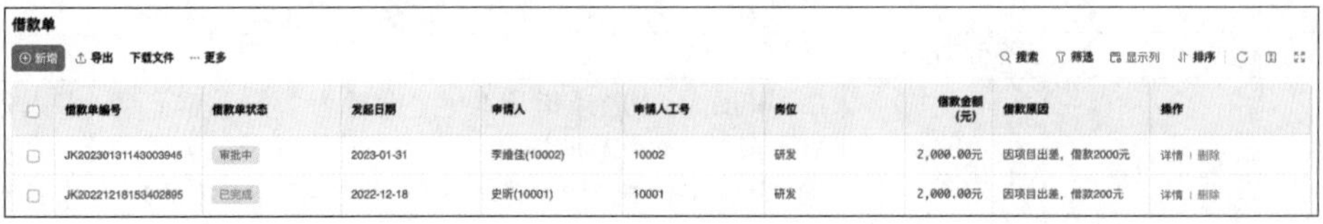

图 11-3　"借款单"管理页面

（2）在"基本信息"分组中，应用会自动生成"借款单编号""借款单状态""发起日期"，并根据当前登录人自动显示"申请人""申请人工号""岗位"信息，如图 11-4 所示。其中，"借款单状态"共有 7 种状态，其含义如表 11-4 所示。

图 11-4　发起借款单："基本信息"分组

表 11-4　"借款单状态"选项值及含义

可 选 项	含 义
审批中	默认值，借款单流程发起后，该流程的状态为"审批中"
已完成	借款单流程所有节点审批通过后，该流程的状态为"已完成"
项目经理拒绝	项目经理审批意见为"拒绝"时，该流程的状态为"项目经理拒绝"
部门主管拒绝	部门主管审批意见为"拒绝"时，该流程的状态为"部门主管拒绝"
总经理拒绝	总经理审批意见为"拒绝"时，该流程的状态为"总经理拒绝"
会计主管拒绝	会计主管审批意见为"拒绝"时，该流程的状态为"会计主管拒绝"
出纳无法付款	出纳付款结果为"无法付款"时，该流程的状态为"出纳无法付款"

（3）在"借款信息"分组中，由借款人填写"借款原因""借款金额"和"其他要求"，同时，应用会根据借款人信息自动显示"新增员工基本信息"表单中登记的借款人"开户行"以及"银行账户"信息，如图 11-5 所示。

（4）项目经理审批。如图 11-6 所示，由于借款会涉及到项目的成本核算，因此借款单需要先由项目经理进行审批。在"项目类型"下拉单选组件中，可以选择"立项项目"或"非立项项目"，相关组件会根据选项值显示"关联立项项目"或"关联非立项项目"。

（5）部门主管审批。项目经理审批通过后，流程将推进到部门主管审批环节，如图 11-7 所示。

（6）总经理审批。部门主管审批后，将由总经理进行审批，如图 11-8 所示。总经理完成审批后，审批相关的环节已经完成，流程会推进到会计记账以及出纳付款环节。

图 11-5 发起借款单："借款信息"分组

图 11-6 发起借款单："项目经理审批"分组

图 11-7 发起借款单："部门主管审批"分组

图 11-8 发起借款单："总经理审批"分组

（7）在会计主管审批环节，会计主管需要核实借款人的历史借款以及还款情况，如无欠款，则可以转交出纳进行付款，如图 11-9 所示。

图 11-9 发起借款单："会计主管审批"分组

（8）在出纳付款环节，由企业出纳岗位执行付款并填写付款结果信息，包括"支付金额""支付日期""支付流水号"，如图 11-10 所示。

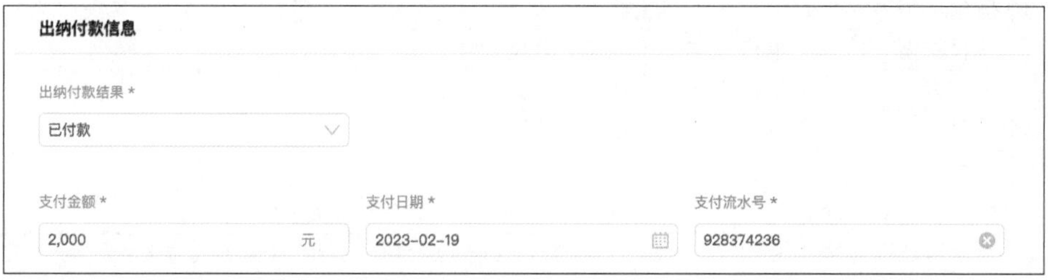

图 11-10 发起借款单："出纳付款信息"分组

（9）出纳完成付款后，该借款单的审批以及付款已经完成。为了跟踪该借款单的还款进度，应用会自动把该借款单的信息同步到"借款单明细"表单中，该表单会持续跟踪并更新借款单的还款情况，如图 11-11 所示。

图 11-11　借款单明细：新增借款单数据

视频讲解

11.3　还款

当员工归还借款时，需要发起还款单流程。在还款单流程中，需要关联对应的借款单，还款人输入还款金额、还款日期并上传还款凭证后，由出纳审核、会计记账后，完成还款单流程。还款单流程经过出纳和会计确认后，还款金额会更新到"借款单明细"表单的已还款金额字段中。如果全部借款金额都已还清，则需要更新借款单的状态为"已完成还款"；如果还款人采用"部分还款"方式，则借款单的状态依然保持为"未完成还款"，直至还清所有借款。

11.3.1　功能开发

"发起还款单"在开发过程中涉及的要点包括：该功能使用流程表单搭建；员工提交"发起还款单"表单后，依次由"出纳"→"会计"审批；"出纳"确认还款到账后，需要更新还款人在"借款单明细"表单中"已还款金额"以及"剩余待还款金额"字段的值，并进一步判断"借款单状态"字段的值是否需要更新为"已完成还款"；"会计"记账结束后，需要在"还款单明细"表单中插入一条还款数据。

（1）为了查询还款单记录以及跟踪还款进度，还款申请审批通过后，需要把还款申请的信息同步到"还款单明细"表单中。新建一个普通表单，命名为：还款单明细，该表单的字段及配置如表单 11-5 所示。

表 11-5　"还款单明细"表单组件构成及设置信息

所在分组	组件名称	组件类型	功能说明及属性设置
	还款单明细	图文展示	(1)表单标题；(2)内容：设置为"还款单明细"
	企业 Logo	图文展示	从全局配置中心中读取企业 Logo 信息
基本信息	基本信息	分组	无
	还款单编号	单行文本	状态：只读
	发起日期	日期	(1)状态：只读；(2)日期格式：年-月-日
	还款人	成员	状态：只读
	还款人工号	单号文本	状态：只读
	岗位	单行文本	状态：只读
关联借款单	借款单编号	单行文本	状态：只读
	项目类型	单行文本	状态：只读
	项目编号	单行文本	状态：只读
	项目名称	单行文本	状态：只读
	借款支付金额	数值	(1)状态：只读；(2)单位：元；(3)小数位数：2
	已还款金额	数值	(1)状态：只读；(2)单位：元；(3)小数位数：2
	剩余待还款金额	数值	(1)状态：只读；(2)单位：元；(3)小数位数：2

续表

所在分组	组件名称	组件类型	功能说明及属性设置
还款信息	还款信息	分组	无
	还款方式	下拉单选	(1)状态:只读;(2)可选项:"一次性还款""部分还款"
	还款日期	日期	(1)状态:只读;(2)日期格式:年-月-日
	还款账号	单行文本	状态:只读
	开户银行	单行文本	状态:只读
	户名	单行文本	状态:只读
	还款金额	数值	状态:只读
	转账凭证附件	附件	状态:只读
系统字段	系统字段	分组	默认隐藏该分组
	userId	单行文本	(1)状态:只读;(2)普通表单模板默认组件

表单组件

(2)新建一个流程表单,命名为:发起还款单,表单样式可参考 11.3.2 节的介绍。

(3)在"流程设计"中,按照图 11-12 的流程设计以及表 11-6 的节点功能说明完成配置。

表 11-6　"发起还款单"流程节点配置

编号	节点名称	节点类型	功能说明及节点设置
S	发起	默认节点	字段权限:保持表单默认设置的状态
1	获取"借款单明细"数据	获取单条数据	按条件过滤数据:"借款单明细"表单的"借款单编号"字段的值等于本表单的"借款单编号"字段的值
2	出纳确认	审批人	(1)审批人:"选择指定角色"设置为"出纳";(2)多人审批方式:或签;(3)审批按钮:启用"同意"按钮,名称修改为"提交";(4)设置字段权限:"出纳确认"分组中的所有组件设置为"可编辑"状态
3.1	确认结果为已到账	条件分支	条件规则:"出纳确认结果"="已到账"
3.2	其他情况	条件分支	无
4	更新"借款单明细"数据	更新数据	(1)选择数据节点:更新"获取'借款单明细'数据"中的数据;(2)更新数据:"已还款金额"的值设为公式:"获取'借款单明细'数据.已还款金额＋出纳确认还款金额";"剩余待还款金额"的值设为公式:"获取'借款单明细'数据.剩余待还款金额－出纳确认还款金额"
5.1	还款金额大于或等于剩余待还款金额	条件分支	条件规则:GE(还款金额,剩余待还款金额)
5.2	其他情况	条件分支	无
6	更新"借款单明细"数据	更新数据	(1)选择数据节点:更新"获取'借款单明细'数据"中的数据;(2)更新数据:"借款单状态"的值设为"已完成还款"
7	会计记账	审批人	(1)审批人:"选择指定角色"设置为"会计";(2)多人审批方式:或签;(3)审批按钮:启用"同意"按钮,名称修改为"提交";(4)设置字段权限:"会计记账"分组中的所有组件设置为"可编辑"状态
8	新增"还款单明细"数据		新增数据:本表单字段的值与"还款单明细"字段的值一一对应
E	结束	默认节点	无

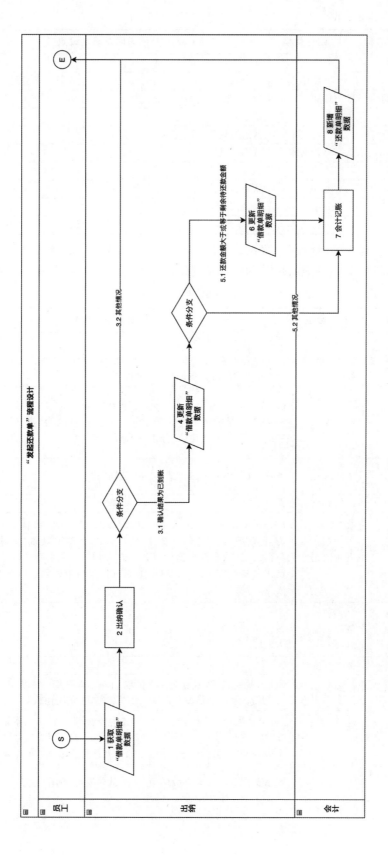

图 11-12 "发起还款单"流程设计

11.3.2 功能介绍

还款功能的相关操作如下：

（1）发起还款单。登录平台，依次选择“费用管理”→“还款”→“还款单”，单击“新增”按钮，即可发起还款单，如图 11-13 所示。

还款单
新增
导出
下载文件
更多
搜索
筛选
显示列
排序
还款单编号
还款单状态
发起日期
还款人
岗位
借款支付金额
还款金额
已还款金额
操作
HK20221218171823
已记账
2022-12-18
史昕
研发
2000
2000.00元
0
详情 | 删除

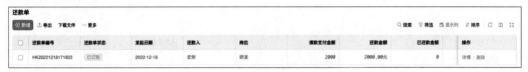

图 11-13 “还款单”管理页面

（2）应用会自动生成“还款单编号”“还款单状态”“发起日期”，并且根据当前登录人自动显示“还款人”“还款人工号”“岗位”信息，如图 11-14 所示。其中，“还款单状态”的可选值及含义如表 11-7 所示。

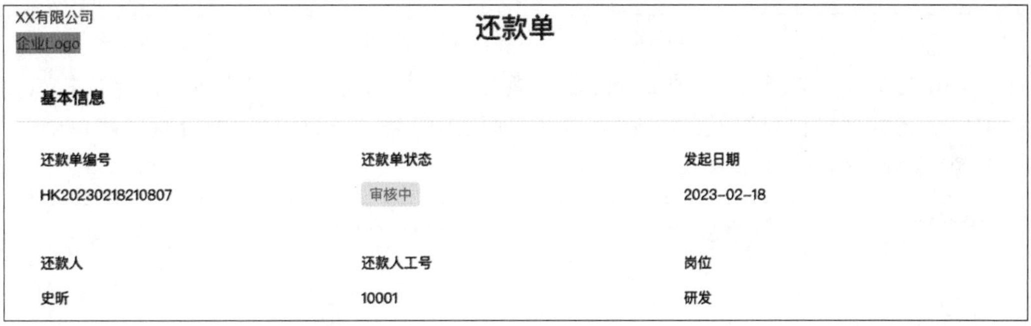
XX有限公司
企业Logo
还款单
基本信息
还款单编号
HK20230218210807
还款单状态
审核中
发起日期
2023-02-18
还款人
史昕
还款人工号
10001
岗位
研发

图 11-14 发起还款单：“基本信息”分组

表 11-7 “还款单状态”的可选值及含义

可 选 项	含 义
审核中	默认值，流程发起后，该还款单的状态为“审核中”
已到账	经出纳确认后，还款款项已到账，该还款单的状态为“已到账”
未到账	经出纳确认后，还款款项未收到，该还款单的状态为“未到账”
已记账	会计已经完成还款记账，该还款单的状态为“已记账”
未记账	会计未完成还款记账，该还款单的状态为“未记账”

（3）选择关联借款单信息。如图 11-15 所示，选择“关联借款单”，应用会自动显示该借款单关联的“项目类型”“项目名称”以及该借款单的“借款支付金额”“已还款金额”“剩余待还款金额”。

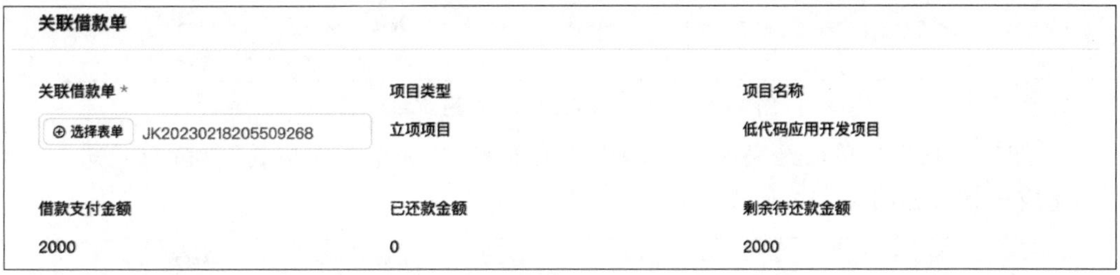
关联借款单
关联借款单 *
选择表单
JK20230218205509268
项目类型
立项项目
项目名称
低代码应用开发项目
借款支付金额
2000
已还款金额
0
剩余待还款金额
2000

图 11-15 发起还款单：“关联借款单”分组

（4）还款人填写还款信息。如图 11-16 所示，在“还款信息”分组中，还款人选择“还款方式"，可以支持"一次性还款"或"部分还款"，然后填写"还款日期""还款账号""开户银行""户名""还款金额"信息，并上传"转账凭证附件"。

图 11-16　发起还款单："还款信息"分组

（5）出纳确认。如图 11-17 所示，还款人填写完还款信息后，流程推进到出纳岗位，由企业出纳确认还款到账情况以及到账金额；出纳确认到账后，应用会自动更新原借款单中的"已还款金额"字段的值。

图 11-17　发起还款单："出纳确认"分组

（6）会计记账。如图 11-18 所示，出纳确认后，流程推进到会计记账环节，由企业会计完成还款的记账工作，更新"会计记账结果"，登记"记账日期"以及"记账凭证编号"。

图 11-18　发起还款单："会计记账"分组

（7）会计记账完成后，应用会自动添加一条还款记录到"还款单明细"表单中，如图 11-19所示。

图 11-19　还款单明细：新增还款单数据

（8）如果关联借款单已经完成还款，则"借款单明细"表单中对应的"借款单状态"将更新为"已完成还款"，如图 11-20 所示。

图 11-20　借款单明细：更新"借款单状态"

11.4　报销

视频讲解

填写报销单是企业中的每个员工都会遇到的工作场景,例如,当员工出差返回常驻地或者发生业务招待费用时,都需要提交报销申请。为了满足企业报销的要求,报销单需要具备如下功能:

(1)能够支持差旅报销单以及通用报销单。差旅报销单专门用于差旅费用的报销,能够填写出差相关信息;通用报销单主要用于业务招待费报销、通讯费报销、交通费报销等非差旅场景的报销。

(2)能够关联项目,从而实现费用的归集。每笔费用都可以归集到一个具体项目,从而用于核算项目的投入产出比。

(3)能够实现根据报销费用金额设置逐级审批。例如,1000 元以下的费用报销只需要项目经理审批,1000 元以上的除了项目经理审批之外,还需要总经理审批。

(4)基于费用科目对报销款项进行分类汇总。为了满足会计记账的要求,每笔报销费用都能够关联预设的费用科目。

(5)支持报销与费用申请关联。为了控制费用发生的真实性,报销需要关联费用申请,例如,差旅费用报销单需要关联已经审批通过的市外出差申请。

11.4.1　功能开发

“发起报销单”在开发过程中涉及的要点包括:该功能使用流程表单搭建;员工提交“发起报销单”表后,依次由“项目经理”→“总经理”→“会计”→“出纳”进行审批;当报销人使用报销款冲销借款时,需要更新“借款单明细”表单中“已还款金额”“剩余待还款金额”字段的值,并根据还款情况修改“借款单状态”,如果已完成还款则需要更新为“已完成还款”。

表单组件

(1)新建一个流程表单,命名为:发起报销单,表单样式可参考 11.4.2 节的介绍。

(2)在“流程设计”中,按照图 11-21 的流程设计以及表 11-8 的节点功能说明完成配置。

表 11-8　“发起报销单”流程节点配置

编号	节点名称	节点类型	功能说明及节点设置
S	发起	默认节点	字段权限:保持表单默认设置的状态
1	项目经理审批	审批人	(1)审批人:“选择表单内成员字段”设置为“项目经理”;(2)审批按钮:启用“同意”按钮,名称修改为“提交”;(3)设置字段权限:“项目经理审批”分组中的所有组件设置为“可编辑”状态
2.1	审批意见为同意	条件分支	条件规则:“项目经理审批意见”=“同意”
2.2	其他情况	条件分支	无

编号	节点名称	节点类型	功能说明及节点设置
3	总经理审批	审批人	（1）审批人："选择指定角色"设置为"总经理"；（2）多人审批方式：或签；（3）审批按钮：启用"同意"按钮，名称修改为"提交"；（4）设置字段权限："总经理审批"分组中的所有组件设置为"可编辑"状态
4.1	审批意见为同意	条件分支	条件规则："总经理审批意见"＝"同意"
4.2	其他情况	条件分支	无
5	会计审批	审批人	（1）审批人："选择指定角色"设置为"会计"；（2）多人审批方式：或签；（3）审批按钮：启用"同意"按钮，名称修改为"提交"；（4）设置字段权限："会计审批"分组中的所有组件设置为"可编辑"状态
6.1	审批意见为同意	条件分支	条件规则："会计审批意见"＝"同意"
6.2	其他情况	条件分支	无
7	出纳付款	审批人	（1）审批人："选择指定角色"设置为"出纳"；（2）多人审批方式：或签；（3）审批按钮：启用"同意"按钮，名称修改为"提交"；（4）设置字段权限："出纳付款"分组中的所有组件设置为"可编辑"状态
8	获取"借款单明细"数据	获取单条数据	按条件过滤数据："借款单明细"表单的"借款单编号"字段的值等于本表单的"借款单编号"字段的值
9.1	本次冲销金额大于 0	条件分支	条件规则："本次冲销金额"＞0
9.2	其他情况	条件分支	无
10	更新"借款单明细"数据	更新数据	（1）选择数据节点：更新"获取'借款单明细'数据"中的数据；（2）更新数据："已还款金额"的值设为公式："获取'借款单明细'数据.已还款金额＋本次冲销金额"；"剩余待还款金额"的值设为公式："获取'借款单明细'数据.剩余待还款金额－本次冲销金额"
11.1	本次冲销金额等于剩余待还款金额	条件分支	条件规则：EQ(本次冲销金额,剩余待还款金额)
11.2	其他情况	条件分支	无
12	更新"借款单明细"数据	更新数据	（1）选择数据节点：更新"获取'借款单明细'数据"中的数据；（2）更新数据："借款单状态"的值设"已完成还款"
E	结束	默认节点	无

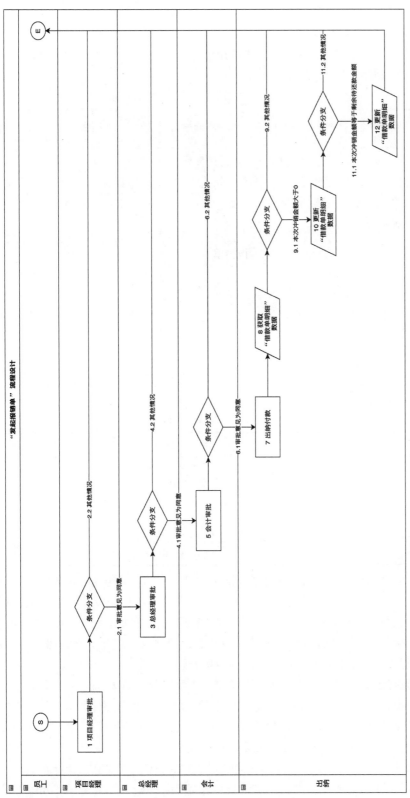

图 11-21　"发起报销单"流程设计

11.4.2　功能介绍

报销功能的相关操作如下：

（1）发起报销单。登录平台，依次选择"费用管理"→"报销"→"报销单"，单击"新增"按钮，即可发起报销单，如图 11-22 所示。

图 11-22　"报销单"管理页面

（2）应用会自动生成"报销单编号""报销单状态"以及"发起日期"，并会根据当前登录人自动显示"报销人""报销人工号""岗位"字段，如图 11-23 所示。其中，"报销单状态"的可选项及含义如表 11-9 所示。

XX有限公司 企业Logo	报销单	
基本信息		
报销单编号	报销单状态	发起日期
BXD20230218213008244	审批中	2023-02-18
报销人	报销人工号	岗位
史昕	10001	研发

图 11-23　发起报销单："基本信息"分组

表 11-9　"报销单状态"的可选项及含义

可　选　项	含　义
审批中	默认值，流程发起后，该报销单的状态为"审批中"
已付款	所有审批人审批通过，会计以及出纳完成票据审核并付款，该报销单的状态为"已付款"
项目经理拒绝	项目经理审批结果为"拒绝"，该报销单的状态为"项目经理拒绝"
总经理拒绝	总经理审批结果为"拒绝"，该报销单的状态为"总经理拒绝"
会计拒绝	会计审批结果为"拒绝"，该报销单的状态为"会计拒绝"
出纳拒绝	出纳审批结果为"无法付款"，该报销单的状态为"出纳拒绝"

（3）在"报销信息"分组中，报销人选择"报销单类型"，其可选项包括"差旅费报销单"以及"通用报销单"，如图 11-24 所示。当选择"差旅费报销单"时，应用会显示"关联出差申请"组件以及"差旅费报销明细"分组中的所有内容；当选择"通用报销单"时，应用会显示"通用报销明细"分组。"项目类型"的可选项包括"立项项目"和"非立项项目"，应用会根据可选项的值切换"关联立项项目"以及"关联非立项项目"组件的隐藏和显示状态。

（4）填写差旅费报销明细。当"报销单类型"选择"差旅费报销单"时，应用会显示"差旅费报销明细"分组，如图 11-25 所示。在该分组中，报销人需要填写本次出差的行程信息，包括"出发日期-结束日期""出发地""出差地""交通方式"。另外，还需要填写"差旅费用明细"，在该子表单中，报销人需要按照"费用科目"的类别对同类的费用进行汇总计算后，填入"申请报销金额"中，"支付金额"此时会自动同步"申请报销金额"的数值，该数值在会计审核环节中，可以根据票据审核的结果进行修改。"合计申请报销金额"字段则会汇总所有"申请报销金额"的值。

图 11-24　发起报销单："报销信息"分组

图 11-25　发起报销单："差旅费报销明细"分组

（5）填写通用报销明细。当"报销单类型"选择"通用报销单"时，会显示"通用报销明细"分组，如图 11-26 所示。在该分组中，报销人需要填写申请报销的费用明细。

图 11-26　发起报销单："通用报销明细"分组

（6）填写"冲销借款"信息。当报销人存在未完成还款的借款单时，需要使用报销款对借款进行冲销。在"冲销借款"分组中，选择"关联借款单"信息，应用会自动带出选中借款单的"借款支付金额""已还款金额""剩余待还款金额"信息，并由报销人填写"本次冲销金额"，如图 11-27 所示。

图 11-27 发起报销单："冲销借款"分组

（7）上传附件。如图 11-28 所示，在"附件"分组中，提供了上传文件的功能，报销人可以按照公司报销的要求上传一些证明材料，例如，发票电子件、支付证明等。

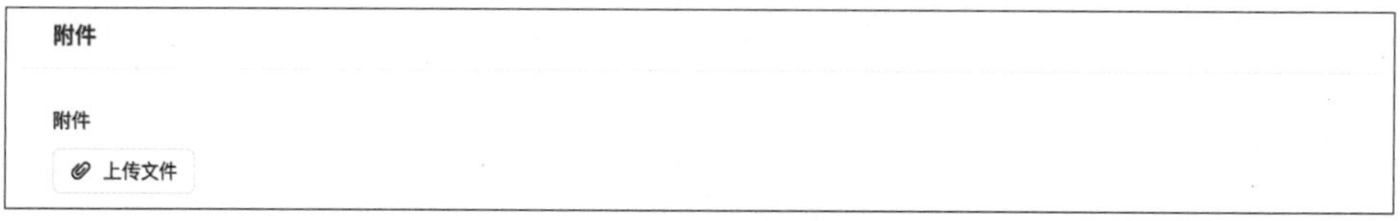

图 11-28 发起报销单："附件"分组

（8）项目经理审批。如图 11-29 所示，报销人填写完毕报销信息后，将由项目经理对该报销单进行业务审核，项目经理审批通过后，该报销单的费用会计算到对应的项目中。

图 11-29 发起报销单："项目经理审批"分组

（9）总经理审批。如图 11-30 所示，项目经理审批通过后，将由总经理进行审批。另外，流程中也可以基于报销金额判断是否需要推进到"总经理审批"环节，从而为不同岗位设置不同的审批额度。

图 11-30 发起报销单："总经理审批"分组

（10）会计审批。如图 11-31 所示，总经理审批通过后，将由会计填写"会计审批意见"，会计审核的内容包括票据的真实性、员工是否存在未还借款等。

会计审批

会计审批意见 *
同意

会计审批备注
同意报销，报销款冲销借款

图 11-31 发起报销单："会计审批"分组

（11）在会计审批环节，"差旅费用明细"以及"报销明细"中的"费用科目""支付金额"字段会变为可编辑状态，会计可以根据票据核实的情况进行修改，如图 11-32 所示。

（12）出纳付款。如图 11-33 所示，会计审核完毕后，报销流程推进到出纳付款环节，出纳会根据会计审核的"支付金额"给报销人进行转账付款操作。

图 11-32　发起报销单：填写"差旅费用明细"

图 11-33　发起报销单："出纳付款"分组

视频讲解

11.5　管理费用

为了便于报销、借款、还款以及付款的管理,本应用提供了分别面向财务岗位以及企业员工的费用报销管理功能。其中,

(1)"管理:财务费用":面向财务岗位,可以对企业全体员工的报销单、借款单、还款单以及付款单进行操作与管理;

(2)"我的:财务费用":面向企业员工,整合每个员工个人的报销单、借款单、还款单相关流程信息。

11.5.1　"管理:财务费用"功能开发

"管理:财务费用"在开发过程中涉及的要点包括:该功能使用自定义页面搭建;数据源包括:"发起报销单""借款单明细""还款单明细""发起付款单";在数据统计卡区,提供"待处理报销单数量""待处理借款单数量""待处理还款单数量""待处理付款单数量"统计数据;在数据详情区,通过切换选项卡,展示企业的"报销单""借款单""还款单""付款单"数据列表,单击记录"详情"按钮跳转至对应的表单详情页。

(1)数据源配置。在"管理:财务费用"自定义页面中按照表 11-10 的内容配置数据源。

表 11-10　"管理:财务费用"的数据源配置及功能说明

数据源名称	数据源类型	数据源配置及功能说明
getBaoXiaoDanInstances	远程 API	从"发起报销单"表单中获取全量数据
getJieKuanDanFormDatas	远程 API	从"借款单明细"表单中获取全量数据
getHuanKuanDanFormDatas	远程 API	从"还款单明细"表单中获取全量数据
getFuKuanDanInstances	远程 API	从"发起付款单"表单中获取全量数据
searchKeyForBaoXiao	变量	"发起报销单"表单搜索条件的变量,默认值:""
searchKeyForJieKuan	变量	"借款单明细"表单搜索条件的变量,默认值:""

数据源名称	数据源类型	数据源配置及功能说明
searchKeyForHuanKuan	变量	"还款单明细"表单搜索条件的变量，默认值：""
searchKeyForFuKuan	变量	"发起付款单"表单搜索条件的变量，默认值：""
dclbxdCount	变量	待处理报销单数量，默认值：0
dcljkdCount	变量	待处理借款单数量，默认值：0
dclhkdCount	变量	待处理还款单数量，默认值：0
dclfkdCount	变量	待处理付款单数量，默认值：0

（2）页面搭建。使用"自定义管理页模板"，复制一个自定义页面，命名为"管理：财务费用"，并按照图 11-35 的内容搭建该页面，并按照表 11-11 完成各个组件的设置。

表 11-11　"管理：财务费用"的组件构成及设置信息

所在区域	组件名称	组件类型	设置说明
页面头	页面头	页面头	（1）主标题："财务费用管理"；（2）副标题："财务专用"
数据统计卡	待处理报销单数量	分组＋文本	（1）名称：待处理报销单数量；（2）文本组件绑定变量 "state. dclbxdCount"
	待处理借款单数量	分组＋文本	（1）名称：待处理借款单数量；（2）文本组件绑定变量 "state. dcljkdCount"
	待处理还款单数量	分组＋文本	（1）名称：待处理还款单数量；（2）文本组件绑定变量 "state. dclhkdCount"
	待处理付款单数量	分组＋文本	（1）名称：待处理付款单数量；（2）文本组件绑定变量 "state. dclfkdCount"
报销单	报销单	选项卡选项	无
	查询条件区	查询	（1）添加查询条件：报销单编号、报销单类型、报销状态、申请人；（2）动作设置："提交时触发的事件"回调函数为 onBXDSubmit()；（3）动作设置："重置按钮单击触发的事件"回调函数为 onBXDReset()
	数据详情区	表格	（1）数据列：报销单编号、申请人、报销单状态、项目类型、报销单类型、合计申请报销金额；（2）数据源：绑定 getBaoXiaoDanInstances；（3）数据主键：设置为 procInsId；（4）操作列："详情"，配置回调函数 onBXDDetail()；（5）动作设置："分页、搜索、排序时触发"回调函数为 onFetchBXDData()
借款单	借款单	选项卡选项	无
	查询条件区	查询	（1）添加查询条件：借款单编号、借款单状态、项目类型、申请人；（2）动作设置："提交时触发的事件"回调函数为 onJKDSubmit()；（3）动作设置："重置按钮单击触发的事件"回调函数为 onJKDReset()
	数据详情区	表格	（1）数据列：借款单编号、申请人、借款单状态、项目类型、借款金额；（2）数据源：绑定 getJieKuanDanFormDatas；（3）数据主键：设置为 formInstId；（4）操作列："详情"，配置回调函数 onJKDDetail()；（5）动作设置："分页、搜索、排序时触发"回调函数为 onFetchJKDData()

续表

所在区域	组件名称	组件类型	设置说明
还款单	还款单	选项卡选项	无
	查询条件区	查询	(1)添加查询条件：还款单编号、还款单状态、项目类型、申请人；(2)动作设置："提交时触发的事件"回调函数为 onHKDSubmit()；(3)动作设置："重置按钮单击触发的事件"回调函数为 onHKDReset()
	数据详情区	表格	(1)数据列：还款单编号、申请人、还款单状态、还款金额、关联借款单编号；(2)数据源：绑定 getHuanKuanDanFormDatas；(3)数据主键：设置为 formInstId；(4)操作列："详情"，配置回调函数 onHKDDetail()；(5)动作设置："分页、搜索、排序时触发"回调函数为 onFetchHKDData()
付款单	付款单	选项卡选项	无
	查询条件区	查询	(1)添加查询条件：付款单编号、付款单状态、申请人；(2)动作设置："提交时触发的事件"回调函数为 onHKDSubmit()；(3)动作设置："重置按钮单击触发的事件"回调函数为 onHKDReset()
	数据详情区	表格	(1)数据列：付款单编号、申请人、付款单状态、实际付款金额、关联采购订单、关联付款计划；(2)数据源：绑定 getFuKuanDanInstances；(3)数据主键：设置为 procInsId；(4)操作列："详情"，配置回调函数 onFKDDetail()；(5)动作设置："分页、搜索、排序时触发"回调函数为 onFetchFKDData()

（3）在动作面板中实现函数功能。在该自定义页面的动作面板中，需要实现的核心函数如表 11-12 所示。

代码

表 11-12　"管理：财务费用"的函数功能说明

函 数 名 称	功 能 说 明
onBXDSubmit()	该函数绑定"报销单"表单的"查询"按钮，单击后会更新 searchKeyForBaoXiao 变量的值，并调用 getBaoXiaoDanInstances 远程 API，查询符合条件的数据
onBXDReset()	该函数绑定"报销单"表单的"重置"按钮，单击后会清空 searchKeyForBaoXiao 变量，并调用 getBaoXiaoDanInstances 远程 API，查询符合条件的数据
onJKDSubmit()	该函数绑定"借款单"表单的"查询"按钮，单击后会更新 searchKeyForJieKuan 变量的值，并调用 getJieKuanDanFormDatas 远程 API，查询符合条件的数据
onJKDReset()	该函数绑定"借款单"表单的"重置"按钮，单击后会清空 searchKeyForJieKuan 变量，并调用 getJieKuanDanFormDatas 远程 API，查询符合条件的数据
onHKDSubmit()	该函数绑定"还款单"表单的"查询"按钮，单击后会更新 searchKeyForHuanKuan 变量的值，并调用 getHuanKuanDanFormDatas 远程 API，查询符合条件的数据
onHKDReset()	该函数绑定"还款单"表单的"重置"按钮，单击后会清空 searchKeyForHuanKuan 变量，并调用 getHuanKuanDanFormDatas 远程 API，查询符合条件的数据
onFKDSubmit()	该函数绑定"付款单"表单的"查询"按钮，单击后会更新 searchKeyForFuKuan 变量的值，并调用 getFuKuanDanInstances 远程 API，查询符合条件的数据
onFKDReset()	该函数绑定"付款单"表单的"重置"按钮，单击后会清空 searchKeyForFuKuan 变量，并调用 getFuKuanDanInstances 远程 API，查询符合条件的数据

续表

函 数 名 称	功 能 说 明
onBXDDetail()	该函数绑定"报销单"表单的"详情"按钮,单击后会跳转"发起报销单"表单的详情页面
onJKDDetail()	该函数绑定"借款单"表单的"详情"按钮,单击后会跳转"借款单明细"表单的详情页面
onHKDDetail()	该函数绑定"还款单"表单的"详情"按钮,单击后会跳转"还款单明细"表单的详情页面
onFKDDetail()	该函数绑定"付款单"表单的"详情"按钮,单击后会跳转"发起付款单"表单的详情页面

11.5.2 "我的:财务费用"功能开发

"我的:财务费用"在开发过程中涉及的要点包括:该功能使用自定义页面搭建;数据源包括"发起报销单""借款单明细""还款单明细";在数据统计卡区,提供"待处理报销单数量""待处理借款单数量""待处理还款单数量"统计数据;在数据详情区,通过选项卡,展示员工个人的"报销单""借款单""还款单",单击记录"详情"按钮跳转至对应的表单详情页。

"我的:财务费用"与"管理:财务费用"页面对比,最大的区别在于在调用远程 API 获取数据时,只获取当前登录人相关的表单。为了实现上述功能,主要需要在调用远程 API 时携带 originatorId 参数,该参数的含义为:根据流程发起人工号查询,并且可以通过"loginUser.userId"获取登录用户的工号。实现方式如图 11-34 所示。

图 11-34 "我的:财务费用"数据源配置

11.5.3 功能介绍

管理费用功能的相关操作如下:

(1)"管理:财务费用"。登录平台,依次选择"费用管理"→"管理费用"→"管理:财务费用"。如图 11-35 所示,在该管理页面中,顶部的数据统计卡区提供了一些需要财务人员重点关注的统计数据,包括"待处理报销单数量""待处理借款单数量""待处理还款单数量""待处理付款单数量";下半部分由 4 个选项卡组成,分别展示"报销单""借款单""还款单""付款单"的查询条件以及列表详情。

图 11-35　"管理：财务费用"页面

　　（2）"我的：财务费用"。登录平台，依次选择"费用管理"→"管理费用"→"我的：财务费用"。如图 11-36 所示，该自定义页面与"管理：财务费用"页面相比，使用方法基本相同，区别在于该页面只能展示当前登录人本人的"报销单""借款单""还款单"，不能查询其他人员的相关数据。

图 11-36　"我的：财务费用"页面

第 12 章

企业采购

采购是每个企业日常运营过程中都会发生的活动,例如,办公用品采购,或者在合同执行过程中向外部单位采购原材料或服务。采购活动涉及到企业资金的对外支付,从企业成本管理的角度来说,管理者需要能够管控企业的采购活动,并保证采购流程的透明化以及合规性。企业采购管理既需要达到成本控制的目的,又需要防止采购过程中存在的商业贿赂行为,因此,采购流程的线上化对于企业来说是必不可少的核心要求之一。"企业采购"应用能够对采购的全生命周期进行管理,覆盖申请、询价、合同签订、下单、验收、付款、收票等各个环节。

我国中小微企业在采购过程中普遍存在采购流程欠缺、采购规范不完善的情况,主要体现在如下几个方面:

(1)采购需求管控不严格。采购需求通常会由业务需求方提出,例如,立项项目中的采购一般会由项目经理提出,采购的品牌、型号等技术参数也由项目经理提供。由于采购执行部门无法准确判断采购的合理性,一旦采购需求存在不合理的情况,假如缺乏有效的管控措施,就会对企业造成损失。

(2)询价不充分,不透明。"货比三家"才能够有效降低企业的采购成本,在企业执行采购的过程中,如果缺乏充分且透明的询价过程,会滋生腐败。

(3)采购订单执行过程欠缺监管。一个采购订单的执行通常会包含多个里程碑,例如,签订合同、发货、到货验收、支付尾款等,采购部门扮演的更多是采购执行角色,每个里程碑是否达成则需要业务需求方进行确认后,才能够根据里程碑完成情况推进付款。

(4)发票管理混乱。绝大多数企业在采购付款过程中,都遵循着"先票后款"的规定,即先收到供应商的付款发票,再付款。因此,需要对每个采购订单对应的发票进行妥善管理。

(5)采购数据互联互通不畅。在企业内部,采购工作并不是一项由采购团队独立完成的工作,例如,合同签订需要法务团队参与,付款需要财务团队参与。由于涉及到的流程比较长、人员岗位比较多,如果没有信息化系统的支撑,将会出现采购数据流转不畅,采购信息不准确的情况。

视频讲解

12.1 应用概述

"企业采购"应用主要包括"采购申请""询价""订单管理""合同""接收(验收)""收票""付款"7个模块。该应用的功能架构图如图 12-1 所示,功能列表如表 12-1 所示。

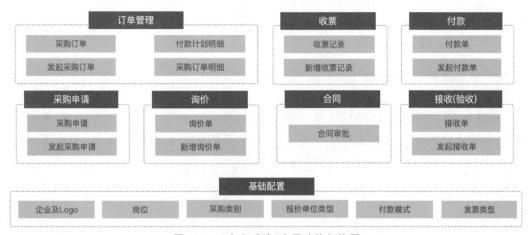

图 12-1　"企业采购"应用功能架构图

表 12-1　"企业采购"应用功能列表

目录	功能菜单	类型	使用用户	功能说明
采购申请	采购申请	数据管理页	业务需求方	"发起采购申请"表单的数据管理页,业务需求方对采购申请进行增、删、改、查操作
	发起采购申请	流程表单	业务需求方	发起采购申请,默认为隐藏状态
询价	询价单	数据管理页	采购团队	"新增询价单"表单的数据管理页,管理所有采购申请的询价单
	新增询价单	普通表单	采购团队	新增询价单,默认为隐藏状态
合同	合同审批	链接	业务需求方	发起采购合同审批流程,链接到"合同管理"应用的"合同审批"菜单
订单管理	采购订单	数据管理页	业务需求方	"发起采购订单"表单的数据管理页,采购订单的管理页面
	发起采购订单	流程表单	业务需求方	发起采购订单,默认为隐藏状态
	采购订单明细	普通表单	系统管理员	查看所有采购订单的明细及执行进度
	付款计划明细	普通表单	采购团队	查看所有采购订单的付款计划以及执行情况
接收(验收)	接收单	数据管理页	业务需求方	"发起接收单"表单的数据管理页,管理所有接收单
	发起接收单	流程表单	业务需求方	发起接收单,默认为隐藏状态
收票	收票记录	数据管理页	财务团队	"新增收票记录"表单的数据管理页,管理采购活动中收到的供应商发票
	新增收票记录	普通表单	财务团队	新增收票记录,默认为隐藏状态
付款	付款单	数据管理页	业务需求方	"发起付款单"表单的数据管理页,对所有付款单进行增、删、改、查操作
	发起付款单	流程表单	业务需求方	发起付款单,默认为隐藏状态

"企业采购"应用具有如下优势以及特色:

(1)满足中小微企业采购闭环管理的要求。覆盖采购申请、询价单、合同签订、采购订单、接收、收票、付款等采购中的各个环节,实现对企业采购的闭环管理要求。

(2)采购流程线上化审批,采购金额透明化。采购中的各个环节都通过钉钉完成线上流程的发起与审批,实现采购流程的线上化。同时涉及询价、合同、付款等与资金相关的内容,均在应用中进行归档,减少采购腐败发生的可能性。

(3)串联采购活动中相关的各个岗位。打通采购合同签订、合同付款等需要其他岗位协同的工作,实现采购数据在企业内部各个岗位进行流转。

视频讲解

12.2　采购申请

采购申请通常被称作 PR(Purchase Request)。当业务需求方需要向外部供应商采购货物或服务时,首先需要发起采购申请。采购申请的发起人通常是某个业务的主要负责人,例如,项目经理。采购申请发起后,经过部门主管、采购主管以及公司领导审批,即可由采购部门实施采购操作。发起采购申请的目的在于明确此次采购的必要性,避免不必要的浪费。

12.2.1　功能开发

"发起采购申请"在开发过程中涉及的要点包括：该功能使用流程表单搭建;业务需求方提交"发起采购申请"表单后,依次由"需求提出部门主管"→"采购主管"→"总经理"进行审批。

表单组件

(1)新建一个流程表单,命名为：发起采购申请,表单样式可参考 12.2.2 节的介绍。

(2)在"流程设计"中,按照图 12-2 的流程设计以及表 12-2 的节点功能说明完成配置。

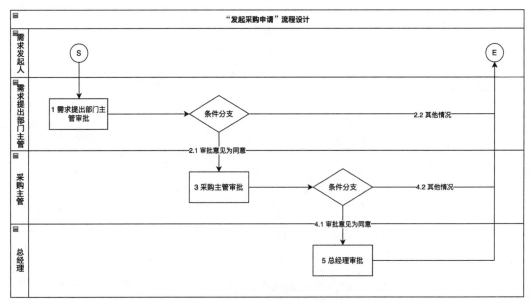

图 12-2　"发起采购申请"流程设计

表 12-2　"发起采购申请"流程节点配置

编号	节点名称	节点类型	功能说明及节点设置
S	发起	默认节点	字段权限：保持表单默认设置的状态
1	需求提出部门主管审批	审批人	(1)审批人："选择表单内成员字段"设置为"需求提出部门主管";(2)审批按钮：启用"同意"按钮,名称修改为"提交";(3)设置字段权限："需求提出部门主管审批意见""需求提出部门主管审批备注"组件设置为"可编辑"状态
2.1	审批意见为同意	条件分支	条件规则："需求提出部门主管审批意见"="同意"
2.2	其他情况	条件分支	无

编号	节点名称	节点类型	功能说明及节点设置
3	采购主管审批	审批人	(1)审批人:"选择指定角色"设置为"采购主管";(2)多人审批方式:或签;(3)审批按钮:启用"同意"按钮,名称修改为"提交";(4)设置字段权限:"采购主管审批意见"分组中的所有组件设置为"可编辑"状态
4.1	审批意见为同意	条件分支	条件规则:"采购主管审批意见"="同意"
4.2	其他情况	条件分支	无
5	总经理审批	审批人	(1)审批人:"选择指定角色"设置为"总经理";(2)多人审批方式:或签;(3)审批按钮:启用"同意"按钮,名称修改为"提交";(4)设置字段权限:"总经理审批意见"分组中的所有组件设置为"可编辑"状态
E	结束	默认节点	无

12.2.2　功能介绍

采购申请功能的相关操作如下:

(1)发起采购申请。登录平台,依次选择"企业采购"→"采购申请"→"采购申请",单击"新增"按钮,即可发起采购申请,如图 12-3 所示。

图 12-3　"采购申请"管理页面

(2)填写采购申请单基本信息。如图 12-4 所示,应用会自动生成"采购申请单编号(PR)""PR 审批状态""发起日期",并且根据当前登录人自动显示"发起人"。发起人需要选择"费用归属部门"以及"费用归属公司",填写"申请说明"并选择"关联立项项目"或者"关联非立项项

图 12-4　发起采购申请单:"基本信息"分组

目"(二选一)。如果已发起过其他的采购申请与本次采购申请有关联,则可以选择"关联已有采购申请"。其中,"PR审批状态"的可选值及说明如表12-3所示。

表12-3 "PR审批状态"的可选值及含义

可 选 项	含 义
审批中	默认值,流程发起后,该采购申请流程的状态为"审批中"
已通过	需求部门主管、采购主管以及总经理审批通过后,该采购申请流程的状态为"已通过"
需求部门主管拒绝	需求部门主管审批结果为"拒绝"时,该采购申请流程的状态为"需求部门主管拒绝"
采购主管拒绝	采购主管审批结果为"拒绝"时,该采购申请流程的状态为"采购主管拒绝"
总经理拒绝	总经理审批结果为"拒绝"时,该采购申请流程的状态为"总经理拒绝"

(3)填写采购需求明细。如图12-5所示,在"采购需求明细"分组中,可以添加多类物资,每类物资都需要填写"采购类别(大类)""品牌、型号及规格说明""参考单价""数量""计量单位"信息。

图12-5 发起采购申请单:"采购需求明细"分组

(4)填写本次采购的其他信息。如图12-6所示,在"其他信息"分组中,需要选择"是否指定供应商采购",当选择"是"时,业务需求方需要填写"指定供应商名称"以及"指定供应商采购原因",从而为后续的审批提供依据。

图12-6 发起采购申请单:"其他信息"分组

(5)需求提出部门主管审批。如图12-7所示,当业务需求方提交采购申请后,首先会由本部门的主管进行审批。

图12-7 发起采购申请单:"需求提出部门意见"分组

（6）采购主管审批。如图 12-8 所示，需求提出部门主管审批通过后，流程推进到采购主管审批环节。

图 12-8　发起采购申请单："采购主管审批意见"分组

（7）总经理审批。如图 12-9 所示，采购主管审批完成后，将由总经理完成最终审批，总经理审批通过后，该采购申请流程结束。

图 12-9　发起采购申请单："总经理审批意见"分组

12.3　询价

采购申请审批通过后，将由采购团队向潜在供应商发起询价。对于非指定供应商的采购来说，通常需要"货比三家"，所有潜在供应商的报价单都可以在询价单中进行登记，从而为发起采购订单提供依据。

视频讲解

12.3.1　功能开发

"新增询价单"在开发过程中涉及的要点包括：该功能使用普通表单搭建；询价表需要登记采购申请基本信息，并使用子表单登记多家供应商的报价信息。可参考 12.3.2 节的介绍搭建该表单页面。

表单组件

12.3.2　功能介绍

询价功能的相关操作如下：

（1）新增询价单。登录平台，依次选择"企业采购"→"询价"→"询价单"，单击"新增"按钮，即可新增询价单，如图 12-10 所示。

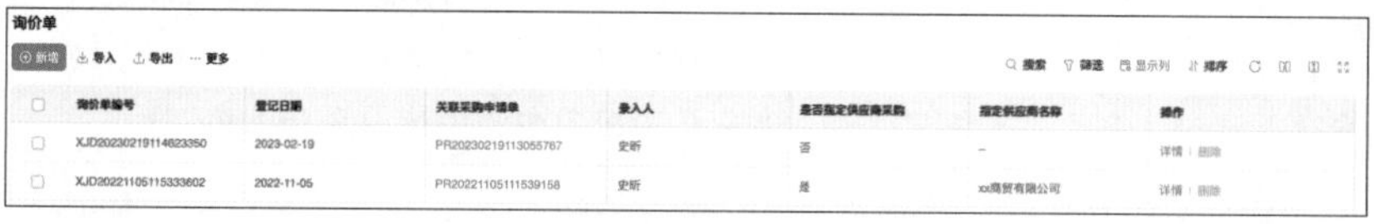

图 12-10　"询价单"管理页面

（2）在"基本信息"分组中，应用会自动生成"询价单编号""登记日期""录入人"，并需要选择"关联采购申请单"，如图 12-11 所示。"关联采购申请单"的状态必须为"已通过"状态，应用会根据采购申请单中的信息自动填写"是否指定供应商采购"以及"指定供应商名称"。

（3）填写询价明细。在询价明细中，需要录入每一家潜在供应商的报价信息，包括"报价单位""报价单位类型""报价日期""报价有效截止日期""报价单""报价单位联系人及联系方式""我方单位询价人""备注"。由于询价结果相关信息比较多，因此子表单可以采用"平铺方式"，从而可以直观显示更多信息。

图 12-11　新增询价单："基本信息"分组

视频讲解

12.4　订单管理

采购订单通常也称作 PO(Purchase Order)。询价完成后,经过企业内部的协商会选定供应商,然后由业务需求方发起采购订单审批流程。采购订单是采购工作的核心,采购申请、询价以及合同签订都是采购订单的前置准备工作,而接收(验收)、付款、收票都是采购订单完成后的后置工作。在采购订单审批流程中,需要关联已经完成的采购申请、询价单以及合同信息,并且需要明确采购金额、付款计划、采购明细等信息。从企业管理的角度来说,采购订单不仅需要完成审批,还需要持续跟踪采购订单的执行情况,从而测算企业的应付账款金额,做好现金流储备。

12.4.1　功能开发

"发起采购订单"在开发过程中涉及的要点包括:该功能使用流程表单搭建;业务需求方提交"发起采购订单"表后,依次由"需求部门主管"→"总经理"进行审批;使用普通表单搭建"采购订单明细""付款计划明细"表单,"总经理"通过审批后,需要在"采购订单明细"及"付款计划明细"表单中同步数据,分别用于采购订单及付款计划的执行跟踪;"付款计划明细"表单中"基本信息"分组的数据来自于"发起采购订单"流程,"接收信息"分组的数据来自于"发起接收单"流程,"付款信息"分组的数据来自于"发起付款单"流程。

(1)新建一个普通表单,命名为:付款计划明细,按照表 12-4 添加组件并完成对每个组件的属性设置。

表 12-4　"付款计划明细"表单组件构成及设置信息

所在分组	组件名称	组件类型	功能说明及属性设置
	付款计划	图文展示	(1)表单标题;(2)内容:设置为"付款计划"
	企业 Logo	图文展示	从全局配置中心中读取企业 Logo 信息
基本信息	基本信息	分组	无
	付款计划编号	单行文本	状态:只读
	付款计划状态	下拉单选	(1)状态:只读;(2)可选项:"已审批"(默认选中)、"已接收"和"已完成付款"
	关联采购订单编号	单行文本	状态:只读
	关联合同编号	单行文本	状态:只读
	计划付款日期	日期	状态:只读
	计划付款金额	数值	(1)状态:只读;(2)单位:元;(3)小数位数:2;(4)千位分隔:是
	付款名目	单行文本	状态:只读
	付款条件	单行文本	状态:只读

续表

所在分组	组件名称	组件类型	功能说明及属性设置
接收信息	接收信息	分组	无
	接收状态	下拉单选	(1)状态：只读；(2)可选项："未接收"(默认选中)、"已接收"和"拒绝接收"
	关联接收申请编号	单行文本	状态：只读
付款信息	付款信息	分组	无
	已付款金额	数值	(1)状态：只读；(2)单位：元；(3)小数位数：2；(4)千位分隔：是
	待付款金额	数值	(1)状态：只读；(2)单位：元；(3)小数位数：2；(4)千位分隔：是
系统字段	系统字段	分组	默认隐藏该分组
	userId	单行文本	(1)状态：只读；(2)普通表单模板默认字段

（2）新建一个普通表单，命名为：采购订单明细，按照表 12-5 添加组件并完成对每个组件的属性设置。

表 12-5　"采购订单明细"表单组件构成及设置信息

所在分组	组件名称	组件类型	功能说明及属性设置
	采购订单明细	图文展示	(1)表单标题；(2)内容：设置为"采购订单明细"
	企业 Logo	图文展示	从全局配置中心中读取企业 Logo 信息
基本信息	基本信息	分组	无
	采购订单编号	单行文本	状态：只读
	采购订单状态	下拉单选	(1)状态：只读；(2)可选项："执行中"(默认选中)、"已完成付款"和"中止执行"
	创建日期	单行文本	状态：只读
	关联采购申请单编号	单行文本	状态：只读
	关联询价单编号	单行文本	状态：只读
	关联合同编号	单行文本	状态：只读
	业务需求方	单行文本	状态：只读
	我方公司	下拉单选	(1)状态：只读；(2)选项类型：选择"关联其他表单数据"，关联"单位信息"表
供应商信息	供应商信息	分组	无
	供应商名称	单行文本	状态：只读
	税号	单行文本	状态：只读
	开票名称	单行文本	状态：只读
	单位地址	单行文本	状态：只读
	电话	单行文本	状态：只读
	开户银行	单行文本	状态：只读
	银行账户	单行文本	状态：只读
采购订单金额	采购订单金额	分组	无
	订单金额	数值	(1)状态：只读；(2)单位：元；(3)小数位数：2；(4)千位分隔：是
	已付款金额	数值	(1)状态：只读；(2)单位：元；(3)小数位数：2；(4)千位分隔：是

续表

所在分组	组件名称	组件类型	功能说明及属性设置
采购订单金额	已收票金额	数值	(1)状态：只读；(2)单位：元；(3)小数位数：2；(4)千位分隔：是
系统字段	系统字段	分组	默认隐藏该分组
	userId	单行文本	(1)状态：只读；(2)普通表单模板默认字段

表单组件

（3）新建一个流程表单,命名为：发起采购订单,表单样式可参考12.4.2节的介绍。

（4）在"流程设计"中,按照图12-12的流程设计以及表12-6的节点功能说明完成配置。

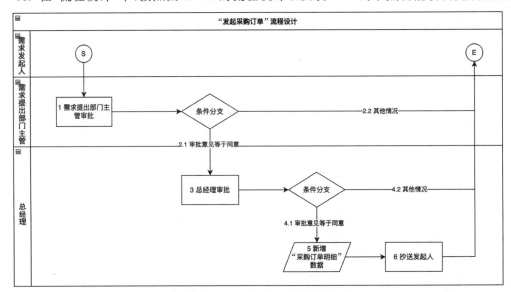

图 12-12 "发起采购订单"流程设计

表 12-6 "发起采购订单"流程节点配置

编号	节点名称	节点类型	功能说明及节点设置
S	发起	默认节点	字段权限：保持表单默认设置的状态
1	需求提出部门主管审批	审批人	(1)审批人："选择表单内成员字段"设置为"需求提出部门主管"；(2)审批按钮：启用"同意"按钮,名称修改为"提交"；(3)设置字段权限："需求提出部门主管审批意见""需求提出部门主管审批备注"组件设置为"可编辑"状态
2.1	审批意见为同意	条件分支	条件规则："需求提出部门主管审批意见"="同意"
2.2	其他情况	条件分支	无
3	总经理审批	审批人	(1)审批人："选择指定角色"设置为"总经理"；(2)多人审批方式：或签；(3)审批按钮：启用"同意"按钮,名称修改为"提交"；(4)设置字段权限："总经理审批意见"分组中的所有组件设置为"可编辑"状态
4.1	审批意见为同意	条件分支	条件规则："总经理审批意见"="同意"
4.2	其他情况	条件分支	无
5	新增"采购订单明细"数据	新增数据	新增数据：本表单"采购明细"子表单字段的值与"采购订单明细"字段的值一一对应
6	抄送发起人	抄送人	流程结束,审批结果抄送采购订单发起人
E	结束	默认节点	无

（5）同步付款计划明细数据。流程审批通过后,需要将"付款计划"子表单中的付款计划同步到"付款计划明细"表单中。由于涉及到子表单数据的读取和操作,因此需要在"流程设计"的"全局设置"中添加"节点提交规则"。规则如图 12-13 所示。

图 12-13　添加节点提交规则:新增"付款计划明细"数据

12.4.2　功能介绍

订单管理功能的相关操作如下:

（1）发起采购订单。登录平台,依次选择"企业采购"→"订单管理"→"采购订单",单击"新增"按钮,即可发起采购订单,如图 12-14 所示。

图 12-14　"采购订单"管理页面

（2）填写采购订单基本信息。如图 12-15 所示,应用会自动生成"采购订单编号""采购订单审批状态""发起日期",业务需求方需要选择"关联采购申请单""关联询价单""关联合同""我方公司",因此在发起采购订单之前,需要完成采购申请单审批、询价单录入并完成合同的签订和归档。其中,"采购订单审批状态"的可选值及说明如表 12-7 所示。

图 12-15　发起采购订单:"基本信息"分组

表 12-7　"采购订单审批状态"的可选值及含义

可　选　项	含　　义
审批中	默认值,流程发起后,该采购订单的状态为"审批中"
已生效	采购订单审批通过后的状态为"已生效"

可 选 项	含 义
需求提出部门主管拒绝	需求提出部门主管的审批意见为"拒绝"时,该采购申请的状态为"需求提出部门主管拒绝"
总经理拒绝	总经理的审批意见为"拒绝"时,该采购申请的状态为"总经理拒绝"

（3）填写供应商信息。如图 12-16 所示,询价结束后,在采购订单中,需要选择中标的供应商,如果该供应商还未登记,需要单击"新增外部单位",在跳转页面中添加供应商信息。

图 12-16 发起采购订单："供应商信息"分组

（4）填写采购订单金额。如图 12-17 所示,根据合同约定的金额填写"订单金额",默认情况下,"已付款金额"和"已收票金额"均为 0。

图 12-17 发起采购订单："采购订单金额"分组

（5）填写订单的付款计划。选择"付款模式",可选项包括"里程碑付款模式""一次性付款模式""周期付款模式",可以满足企业多种付款模式的需求。在"付款计划明细"中,按照约定填写付款计划,每条付款计划需要填写"计划付款日期""计划付款金额""付款名目""付款条件",应用会自动合并多条付款计划的"计划付款金额",并显示在"累计计划付款金额"中,如图 12-18 所示。

图 12-18 发起采购订单："付款计划"分组

（6）填写采购明细。如图 12-19 所示,在"采购明细"分组中,填写采购明细信息,包括"采购类别（大类）""采购类别（小类）""品牌、型号及规格说明""含税单价""数量"信息。

采购明细
采购明细
序号
* 采购类别(大类)
* 采购类别(小类)
* 品牌、型号及规格说明
* 含税单价
操作
1
货物类
固定资产
华为matebook笔记本
4,999
元
删除
新增一项

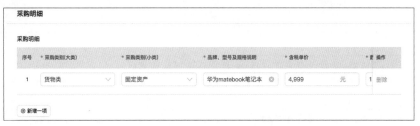

图 12-19　发起采购订单："采购明细"分组

(7) 需求提出部门主管审批。如图 12-20 所示，业务需求方提交采购订单后，将由需求提出部门主管审批。

需求提出部门意见
需求提出部门主管
史昕
需求提出部门主管审批意见 *
同意
需求提出部门主管审批备注
同意采购

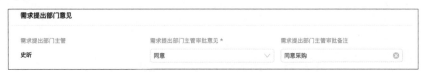

图 12-20　发起采购订单："需求提出部门意见"分组

(8) 总经理审批。如图 12-21 所示，需求提出部门主管审批通过后，流程将推进到总经理审批环节，总经理审批通过，整个采购订单审批完成，采购订单状态为"已生效"。

总经理审批意见
总经理审批意见 *
同意
总经理审批备注
同意采购

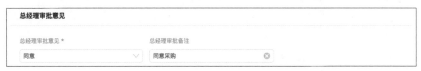

图 12-21　发起采购订单："总经理审批意见"分组

(9) 为了跟踪采购订单的执行以及付款，在采购订单流程审批通过后，应用会自动根据采购订单中的信息创建"付款计划明细"用于跟踪付款进度。如图 12-22 所示，当采购订单完成审批后，在"付款计划明细"表单中会自动新增付款计划，单击付款计划右侧的"详情"按钮，可以查看付款计划详情。

付款计划明细
新增
导入
导出
更多
搜索
筛选
显示列
排序
付款计划编号
付款计划状态
计划付款日期
计划付款金额
已付款金额
待付款金额
付款名目
付款条件
关联采购订单编号
操作
FKJH20230219120212333
已审批
2023-02-20
4,999.00元
0.00元
4,999.00元
货款，一次性支付
合同签订
PO20230219120212333
详情
删除

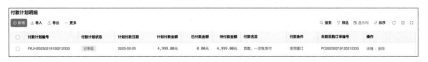

图 12-22　"付款计划明细"管理页面

(10) 查看付款计划详情。如图 12-23 所示，在付款计划中主要包括本次付款的"基本信息""接收信息""付款信息"。其中，"基本信息"主要用于记录本次付款计划所关联的采购订单编号以及合同，并记录当前"付款计划状态"。其中，"付款计划状态"的可选值及说明如表 12-8 所示。

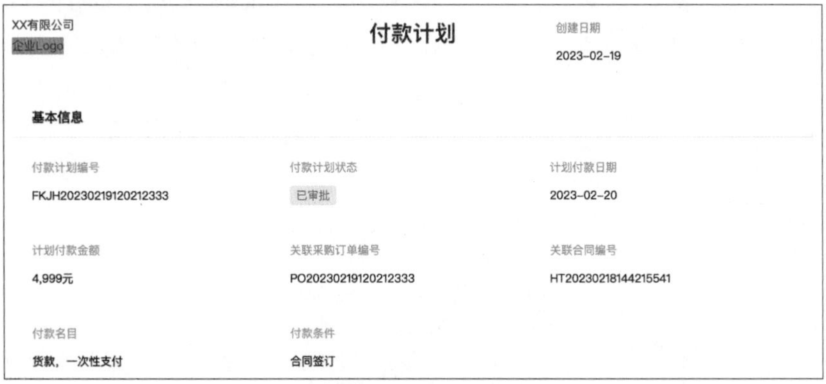

XX有限公司
企业Logo
付款计划
创建日期
2023-02-19
基本信息
付款计划编号
FKJH20230219120212333
付款计划状态
已审批
计划付款日期
2023-02-20
计划付款金额
4,999元
关联采购订单编号
PO20230219120212333
关联合同编号
HT20230218144215541
付款名目
货款，一次性支付
付款条件
合同签订

图 12-23　发起采购订单："基本信息"分组

表 12-8　"付款计划状态"的可选项及含义

可选项	含　　义
已审批	默认值，采购订单审批通过后，自动新增付款计划时，该付款计划的状态为"已审批"
已接收	接收部门已确认达成付款条件，确认接收，在"发起接收单"审批通过后，更新为"已接收"状态
已完成付款	财务已完成付款，在"发起付款单"完成审批并付款后，更新为"已完成付款"状态

（11）付款计划的"接收信息"。由"发起接收单"流程进行修改，当接收单完成审批后，将更新接收信息中的"接收状态"以及"关联接收申请编号"字段信息，如图 12-24 所示。

图 12-24　发起采购订单："接收信息"分组

（12）付款计划中的"付款信息"。由"发起付款单"流程进行修改，当付款单完成审批并付款后，将更新付款信息中的"已付款金额""待付款金额"，如图 12-25 所示。

图 12-25　发起采购订单："付款信息"分组

视频讲解

12.5　接收（验收）

不论采购的是实物还是服务，在付款之前，都需要业务需求方确认达成付款条件，例如，实物类货到验收、服务类满足服务 SLA（Service Level Agreement，服务等级协议）的要求。业务需求方需要针对每个付款计划的达成情况进行确认，如果已达成即可"发起接收单"进行验收。如果涉及到实物采购的，还涉及到仓库保管员进行入库操作。

12.5.1　功能开发

"发起接收单"在开发过程中涉及的要点包括：该功能使用流程表单搭建；业务需求方提交"发起接收单"表单后，依次由"需求部门主管"→"仓库管理员"进行审批；"需求部门主管"进行审批后，需要更新"付款计划明细"表单中"接收状态""关联接收申请编号""付款计划状态"字段的值。

（1）新建一个流程表单，命名为：发起接收单，表单样式可参考 12.5.2 节的介绍。

（2）在"流程设计"中，按照图 12-26 的流程设计以及表 12-9 的流程节点完成配置。

表单组件

表 12-9　"发起接收单"流程节点配置

编号	节点名称	节点类型	功能说明及节点设置
S	发起	默认节点	字段权限：保持表单默认设置的状态
1	获取"付款计划明细"数据	获取单条数据	按条件过滤数据："付款计划明细"表单的"付款计划编号"字段的值等于本表单的"付款计划编号"字段的值
2	需求部门主管审批	审批人	(1)审批人："选择表单内成员字段"设置为"需求部门主管"；(2)审批按钮：启用"同意"按钮，名称修改为"提交"；(3)设置字段权限："需求部门主管审批意见""需求部门主管审批备注"组件设置为"可编辑"状态

编号	节点名称	节点类型	功能说明及节点设置
3.1	审批意见等于同意	条件分支	条件规则："需求部门主管审批意见"="同意"
3.2	其他情况	条件分支	无
4	更新"付款计划明细"数据	更新数据	(1)选择数据节点：更新"获取'付款计划明细'数据"中的数据； (2)更新数据："接收状态"的值设为"已接收""关联接收申请编号"的值设为"接收单编号""付款计划状态"的值设为"已接收"
5	更新"付款计划明细"数据	更新数据	(1)选择数据节点：更新"获取'新增付款计划'数据"中的数据； (2)更新数据："接收状态"的值设为"拒绝接收""关联接收申请编号"的值设为"接收单编号"
6.1	是否需要入库等于是	条件分支	条件规则："是否需要入库"="是"
6.2	其他情况	条件分支	无
7	仓库管理员入库	审批人	(1)审批人："选择指定角色"设置为"仓库管理员"；(2)多人审批方式：或签；(3)审批按钮：启用"同意"按钮，名称修改为"提交"；(4)设置字段权限："仓库管理员入库"分组中的所有组件设置为"可编辑"状态
E	结束	默认节点	无

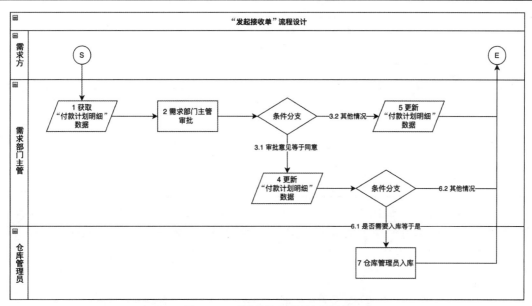

图 12-26　"发起接收单"流程设计

12.5.2　功能介绍

接收(验收)功能的相关操作如下：

(1) 发起接收单。登录平台，依次选择"企业采购"→"接收(验收)"→"接收单"，单击"新增"，即可发起接收单，如图 12-27 所示。

(2) 填写基本信息。如图 12-28 所示，在"基本信息"分组中，应用会自动生成"接收单编号""接收单状态""发起日期"，并且根据当前登录人自动显示"发起人""发起人工号""岗位"。其中，"接收单状态"的可选值及说明如表 12-10 所示。发起人需要选择"关联采购申请单""关

图 12-27 "接收单"管理页面

联采购订单""关联付款计划"。如果为实物,则"是否需要入库"选择"是",在审批过程中,需要仓库保管员完成入库操作。

图 12-28 发起接收单:"基本信息"分组

表 12-10 "接收单状态"的可选项及说明

可 选 项	含 义
审批中	默认值,流程发起后,该接收单的状态为"审批中"
已审批	需求部门主管确认接收内容后,该接收单的状态为"已审批"
已入库	仓库保管员完成实物的入库后,该接收单的状态为"已入库"
无法入库	仓库保管员选择"无法入库"时,该接收单的状态为"无法入库"
无须入库	对于无须入库的接收物,经过仓库保管员确认后,该接收单的状态为"无须入库"
需求部门主管审批拒绝	需求部门主管审批结果为"拒绝"时,该接收单的状态为"需求部门主管审批拒绝"

（3）填写接收明细。如图 12-29 所示,发起人填写本次接收内容的明细,包括"采购类别（大类）""采购类别（小类）""接收物品牌、型号及规格""数量""数量单位""接收时间"。

图 12-29 发起接收单:"接收明细"分组

（4）需求部门主管确认。如图 12-30 所示,发起人提交流程后,接收单将由需求部门主管进行审批。

（5）仓库管理员入库。如图 12-31 所示,需求部门主管确认接收后,流程推进到仓库管理员入库环节,由仓库管理员填写接收物的入库情况。

图 12-30　发起接收单："需求部门接收确认"分组

图 12-31　发起接收单："仓库管理员入库"分组

（6）自动更新"付款计划明细"表单中的"接收信息"。如图 12-32 所示，在接收单完成审批后，应用会自动更新该接收单关联付款计划的"接收状态"，并且在"关联接收申请编号"中填入本接收单的编号。

图 12-32　更新"付款计划明细"表单中的"接收信息"

12.6　收票

视频讲解

绝大多数企业的付款流程都需要供应商先提供发票，再根据发票上的金额进行支付。因此，当企业收到供应商开具的发票时，需要对发票进行及时登记，并在后续的付款单中关联已登记的发票。对于收到的发票，除了登记发票的基本信息之外，还需要关联某个具体的采购订单，从而区分该发票用于支付哪个采购订单的费用。

12.6.1　功能开发

表单组件

"新增收票记录"在开发过程中涉及的要点包括：该功能使用普通表单搭建；收票记录需要登记发票的基本信息，关联一个采购订单，并提供一个附件组件存储发票信息扫描件。可参考 12.6.2 节的介绍搭建该表单页面。

12.6.2　功能介绍

收票功能的相关操作如下：

（1）新增收票记录。登录平台，依次选择"企业采购"→"收票"→"收票记录"，单击"新增"按钮，即可新增收票记录，如图 12-33 所示。

图 12-33　"收票记录"管理页面

（2）填写收票记录基本信息。如图 12-34 所示，应用会自动生成"收票记录编号""发票状态""登记日期"，并且需要财务选择本发票对应的"关联采购订单"信息。其中，"发票状态"的可选值及说明如表 12-11 所示。

图 12-34   新增收票记录："基本信息"分组

表 12-11   "发票状态"的可选项及含义

可 选 项	含 义
待付款	默认值，发票添加后的默认状态为"待付款"
已付款	已关联某个付款单流程，并已完成付款，该发票状态为"已付款"
已退票	已登记过的发票如果发生退票情况，则需要财务手工更新该发票的状态为"已退票"

（3）填写发票信息。如图 12-35 所示，在"发票信息"分组中，需要选择"发票类型"，并根据收到的发票信息填写"开票单位名称""发票编号""含税价格""不含税价格""税额""税率""开票日期"，并上传"发票扫描件"。

图 12-35   新增收票记录："发票信息"分组

12.7   付款

视频讲解

在完成接收并收到发票后，就可以由业务需求方发起付款单，经过需求部门主管审批、总经理审批后，即可进入财务付款环节。付款单完成后，需要更新已登记发票的状态，从"待付款"变更为"已付款"。同时，需要更新"采购订单明细"以及"付款计划明细"表单中的已支付金额，从而为后续统计应付账款的总额提供准确数据。

12.7.1   功能开发

"发起付款单"在开发过程中涉及的要点包括：该功能使用流程表单搭建；业务需求方提交"发起付款单"表单后，依次由"需求部门主管"→"总经理"→"财务"→"出纳"进行审批；"出纳"通过审批后，需要更新"新增收票记录"表单中"发票状态"字段的值，更新为"已付款"，使用"节点提交规则"实现；"出纳"通过审批后，需要更新"付款计划明细"表单中"已付款金额""待付款金额""付款计划状态"字段的值；"出纳"通过审批后，需要更新"采购订单明细"表单中"已付款金额""采购订单状态"字段的值，如果该采购订单的所有款项均已支付，则需要更新"采购订单状态"为"已完成付款"。

表单组件

（1）新建一个流程表单，命名为：发起付款单，表单样式可参考 12.7.2 节的介绍。

（2）在"流程设计"中，按照图 12-36 的流程设计以及表 12-12 的节点功能说明完成配置。

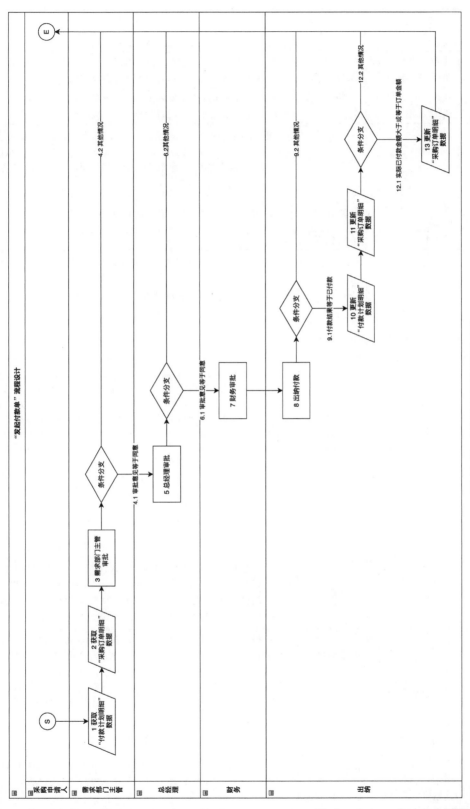

图 12-36　"发起付款单"流程设计

表 12-12 "发起付款单"流程节点配置

编号	节点名称	节点类型	功能说明及节点设置
S	发起	默认节点	字段权限：保持表单默认设置的状态
1	获取"付款计划明细"数据	获取单条数据	按条件过滤数据："付款计划明细"表单的"付款计划编号"字段的值等于本表单的"付款计划编号"字段的值
2	获取"采购订单明细"数据	获取单条数据	按条件过滤数据："采购订单明细"表单的"采购订单编号"字段的值等于本表单的"采购订单编号"字段的值
3	需求部门主管审批	审批人	(1)审批人："选择表单内成员字段"设置为"需求部门主管"；(2)审批按钮：启用"同意"按钮，名称修改为"提交"；(3)设置字段权限："需求部门主管审批意见""需求部门主管审批备注"组件设置为"可编辑"状态
4.1	审批意见等于同意	条件分支	条件规则："需求部门主管审批意见"="同意"
4.2	其他情况	条件分支	无
5	总经理审批	审批人	(1)审批人："选择指定角色"设置为"总经理"；(2)多人审批方式：或签；(3)审批按钮：启用"同意"按钮，名称修改为"提交"；(4)设置字段权限："总经理审批"分组中的所有组件设置为"可编辑"状态
6.1	审批意见等于同意	条件分支	条件规则："总经理审批结果"="同意"
6.2	其他情况	条件分支	无
7	财务审批	审批人	(1)审批人："选择指定角色"设置为"财务"；(2)多人审批方式：或签；(3)审批按钮：启用"同意"按钮，名称修改为"提交"；(4)设置字段权限："财务审核"分组中的所有组件设置为"可编辑"状态
8	出纳付款	审批人	(1)审批人："选择指定角色"设置为"出纳"；(2)多人审批方式：或签；(3)审批按钮：启用"同意"按钮，名称修改为"提交"；(4)设置字段权限："出纳付款"分组中的所有组件设置为"可编辑"状态
9.1	审批结果为同意	条件分支	条件规则："付款结果"="已付款"
9.2	其他情况	条件分支	无
10	更新"付款计划明细"数据	更新数据	(1)选择数据节点：更新"获取'付款计划明细'数据"中的数据；(2)更新数据："已付款金额"的值设为"实际付款金额""待付款金额"的值设为公式："获取'付款计划明细'数据. 待付款金额-实际付款金额""付款计划状态"的值设为"已完成付款"
11	更新"采购订单明细"数据	更新数据	(1)选择数据节点：更新"获取'采购订单明细'数据"中的数据；(2)更新数据："已付款金额"的值设为公式："获取'采购订单明细'数据.已付款金额＋实际付款金额"
12.1	实际已付款金额大于或等于订单金额	条件分支	公式：GE(获取"采购订单明细"数据.已付款金额＋实际付款金额,订单金额)
12.2	其他情况	条件分支	无
13	更新"采购订单明细"数据	更新数据	(1)选择数据节点：更新"获取'采购订单明细'数据"中的数据；(2)更新数据："采购订单状态"的值设为"已完成付款"
E	结束	默认节点	无

（3）更新"新增收票记录"表单中"收票记录"字段的状态。在"流程设计"的"全局设置"中，添加"节点提交规则"，在出纳审批通过后，从"收票记录"子表单中获取收票记录信息，并更新"新增收票记录"中"发票状态"字段的状态为"已付款"。实现方法如图 12-37 所示。

图 12-37　添加节点提交规则：更新"新增收票记录"中"发票状态"字段的状态为"已付款"

12.7.2　功能介绍

付款功能的相关操作如下：

（1）发起付款单。登录平台，依次选择"企业采购"→"付款"→"付款单"，单击"新增"按钮，即可发起付款单，如图 12-38 所示。

图 12-38　"付款单"管理页面

（2）填写付款单基本信息。如图 12-39 所示，应用会自动生成"付款单编号""付款单状态""发起日期"，并且根据当前登录人自动显示"付款申请人""付款申请人工号""岗位"。其中，"付款单状态"的可选值及说明如表 12-13 所示。

图 12-39　发起付款单："基本信息"分组

表 12-13　"付款单状态"的可选项及含义

可　选　项	含　　义
审批中	默认值，流程发起后，该付款单的状态为"审批中"
已审批	付款单经过需求部门主管以及总经理审批后，该付款单的状态为"已审批"
已付款	付款单完成付款后，该付款单的状态为"已付款"
需求部门主管审批拒绝	需求部门主管审批结果为"拒绝"，该付款单的状态变更为"需求部门主管审批拒绝"
总经理审批拒绝	总经理审批结果为"拒绝"，该付款单的状态变更为"总经理审批拒绝"
出纳拒绝	在出纳付款环节，出纳选择付款结果为"拒绝付款"时，该付款单的状态变为"出纳拒绝"

（3）填写收款人信息。如图 12-40 所示，在"收款人信息"分组中，选择"关联采购订单"，应用会自动填充该采购订单的供应商信息以及订单信息。

图 12-40　发起付款单："收款人信息"分组

（4）填写付款计划信息。如图 12-41 所示，在"关联付款计划"中选择该采购订单中状态为"已接收"的付款计划，并填写"本次付款申请支付金额"。

图 12-41　发起付款单："付款计划信息"分组

（5）需求部门主管审批。如图 12-42 所示，付款申请人提交付款申请后，将首先由需求部门主管进行审批。

图 12-42　发起付款单："需求部门审批"分组

（6）总经理审批。如图 12-43 所示，需求部门主管审批后，将由总经理审批。总经理审批通过后，该付款申请的流程状态变更为"已审批"。

图 12-43　发起付款单："总经理审批"分组

（7）填写财务审核信息。如图 12-44 所示，在财务审核分组中，由企业会计选择一个"待付款"状态的收票记录，并填写"财务审核金额"以及"财务审核收票金额说明"。

（8）出纳填写付款信息。如图 12-45 所示，在"出纳付款"分组中，由企业出纳根据财务审核金额进行费用支付，并记录实际支付的结果。

（9）出纳付款成功后，应用会自动更新关联收票记录的状态，从"待付款"更新为"已付款"，如图 12-46 所示。

（10）出纳付款成功后，应用会同步更新"付款计划明细"表单中的"已付款金额""待付款金额""付款计划状态"字段的值，如图 12-47 所示。

图 12-44　发起付款单："财务审核"分组

图 12-45　发起付款单："出纳付款"分组

图 12-46　关联收票记录的"发票状态"更新为"已付款"

图 12-47　更新"付款计划明细"表单中的"已付款金额""待付款金额""付款计划状态"字段

（11）出纳付款成功后，除了更新收票记录状态之外，还需要根据实际付款金额，更新"采购订单明细"表单中的"已付款金额"，从而跟踪订单的整体支付情况，如图 12-48 所示。

图 12-48　更新"采购订单明细"表单中的"已付款金额"

第 13 章

固定资产管理

固定资产的管理与办公用品的管理相比存在很大的不同。从资产管理员的角度来看，固定资产管理涉及采购、借用、归还、维修、检修、出售、报修、盘点等多个环节，每个固定资产都需要进行全生命周期的管理；从财务岗位的角度来看，固定资产需要作为"资产类"进行管理，每月需要进行折旧计算。随着企业的运营发展，对固定资产的管理要求会越来越高，传统的管理方式效率低下且容易因为人员工作失误导致资产信息账实不符的情况发生。"固定资产管理"应用围绕固定资产的整个生命周期，实现了从采购、借用、归还、维修直至报废的一体化管理，使得固定资产的各个管理环节可以紧密联系，管理流程可以更加科学有效，为中小微企业的固定资产管理提供了更加便捷的管理工具，有助于提高企业的工作效益。

我国的中小微企业在固定资产管理方面，普遍存在如下问题与挑战：

（1）家底不清。随着企业的发展，企业内部的固定资产数量越来越多，传统的 Excel 记录方式无法对固定资产的明细、种类、所在地点、使用人等信息进行及时、精确的管理。

（2）账实不符。固定资产与普通的办公用品不同，同一个固定资产在其整个使用周期内，会发生多次的借用、归还操作，如果不能对固定资产的借用及归还操作进行登记，则会造成固定资产登记册上账实不符的情况发生。

（3）管理不明。对于高净值的固定资产来说，例如，精密仪器、车辆等，均需要定期进行检修，如果不能按时进行维护，则会大大减少固定资产的使用寿命，进而给企业带来损失。

（4）处置不当。固定资产的处置涉及固定资产的价值评估，如果缺乏透明的处置流程，则容易造成资产不当流失。

（5）盘点困难。盘点速度慢，容易出现错盘、漏盘的情况。

13.1 应用概述

视频讲解

"固定资产管理"应用包括"登记""借用""归还""出售""维修""检修""报废""盘点""管理固定资产"9 个模块，该应用的功能架构图如图 13-1 所示，功能列表及说明如表 13-1 所示。

表 13-1 "固定资产管理"应用功能列表

目录	功能菜单	类型	使用用户	功能说明
登记	固定资产登记册	数据管理页	固定资产管理员	"新增固定资产"表单的数据管理页，企业全部固定资产明细查询与修改
	新增固定资产	普通表单	固定资产管理员	新增固定资产，默认为隐藏状态

目录	功能菜单	类型	使用用户	功能说明
借用	借用单	数据管理页	企业员工	"发起借用单"表单的数据管理页,管理固定资产借用申请单
	发起借用单	流程表单	企业员工	发起固定资产借用申请单,默认为隐藏状态
归还	归还单	数据管理页	企业员工	"发起归还单"表单的数据管理页,管理固定资产归还申请单
	发起归还单	流程表单	企业员工	发起固定资产归还申请单,默认为隐藏状态
维修	故障维修单	数据管理页	企业员工	"发起故障维修单"表单的数据管理页,管理固定资产维修申请单
	发起故障维修单	流程表单	企业员工	发起固定资产维修申请单,默认为隐藏状态
检修	定期检修单	数据管理页	固定资产管理员	"发起定期检修单"表单的数据管理页,管理固定资产定期检修单
	发起定期检修单	流程表单	固定资产管理员	发起固定资产定期检修单,默认为隐藏状态
出售	出售单	数据管理页	固定资产管理员	"发起出售单"表单的数据管理页,管理固定资产出售申请单
	发起出售单	流程表单	固定资产管理员	发起固定资产出售申请单,默认为隐藏状态
报废	报废单	数据管理页	固定资产管理员	"发起报废单"表单的数据管理页,管理固定资产报废单
	发起报废单	流程表单	固定资产管理员	发起固定资产报废单,默认为隐藏状态
盘点	盘点	自定义页面	固定资产管理员	用于固定资产的盘点操作
管理固定资产	管理:固定资产	自定义页面	固定资产管理员	提供用于统一管理固定资产的自定义页面
	固定资产详情	自定义页面	固定资产管理员	查看某一固定资产的全部信息,整合该固定资产的借用、归还、维修、检修、出售、报废等信息,默认隐藏

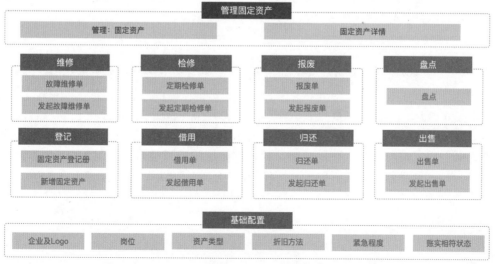

图 13-1　"固定资产管理"应用功能架构图

"固定资产管理"应用在中小微企业应用过程中,有如下优势及特色:

(1) 固定资产全生命周期管理。前期支撑固定资产的采购,包括采购申请、询价、合同签订、下订、验收入库等;中期支撑固定资产的日常使用,包括借用、归还、维修、检修、盘点等操作;末期支撑固定资产的处置,包括报废、出售等。

(2) 借/还线上化审批,解决账实不符的问题。固定资产的借用与归还均需要提交线上审批流程,审批通过后,固定资产登记册会同步更新固定资产的当前使用人、借用时间以及所在部门等信息。

(3) 日常检修自动提醒。针对需要定期检修的固定资产,能够根据检修周期进行定时提醒,提醒固定资产管理员及时进行检修,提升固定资产的使用寿命。

(4) 随时随地盘点。基于手机端应用,可以随时进行固定资产的盘点。

(5) 提升企业固定资产管理水平。通过信息化的工具,提升对企业固定资产的管理水平,方便准确地统计企业固定资产的现状以及价值。

视频讲解

13.2　登记

固定资产登记册是企业管理固定资产的"台账"。企业购置或获赠固定资产后,需要首先将固定资产登记在册,包括固定资产的基本信息、价值信息、检修与维护信息等。在固定资产的使用过程中,需要随时更新固定资产的使用状态、借用人、所在地以及盘点信息。对于财务岗位来说,在固定资产登记册中,需要记录固定资产的原值、获得日期、折旧方法、残值率、折旧年限等信息,从而每月核算"累计折旧"金额。

13.2.1　功能开发

表单组件

"新增固定资产"在开发过程中涉及的要点包括:该功能使用普通表单搭建;固定资产需要登记固定资产的基本信息、资产的价值信息、保养与维护信息等,"采购"的固定资产需要关联采购信息。可参考 13.2.2 节的介绍搭建该表单页面。

13.2.2　功能介绍

固定资产登记功能的相关操作如下:

(1) 新增固定资产。登录平台,依次选择"固定资产"→"登记"→"固定资产登记册",单击"新增"按钮,即可发起新增固定资产信息,如图 13-2 所示。

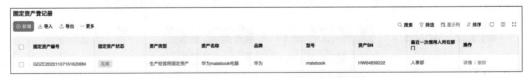

图 13-2　"固定资产登记册"管理页面

(2) 填写固定资产基本信息。如图 13-3 所示,在"基本信息"分组中,应用会自动生成"固定资产编号""固定资产状态""登记日期",并且需要固定资产管理员填写"资产名称""品牌""型号""资产 SN""来源""出厂日期",并选择"资产类型"。其中,"固定资产状态"的可选值及说明如表 13-2 所示。

XX有限公司
企业Logo

固定资产登记

基本信息

固定资产编号	固定资产状态 *	登记日期
GDZC20221107161620884	在库 ⌄	2022-11-07

资产名称 *	品牌 *	型号 *
华为matebook电脑 ⊗	华为 ⊗	matebook ⊗

资产SN	来源 *	出厂日期
HW64839222 ⊗	购入 ⌄	2022-11-05 📅

资产类型 *
生产经营用固定资产 ⌄

图 13-3　新增固定资产：“基本信息”分组

表 13-2　“固定资产状态”的可选项及含义

可选项	含　　义
在库	默认值,固定资产入库后为“在库”状态
已借用	当固定资产被借用后,借用单审批通过,固定资产的状态为“已借用”
维修中	当固定资产在维修过程中,状态为“维修中”
无法维修	当固定资产故障严重无法维修时,状态为“无法维修”
检修中	当固定资产处于定期检修过程中,状态为“检修中”
检修异常	当固定资产定期检修后,检修结果为“已检修：建议维修”或“已检修：建议报废”时,状态为“检修异常”
已报废	固定资产报废申请单审批通过后,状态为“已报废”
已处置	固定资产出售申请单审批通过后,状态为“已处置”
丢失	当固定资产盘点过程中发现丢失时,需要更新该固定资产状态为“丢失”

（3）填写采购信息。如图 13-4 所示,当固定资产的“来源”选择“购入”时,需要在“采购信息”分组中填写“关联采购申请”“关联采购订单”“关联接收单”信息。

采购信息

关联采购申请	关联采购订单	关联接收单
⊕ 选择表单　PR20221105111539158	⊕ 选择表单　PO20221106110907564	⊕ 选择表单　JSD20221106112214912

图 13-4　新增固定资产：“采购信息”分组

（4）填写资产价值。如图 13-5 所示,为了计算固定资产折旧信息,固定资产管理员填写资产价值信息,包括“资产原值”“获得日期”“折旧方法”“残值率”“折旧年限（折算为月份）”信息,应用会根据上述信息自动计算“月折旧金额”。

（5）填写资产管理信息。如图 13-6 所示,在“资产管理信息”分组中的字段,应用会根据每次借用或盘点的操作结果,自动更新借用或盘点信息。

（6）填写保养与维护信息。如图 13-7 所示,在“保养与维护”分组中,固定资产管理员填写该固定资产的维保信息,包括“维保截止日期”“维保服务商”“联系人及联系方式”。对于需要定期检修的固定资产,在录入固定资产信息时,需要录入“下次检修计划日期”,定期检修单会持续更新该字段的值。

资产价值

资产原值 *	获得日期 *	折旧方法
4999 元	2022-11-07	平均年限法

残值率	折旧年限(折算为月份)	月折旧金额
5 %	60 月	79.15元

累计折旧金额	现值	
0元	4999元	

图 13-5　新增固定资产："资产价值"分组

资产管理信息

最近一次借用人	最近一次借用人所在部门	最近一次借用日期
⊕ 选择人员　史昕(10001)	⊕ 选择部门　人事部	2023-01-16

账实相符状态	最近一次盘点日期	
账实相符	2022-11-09	

账实不符情况说明	账实不符盘点日期	
--	--	

图 13-6　新增固定资产："资产管理信息"分组

保养与维护

维保截止日期 *	维保服务商	联系人及联系方式
2023-11-06	南京XX商贸公司	张经理 1333333000

是否需要定期检修 *	最近一次检修日期	下次检修计划日期 *
是	2022-11-07	2023-02-19

图 13-7　新增固定资产："保养与维护"分组

视频讲解

13.3　借用

　　"在库"状态的固定资产,企业员工可以发起借用申请,经过部门主管审批通过后,申请人可以联系固定资产管理员领取固定资产。申请人领取完成后,该固定资产的状态应变更为"已借用",并且在固定资产登记册中需要记录当前的使用人、所在部门以及借用时间。"已借用"状态下的固定资产,不能被其他人员再次借用,需要当前使用人归还后,才能够再次发起借用申请。

13.3.1　功能开发

　　"发起借用单"在开发过程中涉及的要点包括：该功能使用流程表单搭建；员工提交"发起借用单"表单后,依次由"借用人主管"→"固定资产管理员"进行审批；固定资产管理员通过审批后,需要更新固定资产在"新增固定资产"表单中"固定资产状态""最近一次借用人""最近一次借用人所在部门""最近一次借用日期"字段的值。

表单组件

　　(1)新建一个流程表单,命名为：发起借用单,表单样式可参考 13.3.2 节的介绍。

　　(2)在"流程设计"中,按照图 13-8 的流程设计以及表 13-3 的节点功能说明完成配置。

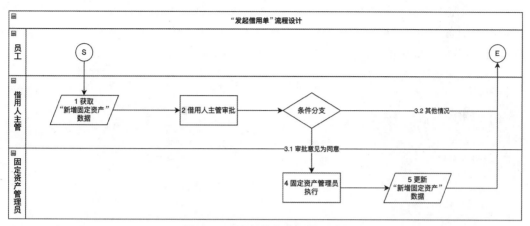

图 13-8　"发起借用单"流程设计

表 13-3　"发起借用单"流程节点配置

编号	节点名称	节点类型	功能说明及节点设置
S	发起	默认节点	字段权限：保持表单默认设置的状态
1	获取"新增固定资产"数据	获取单条数据	按条件过滤数据："新增固定资产"表单的"固定资产编号"字段的值等于本表单的"固定资产编号"字段的值
2	借用人主管审批	审批人	(1)审批人："选择表单内成员字段"设置为"借用人主管"；(2)审批按钮：启用"同意"按钮，名称修改为"提交"；(3)设置字段权限："借用人主管审批意见""备注"组件设置为"可编辑"状态
3.1	审批意见为同意	条件分支	条件规则："借用人主管审批意见"="同意"
3.2	其他情况	条件分支	无
4	固定资产管理员执行	审批人	(1)审批人："选择指定角色"设置为"固定资产管理员"；(2)多人审批方式：或签；(3)审批按钮：启用"同意"按钮，名称修改为"提交"；(4)设置字段权限："固定资产管理员执行"分组中的所有组件设置为"可编辑"状态
5	更新"新增固定资产"数据	更新数据	(1)选择数据节点：更新"获取'新增固定资产'数据"中的数据；(2)更新数据："固定资产状态"的值设为"已借用"；"最近一次借用人"的值设为"借用人"；"最近一次借用人所在部门"的值设为"借用人所在部门"；"最近一次借用日期"的值设为"借用日期"
E	结束	默认节点	无

13.3.2　功能介绍

固定资产借用功能的相关操作如下：

（1）发起借用单。登录平台，依次选择"固定资产"→"借用"→"借用单"，单击"新增"按钮，即可发起固定资产借用申请单，如图 13-9 所示。

图 13-9　"借用单"管理页面

（2）填写基本信息。如图 13-10 所示，在"基本信息"分组中，应用会自动生成"借用单编号""借用单状态""发起日期"，并且根据当前登录人自动显示"借用人""借用人工号""借用人所在部门"。其中，"借用单状态"的可选值及说明如表 13-4 所示。

XX有限公司 企业Logo	固定资产借用申请单	
基本信息		
借用单编号	借用单状态	发起日期
JYD20230219202537680	审批中	2023-02-19
借用人	借用人工号	借用人所在部门
史昕(10001)	10001	人事部

图 13-10　发起借用单："基本信息"分组

表 13-4　"借用单状态"的可选项及含义

可　选　项	含　　义
审批中	默认值，流程发起后，该借用单的状态为"审批中"
已借用	流程审批完成，借用人领用固定资产后，该借用单的状态为"已借用"
无法借用	固定资产管理员在发放固定资产时，如果发现无法被领用，该借用单的状态为"无法借用"
借用人主管拒绝	借用人主管审批意见为"拒绝"时，该流程的状态为"借用人主管拒绝"

（3）选择借用的固定资产。如图 13-11 所示，在"关联固定资产"中，选择需要借用的固定资产，应用会自动填写该固定资产相关的信息，借用人应该填写"预计归还日期"。

借用固定资产信息		
关联固定资产 *	预计归还日期 *	
⊕ 选择表单　GDZC20221107161620884	2023-02-28	
资产名称	品牌	型号
华为matebook电脑	华为	matebook
资产SN	来源	出厂日期
HW64839222	购入	2022-11-05
资产类型	资产原值	购入日期
生产经营用固定资产	4999	2022-11-07

图 13-11　发起借用单："借用固定资产信息"分组

（4）借用人主管审批。如图 13-12 所示，借用人提交借用申请单后，会首先由借用人主管进行审批。

借用人主管审批		
借用人主管	借用人主管审批意见 *	备注
史昕	同意 ∨	同意领用 ⊗

图 13-12　发起借用单："借用人主管审批"分组

（5）固定资产管理员发放资产。如图 13-13 所示，借用人主管审批通过后，将由固定资产管理员发放申请的固定资产，并填写"借用状态""借用日期""备注"信息。

图 13-13　发起借用单："固定资产管理员执行"分组

（6）固定资产借用申请单审批结束后，在固定资产登记册中该固定资产的状态变更为"已借用"，如图 13-14 所示。

图 13-14　"固定资产登记册"中的"固定资产状态"变更为"已借用"

13.4　归还

视频讲解

员工归还借用的固定资产时，需要由借用人发起固定资产归还申请单，经固定资产管理员确认后，即可完成归还操作。归还成功后，该固定资产的状态变为"在库"状态，可以被其他人继续借用。

13.4.1　功能开发

"发起归还单"在开发过程中涉及的要点包括：该功能使用流程表单搭建；员工提交"发起归还单"表单后，由"固定资产管理员"进行审批；固定资产管理员审批通过后，需要将固定资产在"新增固定资产"表单中"固定资产状态"字段的值更新为"在库"状态。

表单组件

（1）新建一个流程表单，命名为：发起归还单，表单样式可参考 13.4.2 节的介绍。

（2）在"流程设计"中，按照图 13-15 的流程设计以及表 13-5 的节点功能说明完成配置。

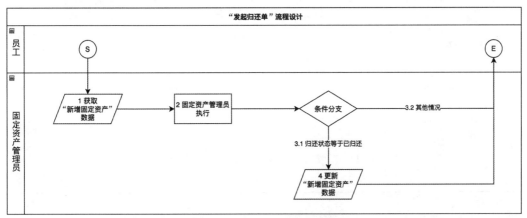

图 13-15　"发起归还单"流程设计

表 13-5　流程节点配置

编号	节点名称	节点类型	功能说明及节点设置
S	发起	默认节点	字段权限：保持表单默认设置的状态
1	获取"新增固定资产"数据	获取单条数据	按条件过滤数据："新增固定资产"表单的"固定资产编号"字段的值等于本表单的"固定资产编号"字段的值
2	固定资产管理员执行	审批人	（1）审批人："选择指定角色"设置为"固定资产管理员"；（2）多人审批方式：或签；（3）审批按钮：启用"同意"按钮，名称修改为"提交"；（4）设置字段权限："固定资产管理员执行"分组中的所有组件设置为"可编辑"状态

编号	节点名称	节点类型	功能说明及节点设置
3.1	归还状态等于已归还	条件分支	条件规则："归还状态"="已归还"
3.2	其他情况	条件分支	无
4	更新"新增固定资产"数据	更新数据	(1)选择数据节点：更新"获取'新增固定资产'数据"中的数据； (2)更新数据："固定资产状态"的值设为"在库"
E	结束	默认节点	无

13.4.2　功能介绍

固定资产归还功能的相关操作如下：

（1）发起归还单。登录平台，依次选择"固定资产"→"归还"→"归还单"，单击"新增"按钮，即可发起固定资产归还申请单，如图13-16所示。

图13-16　"归还单"管理页面

（2）填写固定资产归还申请单基本信息。如图13-17所示，在"基本信息"分组中，应用会自动生成"归还单编号""归还单状态""发起日期"，并且根据当前登录人自动显示"归还人""归还人工号""归还人所在部门"。其中，"归还单状态"的可选值及说明如表13-6所示。

XX有限公司 企业Logo	固定资产归还申请单	
归还人信息		
归还单编号 GHD20230219204159996	归还单状态 审批中	发起日期 2023-02-19
归还人 史昕	归还人工号 10001	归还人所在部门 人事部

图13-17　发起归还单："归还人信息"分组

表13-6　"归还单状态"的可选项及含义

可　选　项	含　义
审批中	默认值，流程发起后，该归还申请单的状态为"审批中"
已归还	固定资产管理员确认资产已入库后，该归还申请单的状态为"已归还"
无法归还	固定资产无法归还时，需要固定资产管理员设置归还流程的状态为"无法归还"

（3）选择需要归还的固定资产。如图13-18所示，在"关联固定资产"中，选择需要归还的固定资产，该固定资产状态需为"已借用"状态，应用会自动填写该固定资产的详细信息。

（4）固定资产管理员确认归还结果。借用人提交归还申请后，由固定资产管理员填写"归还状态"。当归还状态选择"已归还"时，需要同时输入"归还日期"，如图13-19所示；当归还状态选择"无法归还"时，需要输入"无法归还原因"。

（5）归还申请单经过固定资产管理员确认已归还后，该固定资产在固定资产登记册中的状态更新为"在库"，并可以被其他人员再次借用，如图13-20所示。

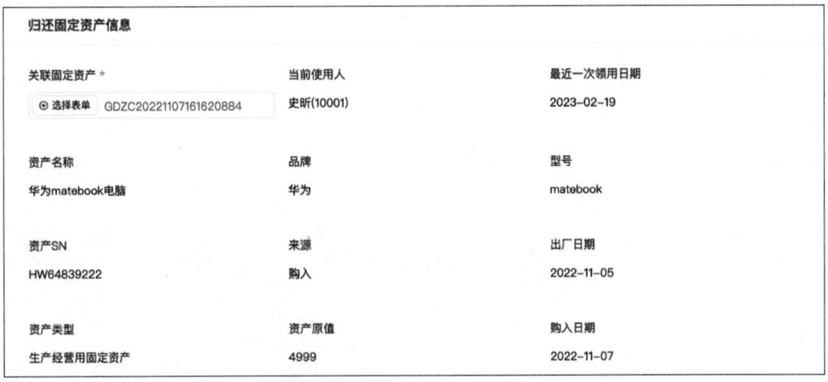

图 13-18　发起归还单："归还固定资产信息"分组

图 13-19　发起归还单："固定资产管理员执行"分组

图 13-20　"固定资产登记册"中"固定资产状态"更新为"在库"

13.5　维修

视频讲解

当借用的固定资产发生故障时,需要提交维修申请单,通知固定资产管理员进行维修或联系厂家进行维修。假如出现严重故障无法维修时,固定资产管理员可以说明维修情况,并发起固定资产报废申请。

13.5.1　功能开发

"发起故障维修"在开发过程中涉及的要点包括:该功能使用流程表单搭建;员工提交"发起故障维修"表单后,由"固定资产管理员"进行审批;员工提交"发起故障维修"表单后,需要将该固定资产在"新增固定资产"表单中"固定资产状态"的值更新为"维修中";固定资产管理员审批完成后,需要根据维修结果更新固定资产在"新增固定资产"表单中"固定资产状态"字段的值,更新为"已借用"或"无法维修"。

（1）新建一个流程表单,命名为:发起故障维修,表单样式可参考 13.5.2 节的介绍。

（2）在"流程设计"中,按照图 13-21 的流程设计以及表 13-7 的节点功能说明完成配置。

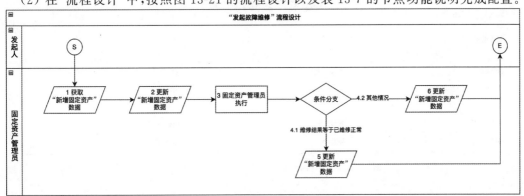

表单组件

图 13-21　"发起故障维修"流程设计

表 13-7 "发起故障维修"流程节点配置

编号	节点名称	节点类型	功能说明及节点设置
S	发起	默认节点	字段权限：保持表单默认设置的状态
1	获取"新增固定资产"数据	获取单条数据	按条件过滤数据："新增固定资产"表单的"固定资产编号"字段的值等于本表单的"固定资产编号"字段的值
2	更新"新增固定资产"数据	更新数据	(1)选择数据节点：更新"获取'新增固定资产'数据"中的数据；(2)更新数据："固定资产状态"的值设为"维修中"
3	固定资产管理员执行	审批人	(1)审批人："选择指定角色"设置为"固定资产管理员"；(2)多人审批方式：或签；(3)审批按钮：启用"同意"按钮，名称修改为"提交"；(4)设置字段权限："维修结果"分组中的所有组件设置为"可编辑"状态
4.1	维修结果等于已维修正常	条件分支	条件规则："维修结果"＝"已维修正常"
4.2	其他情况	条件分支	无
5	更新"新增固定资产"数据	更新数据	(1)选择数据节点：更新"获取'新增固定资产'数据"中的数据；(2)更新数据："固定资产状态"的值设为"已借用"
6	更新"新增固定资产"数据	更新数据	(1)选择数据节点：更新"获取'新增固定资产'数据"中的数据；(2)更新数据："固定资产状态"的值设为"无法维修"
E	结束	默认节点	无

13.5.2 功能介绍

固定资产维修功能的相关操作如下：

（1）发起维修申请。登录平台，依次选择"固定资产"→"维修"→"故障维修单"，单击"新增"按钮，即可发起固定资产维修申请单，如图 13-22 所示。

图 13-22 "故障维修单"管理页面

（2）填写维修申请单基本信息。如图 13-23 所示，在"基本信息"分组中，应用会自动生成"维修单编号""维修单状态"，并且根据当前登录人自动显示"报修人""报修人工号""报修人岗位""报修人联系电话"。其中，"维修单状态"的可选值及说明如表 13-8 所示。

XX有限公司
企业Logo

固定资产故障维修单

基本信息

维修单编号	维修单状态	报修人
WXD2023021920495174	维修中	史昕

报修人工号	报修人岗位	报修人联系电话
10001	研发	13300000000

图 13-23 发起故障维修单："基本信息"分组

表 13-8　"维修单状态"的可选项及含义

可选项	含义
维修中	默认值，流程发起后，该维修申请单的状态为"维修中"
已维修正常	固定资产管理员维修完毕后，该维修申请单的状态为"已维修正常"
无法维修建议报废	固定资产损毁严重，经固定资产管理员确认无法维修后，该维修申请单的状态为"无法维修建议报废"

（3）填写报修信息。如图 13-24 所示，在"报修信息"分组中，选择"关联报修固定资产"，应用会自动填写该固定资产的信息，报修人需填写"故障描述"以及"紧急程度"信息。

图 13-24　发起故障维修单："报修信息"分组

（4）维修单提交后，在固定资产登记册中，该固定资产的状态被更新为"维修中"，如图 13-25 所示。

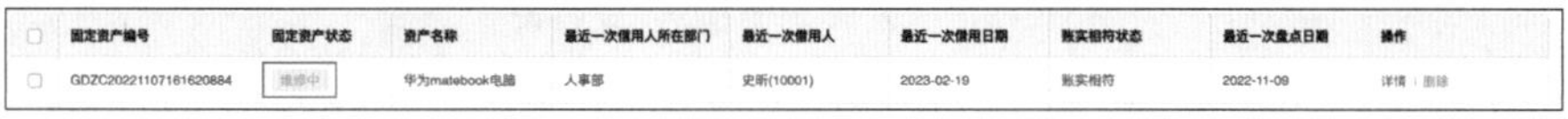

图 13-25　"固定资产登记册"中"固定资产状态"更新为"维修中"

（5）固定资产管理员登记维修结果。如图 13-26 所示，报修人提交维修申请后，流程将推进到固定资产管理员，由固定资产管理员根据维修情况，选择"维修结果"，并填写"维修说明"，应用会自动填写"维修结果登记时间"。

图 13-26　发起故障维修单："维修结果"分组

（6）固定资产管理员填写维修结果后，如果维修结果为正常，则该固定资产在固定资产登记册中的状态被重新更新为"已借用"状态。

13.6　检修

对于高净值或者精密的设备来说，通常需要定期检修。由于不同设备的检修周期不同，或者同类设备即便检修周期相同也存在购置时间不同的情况，所以对于固定资产管理员来说，需要对每台设备的检修时间进行准确的管理，才能在计划的检修日期完成检修工作。在完成检

视频讲解

修后，固定资产管理员还需要登记下次检修的日期，以便系统能够及时通知固定资产管理员。

13.6.1　功能开发

表单组件

代码

"发起定期检修"在开发过程中涉及的要点包括：该功能使用流程表单搭建；固定资产管理员提交"发起定期检修"表单后，由"检修人员"进行审批；检修完成后，需要根据检修结果更新固定资产在"新增固定资产"表单中"固定资产状态""最近一次检修日期""下次检修计划日期"字段的值。

（1）新建一个流程表单，命名为：发起定期检修，表单样式可参考 13.6.2 节的介绍。

（2）在"动作面板"中，实现 onBCJXJGChange() 函数。该函数的主要功能：根据"本次检修结果"的值更新"检修状态"字段，同时动态更新"发起固定资产维修申请"和"发起固定资产报废申请"组件的显示/隐藏状态。

（3）在"流程设计"中，按照图 13-27 的流程设计以及表 13-9 的节点功能说明完成配置。

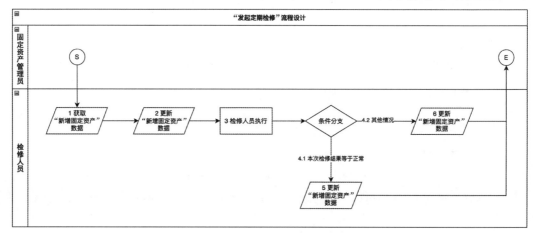

图 13-27　"发起定期检修"流程设计

表 13-9　"发起定期检修"流程节点配置

编号	节点名称	节点类型	功能说明及节点设置
S	发起	默认节点	字段权限：保持表单默认设置的状态
1	获取"新增固定资产"数据	获取单条数据	按条件过滤数据："新增固定资产"表单的"固定资产编号"字段的值等于本表单的"固定资产编号"字段的值
2	更新"新增固定资产"数据	更新数据	（1）选择数据节点：更新"获取'新增固定资产'数据"中的数据；（2）更新数据："固定资产状态"的值设为"检修中"
3	检修人员执行	审批人	（1）审批人："选择表单内成员字段"设置为"检修人员"；（2）审批按钮：启用"同意"按钮，名称修改为"提交"；（3）设置字段权限："定期检修记录"分组中的所有组件设置为"可编辑"状态
4.1	本次检修结果等于正常	条件分支	条件规则："本次检修结果"="正常"
4.2	其他情况	条件分支	无
5	更新"新增固定资产"数据	更新数据	（1）选择数据节点：更新"获取'新增固定资产'数据"中的数据；（2）更新数据："最近一次检修日期"的值设为"本次检修日期"；"下次检修计划日期"的值设为"下次检修计划日期（新）"；"固定资产状态"的值设为"检修前固定资产状态"

续表

编号	节点名称	节点类型	功能说明及节点设置
6	更新"新增固定资产"数据	更新数据	(1)选择数据节点：更新"获取'新增固定资产'数据"中的数据； (2)更新数据："固定资产状态"的值设为"检修异常"
E	结束	默认节点	无

13.6.2 功能介绍

固定资产检修功能的相关操作如下：

（1）检修信息每日提醒。如图 13-28 所示，通过钉钉消息，每日定时向固定资产管理员推送当天需要检修的固定资产信息。

图 13-28 检修信息每日提醒

（2）发起固定资产定期检修单。登录平台，依次选择"固定资产"→"检修"→"定期检修单"，单击"新增"按钮，即可发起固定资产定期检修单，如图 13-29 所示。

图 13-29 "定期检修单"管理页面

（3）在定期检修单中，应用会自动创建"检修单编号""检修状态""发起日期"。固定资产管理员选择"关联固定资产"，应用自动显示选定固定资产的相关信息，如图 13-30 所示。其中，"检修状态"的可选值及说明如表 13-10 所示。

图 13-30 发起定期检修单："固定资产信息"分组

表 13-10 "检修状态"的可选项及含义

可 选 项	含 义
检修中	默认值,流程发起后,该检修单的状态为"检修中"
已检修:正常	固定资产管理员确认检修正常后的流程状态为"已检修:正常"
已检修:建议维修	固定资产管理员检修后,确认该设备需要维修,该检修单的状态为"已检修:建议维修"
已检修:建议报废	固定资产管理员检修后,确认该设备需要报废,该检修单的状态为"已检修:建议报废"

（4）固定资产管理员填写定期检修记录。如图 13-31 所示,固定资产管理员根据检修结果填写检修记录,其中,"本次检修结果"的可选项包括"正常""建议维修""建议报废"。当选择"正常"时,需要填写"下次检修计划日期(新)",从而系统会根据该日期向固定资产管理员发送提醒;当选择"建议维修"或"建议报废"时,系统会显示"发起固定资产维修申请"或"发起固定资产报废申请"的快捷链接。

图 13-31 发起定期检修单:"定期检修记录"分组

（5）定期检修单提交后,该固定资产在固定资产登记册中的状态变更为"检修中",如图 13-32 所示。

图 13-32 "固定资产登记册"中"固定资产状态"更新为"检修中"

（6）当固定资产管理员完成定期检修后,如果"本次检修结果"为"正常",则该固定资产在固定资产登记册中的状态变更为检修前的状态;如果"本次检修结果"为"建议维修"或"建议报废",则该固定资产在固定资产登记册中的状态变更为"检修异常"。

13.7 出售

视频讲解

当企业在经营过程中出售固定资产时,需要发起固定资产出售申请。在出售申请中,需要对固定资产的当前价值进行评估,选定购买或回收单位,经过固定资产管理员、财务审批后,即可进行固定资产出售,最后由出纳确认出售款项的到账情况。固定资产完成出售后,该固定资产在固定资产登记册中的状态变更为"已出售"。

13.7.1 功能开发

"发起出售单"在开发过程中涉及的要点包括:该功能使用流程表单搭建;固定资产管理员提交"发起出售单"表单后,依次由"固定资产主管"→"财务主管"→"出纳"进行审批;出纳确认收到出售款后,需要将固定资产在"新增固定资产"表单中"固定资产状态"字段的值更新为"已出售"。

（1）新建一个流程表单,命名为:发起出售单,表单样式可参考 13.7.2 节的介绍。

（2）在"流程设计"中，按照图 13-33 的流程设计以及表 13-11 的节点功能说明完成配置。

表单组件

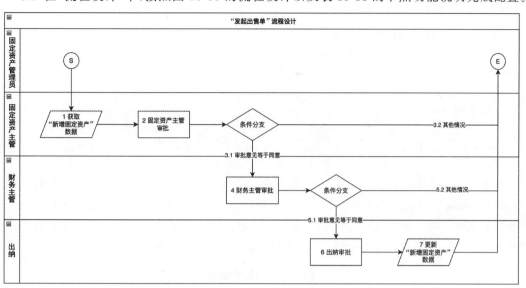

图 13-33　"发起出售单"流程设计

表 13-11　"发起出售单"流程节点配置

编号	节点名称	节点类型	功能说明及节点设置
S	发起	默认节点	字段权限：保持表单默认设置的状态
1	获取"新增固定资产"数据	获取单条数据	按条件过滤数据："新增固定资产"表单的"固定资产编号"字段的值等于本表单的"固定资产编号"字段的值
2	固定资产主管审批	审批人	（1）审批人："选择指定角色"设置为"固定资产主管"；（2）多人审批方式：或签；（3）审批按钮：启用"同意"按钮，名称修改为"提交"；（4）设置字段权限："固定资产主管审批"分组中的所有组件设置为"可编辑"状态
3.1	审批意见等于同意	条件分支	条件规则："固定资产主管审批意见"="同意"
3.2	其他情况	条件分支	无
4	财务主管审批	审批人	（1）审批人："选择指定角色"设置为"财务主管"；（2）多人审批方式：或签；（3）审批按钮：启用"同意"按钮，名称修改为"提交"；（4）设置字段权限："财务审批"分组中的所有组件设置为"可编辑"状态
5.1	审批意见等于同意	条件分支	条件规则："财务主管审批意见"="同意"
5.2	其他情况	条件分支	无
6	出纳审批	审批人	（1）审批人："选择指定角色"设置为"出纳"；（2）多人审批方式：或签；（3）审批按钮：启用"同意"按钮，名称修改为"提交"；（4）设置字段权限："出纳审批"分组中的所有组件设置为"可编辑"状态
7	更新"新增固定资产"数据	更新数据	（1）选择数据节点：更新"获取'新增固定资产'数据"中的数据；（2）更新数据："固定资产状态"的值设为"已出售"
E	结束	默认节点	无

13.7.2 功能介绍

固定资产出售功能的相关操作如下：

（1）发起固定资产出售申请。登录平台，依次选择“固定资产”→“出售”→“出售单”，单击“新增”按钮，即可发起固定资产出售申请单，如图 13-34 所示。

出售单
新增
导出
下载文件
更多
搜索
筛选
显示列
排序
出售申请单编号
出售申请单状态
发起日期
关联固定资产
资产名称
资产类型
拟出售价格
回收单位
操作
CSSQ20230219211424172
审批中
2023-02-19
GDZC20221107161620884
华为matebook电脑
生产经营用固定资产
3,000.00元
南京XX回收有限公司
详情 | 删除

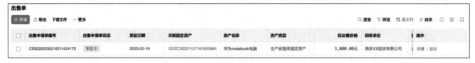

图 13-34 “出售单”管理页面

（2）填写出售申请单基本信息。如图 13-35 所示，在“基本信息”分组中，应用会自动生成“出售申请单编号”“出售申请单状态”“发起日期”，其中，“出售申请单状态”的可选值及说明如表 13-12 所示。在“关联固定资产”中选择“在库”状态的固定资产，应用会自动显示该固定资产的相关信息。如果该固定资产为“已借用”状态，需要先完成归还操作后，才能出售。

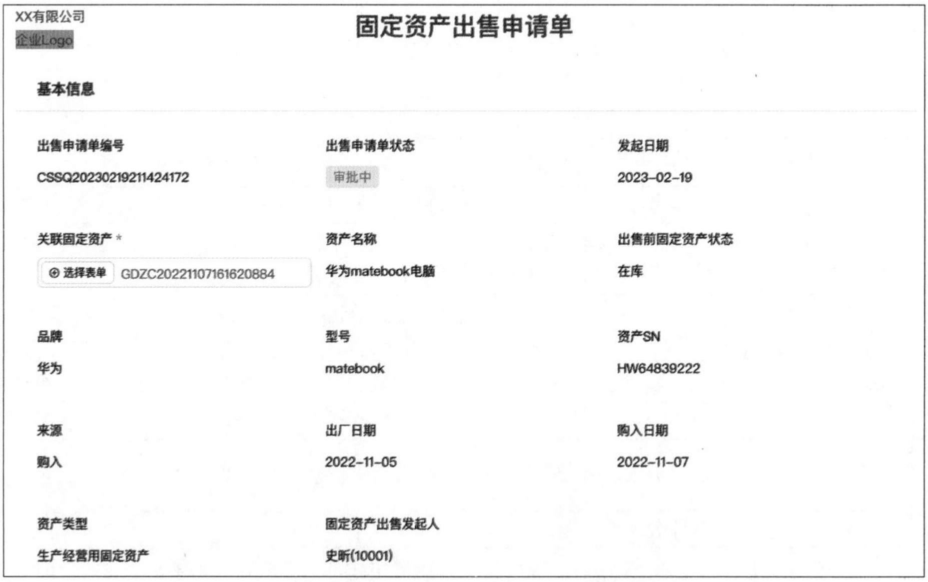
XX有限公司
企业Logo
固定资产出售申请单
基本信息
出售申请单编号
CSSQ20230219211424172
出售申请单状态
审批中
发起日期
2023-02-19
关联固定资产 *
选择表单
GDZC20221107161620884
资产名称
华为matebook电脑
出售前固定资产状态
在库
品牌
华为
型号
matebook
资产SN
HW64839222
来源
购入
出厂日期
2022-11-05
购入日期
2022-11-07
资产类型
生产经营用固定资产
固定资产出售发起人
史昕(10001)

图 13-35 发起出售单：“基本信息”分组

表 13-12 “出售申请单状态”的可选项及含义

可 选 项	含 义
审批中	默认值，流程发起后，该出售申请单的状态为“审批中”
固定资产主管已审批	固定资产主管审批通过后，该出售申请单的状态为“固定资产主管已审批”
固定资产主管审批拒绝	固定资产主管审批意见为“拒绝”，该出售申请单的状态为“固定资产主管审批拒绝”
财务主管已确认	财务主管审批“通过”后，该出售申请单的状态为“财务主管已确认”
财务主管审批拒绝	财务主管审批意见为“拒绝”，该出售申请单的状态为“财务主管审批拒绝”
已完成出售	出纳确认已收到出售款后，该出售申请单的状态为“已完成出售”

（3）填写出售价格。如图 13-36 所示，应用会自动带出该固定资产当前的“现值”，从而为价格评估提供参考，通常情况下，出售价格不能低于现值，否则会出现企业资产流失的情况。在“出售价格”分组中，由固定资产管理员填写“拟出售价格”“回收单位”“说明”，并可以上传出

售合同作为"附件"。

图 13-36　发起出售单："出售价格"分组

（4）固定资产主管审批。如图 13-37 所示,固定资产管理员提交出售申请后,将由固定资产主管进行审批。

图 13-37　发起出售单："固定资产主管审批"分组

（5）财务主管审批。如图 13-38 所示,固定资产主管审批通过后,流程将推进到财务主管审批环节,财务主管会对出售价格进行评估。

图 13-38　发起出售单："财务审批"分组

（6）出纳审批。如图 13-39 所示,固定资产出售后,将由出纳确认出售款项的到账情况,需要登记"已收款金额""收款方式""收款时间""备注"等,并可以上传转账凭证作为"附件"。

图 13-39　发起出售单："出纳审批"分组

（7）出纳确认出售款到账后,应用会更新该固定资产在固定资产登记册中的状态为"已出售",如图 13-40 所示。

图 13-40　"固定资产登记册"中"固定资产状态"更新为"已出售"

13.8　报废

当固定资产无法使用并且也无法维修时,则需要对该固定资产进行报废操作。固定资产报废申请由固定资产管理员发起,说明报废的原因,经由固定资产主管确认审批后,该固定资

视频讲解

产的状态变更为"已报废"。

13.8.1　功能开发

表单组件

"发起报废单"在开发过程中涉及的要点包括：该功能使用流程表单来搭建；固定资产管理员提交"发起报废单"表单后，由"固定资产主管"进行审批；固定资产主管审批通过后，需要将固定资产在"新增固定资产"表单中"固定资产状态"字段的值更新为"已报废"状态。

（1）新建一个流程表单，命名为：发起报废单，表单样式可参考13.8.2节的介绍。

（2）在"流程设计"中，按照图13-41的流程设计以及表13-13的节点功能说明完成配置。

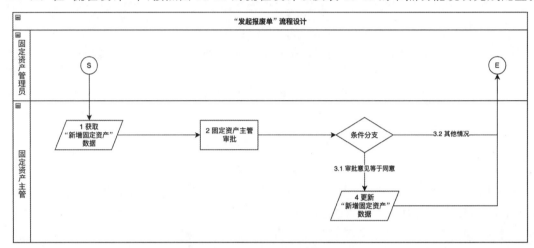

图 13-41　"发起报废单"流程设计

表 13-13　"发起报废单"流程节点配置

编号	节点名称	节点类型	功能说明及节点设置
S	发起	默认节点	字段权限：保持表单默认设置的状态
1	获取"新增固定资产"数据	获取单条数据	按条件过滤数据："新增固定资产"表单的"固定资产编号"字段的值等于本表单的"固定资产编号"字段的值
2	固定资产主管审批	审批人	（1）审批人："选择指定角色"设置为"固定资产主管"；（2）多人审批方式：或签；（3）审批按钮：启用"同意"按钮，名称修改为"提交"；（4）设置字段权限："固定资产主管审批"分组中的所有组件设置为"可编辑"状态
3.1	审批意见等于同意	条件分支	条件规则："固定资产主管审批意见"＝"同意"
3.2	其他情况	条件分支	无
4	更新"新增固定资产"数据	更新数据	（1）选择数据节点：更新"获取'新增固定资产'数据"中的数据；（2）更新数据："固定资产状态"的值设为"已报废"
E	结束	默认节点	无

13.8.2　功能介绍

固定资产报废功能的相关操作如下：

（1）发起报废申请。登录平台，依次选择"固定资产"→"报废"→"报废单"，单击"新增"按钮，即可发起固定资产报废申请单，如图13-42所示。

（2）填写报废申请单基本信息。如图13-43所示，在"基本信息"分组中，应用会自动生成

图 13-42 "报废单"管理页面

"报废申请单编号""报废申请单状态""发起日期",其中,"报废申请单状态"的可选值及说明如表 13-14 所示。在"关联固定资产"中选择"在库"状态的固定资产,应用会自动显示该固定资产的信息。申请报废的固定资产状态必须为"在库",如果处于"已借用""维修中"等其他状态,需要完成归还或结束维修等操作,才能够发起报废申请。

图 13-43 发起报废单:"基本信息"分组

表 13-14 "报废申请单状态"的可选项及含义

可 选 项	含 义
审批中	默认值,流程发起后,该报废申请单的状态为"审批中"
已通过	固定资产主管审批"通过"后,该报废申请单的状态为"已通过"
固定资产主管审批拒绝	固定资产主管审批意见为"拒绝",该报废申请单的状态为"固定资产主管审批拒绝"

(3)固定资产管理员填写报废原因。如图 13-44 所示,在"报废原因"分组中,固定资产管理员需要填写"申请报废原因"。

图 13-44 发起报废单:"报废原因"分组

(4)固定资产主管审批。如图 13-45 所示,固定资产管理员提交报废申请后,将由固定资产主管审批。

(5)固定资产主管审批通过后,该固定资产在固定资产登记册中的状态变更为"已报废",如图 13-46 所示。

图 13-45　发起报废单："固定资产主管审批"分组

图 13-46　"固定资产登记册"中"固定资产状态"更新为"已报废"

13.9　盘点

固定资产的盘点是固定资产管理员的日常工作之一，固定资产管理员需要定期对"在库""已借出""维修中""检修中"状态的固定资产进行盘点，核实固定资产的使用人、所在地等信息是否与固定资产登记册中记录的信息一致。对于信息不一致的情况，需要逐一核实并更新。

13.9.1　功能开发

"固定资产盘点"在开发过程中涉及的要点包括：该功能使用自定义页面搭建；数据源为"新增固定资产"；在查询条件区，提供"固定资产状态""使用部门""使用人"查询条件；在数据详情区，展示固定资产的列表信息；单击固定资产记录右侧的"操作"按钮，在弹出的对话框中更新盘点信息。

（1）数据源配置。在"固定资产盘点"自定义页面中按照表 13-15 配置数据源。

表 13-15　"固定资产盘点"的数据源配置及功能说明

数据源名称	数据源类型	数据源配置及功能说明
getGuDingZiChanFormDatas	远程 API	从"新增固定资产"表单中获取筛选数据
updateGuDingZiChanDengJiFormData	远程 API	更新"新增固定资产"表单数据
searchKey	变量	存储搜索条件的变量，默认值：""
rowData	变量	记录当前操作列的变量，默认值：""

（2）页面搭建。使用"自定义管理页模板"，复制一个自定义页面，命名为：固定资产盘点，按照图 13-47 搭建该页面，在该页面中按照图 13-48 创建对话框组件，并按照表 13-16 对各个组件的属性进行设置。

表 13-16　"固定资产盘点"的组件构成及设置信息

所在区域	组件名称	组件类型	设置说明
页面头	页面头	页面头	(1)主标题："固定资产盘点"；(2)副标题："管理员专用"
查询条件区		查询	(1)添加查询条件：固定资产状态(可选项："在库""已借用""已领用""维修中""检修中")、使用部门、使用人；(2)动作设置："提交时触发的事件"回调函数为 onSubmit()；(3)动作设置："重置按钮点击触发的事件"回调函数为 onReset()
数据详情区		表格	(1)数据列：固定资产编号、固定资产状态、资产名称、品牌、型号、当前使用人、当前所在部门、最近一次盘点日期、账实相符状态；(2)数据源：绑定 getGuDingZiChanFormDatas；(3)数据主键：设置为 formInstId；(4)操作列："操作"，配置回调函数 onAction()；(5)动作设置："分页、搜索、排序时触发"回调函数为 onFetchData()

续表

所在区域	组件名称	组件类型	设置说明
对话框组件	更新盘点信息	对话框	动作设置："点击确定"回调函数为 onXiuGaiZhangShiXiangFuOk()
	-固定资产编号	输入框	（1）状态：只读；（2）默认值：绑定变量"state. rowData. gdzcbh"
	-资产名称	输入框	（1）状态：只读；（2）默认值：绑定变量"state. rowData. zcmc"
	-固定资产状态	输入框	（1）状态：只读；（2）默认值：绑定变量"state. rowData. gdzczt"
	-品牌	输入框	（1）状态：只读；（2）默认值：绑定变量"state. rowData. pp"
	-型号	输入框	（1）状态：只读；（2）默认值：绑定变量"state. rowData. xh"
	-盘点日期	日期	必填
	-账实相符状态	下拉选择	（1）必填；（2）可选项："账实相符""账实不符"
	-账实不符情况说明	输入框	非必填

（3）在动作面板中实现函数功能。在该自定义页面的动作面板中，需要实现的核心函数如表 13-17 所示。

代码

表 13-17　"固定资产盘点"的函数功能说明

函 数 名 称	功 能 说 明
didMount()	该函数中为变量 searchKey 赋初始值，只查询"在库""已借用""维修中""检修中""检修异常"状态的固定资产，赋值完成后调用 getGuDingZiChanFormDatas 远程 API 获取数据
onSubmit()	该函数绑定页面中的"查询"按钮，单击后会更新 searchKey 变量的值，并调用 getGuDingZiChanFormDatas 远程 API，查询符合条件的数据
onReset()	该函数绑定页面中的"重置"按钮，单击后会重置 searchKey 变量的值，只查询"在库""已借用""维修中""检修中""检修异常"状态的固定资产，并调用 getGuDingZiChanFormDatas 远程 API，查询数据源表的全部数据
onAction()	该函数绑定页面中的"操作"按钮，单击后会将选中记录的 rowData 数据赋值给变量 rowData，并弹出"更新盘点信息"对话框
onXiuGaiZhangShiXiangFuOk()	该函数绑定"更新盘点信息"对话框中的"确定"按钮，单击后会调用 updateGuDingZiChanDengJiFormData 远程 API，更新"新增固定资产"中固定资产的盘点信息

13.9.2　功能介绍

固定资产盘点功能的相关操作如下：

（1）登录平台，依次选择"固定资产"→"盘点"→"盘点"，即可打开"固定资产盘点"的自定义管理页面。

（2）查看盘点信息。如图 13-47 所示，在"固定资产盘点"页面中，应用会自动显示"在库""已借出""维修中""检修中"状态的固定资产，其他状态的固定资产由于不需要盘点，会被自动过滤。固定资产管理员可以通过"固定资产状态""使用部门""使用人"查询符合条件的固定资产。查询结果会显示在下方数据详情区中，显示的信息包括"固定资产编号""固定资产状态"

"资产名称""品牌""型号""当前使用人""当前所在部门""最近一次盘点日期""账实相符状态"
信息。

图 13-47 "固定资产盘点"页面

（3）更新盘点信息。如图 13-48 所示，当固定资产管理员需要更新盘点信息时，单击右侧
的"操作"按钮，应用会弹出"更新盘点信息"对话框，在该对话框中可以输入本次盘点的相关信
息，盘点信息会同步更新到固定资产登记册中。

图 13-48 固定资产盘点："更新盘点信息"对话框

视频讲解

13.10 管理固定资产

固定资产管理需要围绕固定资产的全生命周期展开，"管理：固定资产"提供了固定资产
的统一管理页面，涵盖登记、借用、归还、维修、检修、出售、报废、盘点等各种操作，方便固定资
产管理员了解每个固定资产的使用情况。

13.10.1 "管理：固定资产"功能开发

"管理：固定资产"在开发过程中涉及的要点包括：该功能使用自定义页面搭建；数据源
为"新增固定资产"表单；在查询条件区，提供"固定资产状态""资产名称""固定资产编号""固
定资产借用人""固定资产所在部门""购入日期"查询条件；在数据详情区，展示固定资产的基
本信息，当单击固定资产"详情"按钮时，将跳转至固定资产详情页；当单击固定资产"操作记
录"按钮时，将跳转固定资产操作详情自定义页面，跳转的 URL 中需要携带固定资产信息。

（1）数据源配置。在"管理：固定资产"自定义页面中按照表 13-18 配置数据源。

表 13-18 "管理：固定资产"的数据源配置及功能说明

数据源名称	数据源类型	数据源配置及功能说明
getGuDingZiChanFormDatas	远程 API	从"新增固定资产"表单中获取全量数据
searchKey	变量	存储搜索条件的变量，默认值：""

（2）页面搭建。使用"自定义管理页模板"，复制一个自定义页面，命名为"管理：固定资
产"，按照图 13-49 搭建该页面，按照表 13-19 对各个组件的属性进行设置。

表 13-19　"管理：固定资产"的组件构成及设置信息

所在区域	组件类型	设置说明
页面头	页面头	(1)主标题："固定资产管理"；(2)副标题："管理员专用"
查询条件区	查询	(1)添加查询条件：固定资产状态(可选项："在库""已借用""维修中""检修中""检修异常""已报废""已处置""丢失")、固定资产名称、固定资产编号、固定资产借用人、固定资产所在部门、购入日期；(2)动作设置："提交时触发的事件"回调函数为 onSubmit()；(3)动作设置："重置按钮点击触发的事件"回调函数为 onReset()
数据详情区	表格	(1)数据列：固定资产编号、固定资产状态、资产名称、品牌、型号、购入日期、当前使用人、当前所在部门；(2)数据源：绑定 getGuDingZiChanFormDatas；(3)数据主键：设置为 formInstId；(4)操作列："详情"，配置回调函数 onDetail()；(5)操作列："操作记录"，配置回调函数 onRecord()；(6)动作设置："分页、搜索、排序时触发"回调函数为 onFetchData()

（3）在动作面板中实现函数功能。在该自定义页面的动作面板中，需要实现的核心函数如表 13-20 所示。

代码

表 13-20　"管理：固定资产"的函数功能说明

函数名称	功能说明
onSubmit()	该函数绑定页面中的"查询"按钮，单击后会更新 searchKey 变量的值，并调用 getGuDingZiChanFormDatas 远程 API，查询符合条件的数据
onReset()	该函数绑定页面中的"重置"按钮，单击后会清空 searchKey 变量，并调用 getGuDingZiChanFormDatas 远程 API，查询数据源表的全部数据
onDetail()	该函数绑定页面中表格的"详情"按钮，单击后会跳转到"新增固定资产"表单的详情页面
onRecord()	该函数绑定页面中表格的"操作记录"按钮，单击后会跳转到"固定资产详情"自定义页面，在该远程 API 中，需要将入参 rowData 存入跳转 URL 中

13.10.2　固定资产详情功能开发

"固定资产详情"在开发过程中涉及的要点包括：该功能使用自定义页面搭建；数据源包括"发起借用单""发起归还单""发起故障维修""发起定期检修""发起出售单""发起报废单"；在基本信息区，提供当前固定资产的"固定资产编号""固定资产状态""固定资产名称""品牌""型号""购入日期""当前使用人""当前所在部门"数据，数据来源于跳转的 URL 链接；在数据详情区，通过选项卡，展示固定资产的"借用记录""归还记录""维修记录""检修记录""出售记录""报废记录"，单击"详情"按钮则跳转至对应的表单详情页。

（1）数据源配置。在"固定资产详情"自定义页面中按照表 13-21 配置数据源。

表 13-21　"固定资产详情"的数据源配置及功能说明

数据源名称	数据源类型	数据源配置及功能说明
getJieYongJiLuInstances	远程 API	从"发起借用单"表单中获取筛选数据
getGuiHuanJiLuInstances	远程 API	从"发起归还单"表单中获取筛选数据
getWeiXiuJiLuInstances	远程 API	从"发起故障维修"表单中获取筛选数据
getJianXiuJiLuInstances	远程 API	从"发起定期检修"表单中获取筛选数据
getChuShouJiLuInstances	远程 API	从"发起出售单"表单中获取筛选数据
getBaoFeiJiLuInstances	远程 API	从"发起报废单"表单中获取筛选数据

（2）页面搭建。使用"自定义管理页模板"，复制一个自定义页面，命名为：固定资产详

情，按照图 13-50 搭建该页面，按照表 13-22 对各个组件的属性进行设置。

表 13-22 "固定资产详情"的组件构成及设置信息

所在区域	组件名称	组件类型	设置说明
页面头	页面头	页面头	(1)主标题："固定资产详情"；(2)副标题："详情"
基本信息区	基本信息	分组	无
	固定资产编号	输入框	(1)状态：只读；(2)默认值：绑定变量"state. urlParams. gdzcbh||"未知""
	固定资产状态	下拉选择	(1)状态：只读；(2)默认值：绑定变量"state. urlParams. gdzczt|| "未知""
	固定资产名称	输入框	(1)状态：只读；(2)默认值：绑定变量"state. urlParams. gdzcmc|| "未知""
	品牌	输入框	(1)状态：只读；(2)默认值：绑定变量"state. urlParams. pp|| "未知""
	型号	输入框	(1)状态：只读；(2)默认值：绑定变量"state. urlParams. xh|| "未知""
	购入日期	日期	(1)状态：只读；(2)默认值：绑定变量"state. urlParams. grrq|| "未知""
	当前使用人	输入框	(1)状态：只读；2.默认值：绑定变量"state. urlParams. dqsyr|| "未知""
	当前所在部门	输入框	(1)状态：只读；(2)默认值：绑定变量"state. urlParams. dqszbm|| "未知""
数据详情区	借用记录	表格	(1)数据列：借用单编号、借用单状态、借用人、借用人工号、借用人所在部门、借用日期、预计归还日期；(2)数据源：绑定 getJieYongJiLuInstances；(3)数据主键：设置为 procInsId；(4)操作列："详情"，配置回调函数 onJYJLDetail()；(5)动作设置："分页、搜索、排序时触发"回调函数为 onFetchJYJLData()
	归还记录	表格	(1)数据列：归还单编号、归还单状态、归还人、归还人工号、归还人所在部门、归还日期；(2)数据源：绑定 getGuiHuanJiLuInstances；(3)数据主键：设置为 procInsId；(4)操作列："详情"，配置回调函数 onGHJLDetail()；(5)动作设置："分页、搜索、排序时触发"回调函数为 onFetchGHJLData()
	维修记录	表格	(1)数据列：维修单编号、维修单状态、报修人、报修人工号、报修人岗位、报修时间；(2)数据源：绑定 getWeiXiuJiLuInstances；(3)数据主键：设置为 procInsId；(4)操作列："详情"，配置回调函数 onWXJLDetail()；(5)动作设置："分页、搜索、排序时触发"回调函数为 onFetchWXJLData()
	检修记录	表格	(1)数据列：检修单编号、本次检修日期、本次检修结果、下次检修计划日期；(2)数据源：绑定 getJianXiuJiLuInstances；(3)数据主键：设置为 procInsId；(4)操作列："详情"，配置回调函数 onJXJLDetail()；(5)动作设置："分页、搜索、排序时触发"回调函数为 onFetchJXJLData()
	出售记录	表格	(1)数据列：出售申请单编号、出售申请单状态、现值、拟出售价格、回收单位、收款时间；(2)数据源：绑定 getChuShouJiLuInstances；(3)数据主键：设置为 procInsId；(4)操作列："详情"，配置回调函数 onCSJLDetail()；(5)动作设置："分页、搜索、排序时触发"回调函数为 onFetchCSJLData()

续表

所在区域	组件名称	组件类型	设置说明
数据详情区	报废记录	表格	(1)数据列：报废申请单编号、报废申请单状态、申请报废时间、申请报废原因；(2)数据源：绑定 getBaoFeiJiLuInstances；(3)数据主键：设置为 procInsId；(4)操作列："详情"，配置回调函数 onBFJLDetail()；(5)动作设置："分页、搜索、排序时触发"回调函数为 onFetchBFJLData()

（3）在动作面板中实现函数功能。在该自定义页面的动作面板中,需要实现的核心函数如表 13-23 所示。

代码

表 13-23 "固定资产详情"的函数功能说明

函 数 名 称	功 能 说 明
onJYJLDetail()	该函数绑定"借用记录"中的"详情"按钮,单击后会跳转到"发起借用单"表单的详情页面
onGHJLDetail()	该函数绑定"归还记录"中的"详情"按钮,单击后会跳转到"发起归还单"表单的详情页面
onWXJLDetail()	该函数绑定"维修记录"中的"详情"按钮,单击后会跳转到"发起故障维修"表单的详情页面
onJXJLDetail()	该函数绑定"检修记录"中的"详情"按钮,单击后会跳转到"发起定期检修"表单的详情页面
onCSJLDetail()	该函数绑定"出售记录"中的"详情"按钮,单击后会跳转到"发起出售单"表单的详情页面
onBFJLDetail()	该函数绑定"报废记录"中的"详情"按钮,单击后会跳转到"发起报废单"表单的详情页面

13.10.3 功能介绍

管理固定资产功能的相关操作如下：

（1）登录平台,依次选择"固定资产"→"管理固定资产"→"管理：固定资产",即可打开固定资产管理页面,如图 13-49 所示。在该页面中,默认展示固定资产登记册中所有的固定资产信息,固定资产管理员可以使用搜索条件进行过滤。单击固定资产列表右侧的"详情"按钮,可以打开该固定资产的登记信息。

图 13-49 "管理：固定资产"页面

（2）单击"操作记录"按钮，会打开"固定资产详情"页面，该页面中展示了固定资产的基本信息以及各种历史操作记录，包括"借用记录""归还记录""维修记录""检修记录""出售记录""报废记录""折旧记录"，单击右侧的"详情"按钮，则会打开对应的详情表单，如图 13-50 所示。

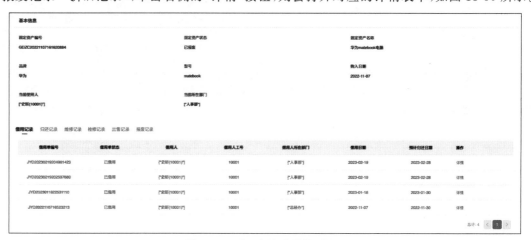

图 13-50　"固定资产详情"页面

第 14 章

薪酬管理

薪酬发放是财务部门每月的固定工作内容之一。由于财务岗位的人力资源有限,在中小微企业中财务人员通常只负责薪酬的发放,并不会对每月薪酬的构成情况给予员工充分解释和说明。当员工对薪酬数额有疑问时,通常需要联系财务人员进行核对并解释,如果人员较多的情况下,会花费财务人员大量的工作时间。因此,使用"薪酬管理"应用,通过钉钉平台推送每月工资条明细,将会提升企业薪酬体系的透明度,减轻财务人员的工作量。

国内中小微企业在薪酬发放工作中,普遍存在如下的问题与挑战:

(1)薪酬构成不清晰。由于银行提供的薪酬到账短信中,只包含金额,缺少薪酬的构成说明,所以造成员工对薪酬构成不了解。

(2)解释成本高,浪费财务人员时间。由于企业员工的薪酬构成比较复杂,不仅包含基本工资,还需要扣减社保以及住房公积金,另外还存在因绩效带来的薪酬浮动,因此对于财务人员来说,当企业员工对薪酬发放数额有疑问时,解释成本较高。

(3)纸质工资条使用不便利。部分中小微企业依然保留了纸质工资条的形式,但纸质工资条的整理与发放与电子工资条相比,其便捷度相差很大。

14.1 应用概述

"薪酬管理"应用围绕薪酬发放,提供"工资条"以及"工资管理"两大模块,该应用的功能说明如表 14-1 所示。

视频讲解

表 14-1 "薪酬管理"应用功能列表

目录	功能菜单	类型	使用用户	功能说明
工资条	批量导入	数据管理页	财务人员	为财务人员提供批量导入"发起工资条"功能(基于工资条 Excel 模板),数据导入后会自动向员工发放钉钉消息通知
	发起工资条	流程表单	财务人员	发起工资条通知流程,默认为隐藏状态
工资管理	管理:工资条	自定义页面	财务人员	为财务人员提供的查询所有员工历史工资条信息的页面

"薪酬管理"应用具有如下优势及特色:

(1)完善的工资管理模板。提供完善的工资条导入模板,满足绝大多数中小微企业薪酬构成的要求。

(2)批量上传,极速钉钉通知触达。一键上传工资条 Excel 列表,自动触发钉钉消息通知,企业员工手机查收并查看工资条明细。

（3）数据安全保障。数据权限隔离，企业员工只能查看本人的工资条，安全性高。历史薪资数据云端存储，不易丢失。

视频讲解

14.2 工资条

财务人员每个月需要整理企业员工的工资表，计算出实发工资金额后，提交银行完成工资的发放。这个过程对于财务人员来说存在两个难点：第一，需要能够记录工资明细的工资表模板；第二，如何能够把每个员工的工资明细发送给员工本人。"薪酬管理"应用提供了适用于绝大多数中小微企业的工资表模板，财务人员在该工资表模板中完成所有员工工资明细登记后，可以批量发起工资条消息推送（注意：批量导入功能需要开通宜搭标准版及以上版本）。

14.2.1 功能开发

表单组件

"发起工资条"在开发过程中涉及的要点包括：该功能使用流程表单搭建；财务人员提交"发起工资条"后，该流程将触发消息通知，将工资条信息发送给工资条中的"员工（工号）"；"发起工资条"流程采用批量发起的模式创建，因此该流程表单中的字段状态可统一设置为"只读"。

（1）新建一个流程表单，命名为：发起工资条，表单样式可参考14.2.2节的介绍。

（2）在"流程设计"中，按照图14-1的流程设计以及表14-2的节点功能说明完成配置。

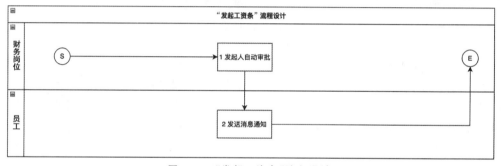

图 14-1 "发起工资条"流程设计

表 14-2 "发起工资条"流程节点配置

编号	节点名称	节点类型	功能说明及节点设置
S	发起	默认节点	字段权限：保持表单默认设置的状态
1	发起人自动审批	审批人	(1)审批人："发起人本人"；(2)设置字段权限：无；(3)高级设置：打开"发起人自动审批"选项
2	发送消息通知	消息通知	(1)选择通知对象："通知类型"选择"工作通知"，"通知人员"选择"指定成员字段"并选择"员工（工号）"字段；(2)设置通知内容："标题"设置为"工资单"，"内容"设置为："【当前表单提交后的数据.姓名(工号：当前表单提交后的数据.工号)】请查收【当前表单提交后的数据.月份】的工资单!"
E	结束	默认节点	无

14.2.2 功能介绍

工资条功能的相关操作如下：

（1）基于工资表模板整理企业工资表。在执行批量导入工资条之前，财务人员需要使用工资表模板整理工资表，在整理工资表的过程中，需要理解工资表中每个字段的含义以及数据格式，从而保证后续执行批量导入时，应用能够准确识别。工资表中的字段含义以及导入格式如表 14-3 所示。

表 14-3 工资表模板中的字段含义及导入格式

字段分组	字段名称	字段含义	导入格式
工资条说明	工资条说明	介绍工资表中每个项目的含义说明	文本
基本信息	月份	工资月份	日期,格式：年-月,例如,2022-10
	姓名	员工姓名	文本
	工号	员工工号	文本
	岗位	员工岗位	文本
工资	月度薪资	基本薪资＋绩效薪资＋岗位薪资	数值
	发放比例	如果员工处于试用期,发放比例可能为 80%、90% 等,正常情况为 100%	数值
	基本薪资	员工的基本薪资	数值
	绩效薪资	员工的绩效工资	数值
	岗位薪资	员工的岗位工资	数值
津贴、补贴与激励	岗位津贴	企业为特殊岗位发放的岗位津贴,例如,管理岗位津贴等	数值
	其他津贴	其他津贴	数值
	驻地补贴	企业员工如果离开常驻地到外地驻场工作情况下,可以发放驻地补贴	数值
	伯乐奖	员工内推人员入职后,向内推人发放的奖励	数值
	转正差额	员工在月中转正时,因为发放比例变为 100%,需要调增的金额	数值
	补发	上月因各种原因少发的金额,在当月补发	数值
	激励	当月工作绩效突出,发放的激励奖金	数值
	交通补贴	当月发放的交通补贴,通常根据员工实际出勤天数进行计算	数值
	住房补贴	当月发放的住房补贴	数值
	加班费	当月应发的加班费,通常根据加班申请单进行额度计算	数值
	餐补	当月发放的餐补,通常根据员工实际出勤天数计算	数值
	高温补贴	夏季高温时期从事室外工作应发放的高温补贴	数值
	其他补贴	上述补贴未涵盖的其他补贴	数值
扣款	考勤扣款	因为缺勤、迟到等造成的考勤扣款	数值
	其他扣款	其他原因造成的扣款	数值
代扣代缴	社会保险个人缴纳	当月个人应缴纳的社会保险金额,由企业代扣代缴	数值
	住房公积金个人缴款	当月个人应缴纳的住房公积金数额,由企业代扣代缴	数值
合计汇总	应发合计	工资＋津贴/补贴/激励-扣款-代扣代缴	数值
	所得税	当月应缴纳的个人所得税	数值
	上月税差	如果上月存在所得税计算错误,在此字段进行调整	数值
	实发工资	实际发放工资	数值

续表

字段分组	字段名称	字段含义	导入格式
系统字段	员工(工号)	用于接收钉钉通知的成员	成员组件,格式:姓名(工号),例如,史昕(10001)。 注意:工号为企业工号,非 userId;()为英文括号

（2）登录平台,依次选择"薪酬管理"→"工资条"→"批量导入",单击左上角的"导入"按钮,如图 14-2 所示。

图 14-2　"批量导入"管理页面

（3）在弹出的导入对话框中,导入工资表格,推荐使用系统提供的"导入模板"。

（4）导入成功后,每个员工都会收到钉钉消息通知,提醒查看当月工资条,如图 14-3 所示。

图 14-3　工资条推送消息通知

视频讲解

14.3　工资管理

当财务人员需要查阅历史工资条信息时,可以使用应用提供的工资条查询自定义页面。该页面提供了按照月份、人员查询的功能,并可以查看工资条的详细信息。

14.3.1　功能开发

"管理:工资条"在开发过程中涉及的要点包括:该功能使用自定义页面来搭建;数据源为"发起工资条";在查询条件区,提供"年月""人员"查询条件;在数据详情区,展示工资条的基本信息,单击记录的"详情"按钮,跳转至"发起工资条"表单的详情页。

（1）数据源配置。在"管理：工资条"自定义页面中按照表 14-4 配置数据源。

表 14-4　"管理：工资条"的数据源配置及功能说明

数据源名称	数据源类型	数据源配置及功能说明
getGongZiTiaoInstances	远程 API	从"发起工资条"表单中获取全量数据
searchKey	变量	存储搜索条件的变量，默认值：""
currentPage	变量	存储表格当前页，默认值：""

（2）页面搭建。从"自定义管理页模板"中复制一个自定义页面，命名为"管理：工资条"，并按照图 14-4 及表 14-5 搭建该页面，并完成各个组件的设置。

表 14-5　"管理：工资条"的组件构成及设置信息

所在区域	组件类型	设置说明
页面头	页面头	（1）主标题："工资条管理"；（2）副标题："职能管理人员专用"
查询条件区	查询	（1）添加查询条件：年月、人员；（2）动作设置："提交时触发的事件"回调函数为 onSubmit()；（3）动作设置："重置按钮点击触发的事件"回调函数为 onReset()
数据详情区	表格	（1）数据列：月份、姓名、工号、部门；（2）数据源：绑定 getGongZiTiaoInstances；（3）数据主键：设置为 procInsId；（4）操作列："详情"，配置回调函数 onDetail()；（5）动作设置："分页、搜索、排序时触发"回调函数为 onFetchData()

（3）在动作面板中实现函数功能。在该自定义页面的动作面板中，需要实现的函数如表 14-6 所示。

代码

表 14-6　"管理：工资条"的函数功能说明

函数名称	功能说明
onSubmit()	该函数绑定"查询"按钮，单击后会更新 searchKey 变量的值，并调用 getGongZiTiaoInstances 远程 API，查询符合条件的数据
onReset()	该函数绑定"重置"按钮，单击后会清空 searchKey 变量，并调用 getGongZiTiaoInstances 远程 API，查询数据源表的全部数据
onDetail()	该函数绑定表格中的"详情"按钮，单击后会跳转"发起工资条"表单的详情页面
onFetchData()	该函数绑定表格中的"翻页"按钮，单击后会更新参数 currentPage 的值，并调用 getGongZiTiaoInstances 远程 API，查询符合条件的数据

14.3.2　功能介绍

登录平台，依次选择"薪酬管理"→"工资管理"→"管理：工资条"。如图 14-4 所示，工资管理页面的使用对象是财务人员，默认情况下显示所有员工的工资条信息，可以通过输入"年月"或"人员"进行筛选检索，并可以单击"详情"按钮查看工资条的详细信息。

年月		人员				
请选择		@ 选择人员 请选择				搜索　重置
月份	姓名	工号	部门			操作
2022-10	史昕	10001	研发部			详情
					总计:1	‹ 1 ›

图 14-4　"管理：工资条"页面

第 15 章

视频讲解

领导驾驶舱

从企业管理者的视角,需要基于数据了解企业的整体运行情况,发现问题,优化流程,降低成本,提升效率。在前面的章节中,围绕企业的人力资源、运营以及财务三大领域提供了线上化的应用,并收集了企业运行的过程数据。基于这些过程数据可以开发数据报表,从而通过数据可视化形式为企业决策提供支撑。在"领导驾驶舱"应用中,通过"人力资源看板""运营看板""财务看板"实现对前面章节中数据的处理、查看以及分析。

由于每个企业对于数据统计的要求不同,接下来的内容会以一些典型指标项为例,对数据报表功能进行说明,企业可以根据自身的业务需求,添加更多的指标项。

15.1 人力资源看板

人力资源看板,用于整合"员工管理""企业招聘""假期管理""外勤管理"4 个应用中的数据,为企业管理者提供人力资源相关的数据看板。

15.1.1 功能开发

新建报表,并命名为:人力资源看板。按照表 15-1 对指标项进行配置。

表 15-1 "人力资源看板"的指标项设置信息

指标名称	类型	数据集	其他设置
在岗人数	基础指标卡	新增员工基本信息	(1)指标:添加 userId,设置别名为:"在岗人数";(2)条件过滤:"在岗状态""等于""固定值""在职"
培训记录	基础指标卡	新增培训记录	指标:添加"实例 ID",设置别名为"培训记录"
资质证书	基础指标卡	新增资质证书	指标:添加"实例 ID",设置别名为"资质证书"
简历数量	基础指标卡	新增简历	指标:添加"简历编号",设置别名为"简历数量"
面试记录	基础指标卡	发起面试记录	指标:添加"面试记录编号",设置别名为"面试记录"
录用申请(已通过)	基础指标卡	发起录用申请	(1)指标:添加"录用申请编号",设置别名为"录用申请(已通过)";(2)条件过滤:"录用申请状态""等于""固定值""已通过"
员工性别	饼图	新增员工基本信息	(1)分类字段:性别;(2)数值字段:userId;(3)条件过滤:"在岗状态""等于""固定值""在职"
员工岗位	饼图	新增员工基本信息	(1)分类字段:岗位;(2)数值字段:userId;(3)条件过滤:"在岗状态""等于""固定值""在职"
员工婚姻状况	柱状图	新增员工基本信息	(1)横轴:婚姻状况;(2)纵轴:userId;(3)条件过滤:"在岗状态""等于""固定值""在职"

续表

指标名称	类型	数据集	其他设置
员工基础信息	基础表格	新增员工基本信息	(1)表格列：员工姓名、员工工号、性别、岗位、婚姻状况、员工所在部门、在岗状态、是否转正、联系电话；(2)条件过滤："在岗状态""等于""固定值""在职"
市外出差申请	基础表格	发起市外出差申请	表格列：出差申请编号、出差申请状态、申请人、申请人工号、岗位、出差原因、合计出差条数

15.1.2　功能介绍

人力资源看板功能的相关操作如下：

（1）打开人力资源看板。登录系统后，依次选择"领导驾驶舱"→"人力资源看板"，即可打开"人力资源看板"页面。在该页面中，使用基础指标卡展示了企业员工以及企业招聘的重要统计数据，如图 15-1 所示。

图 15-1　"人力资源看板"基础指标卡

（2）使用饼状图以及柱状图对员工的性别、岗位以及婚姻状况进行图形化展示，如图 15-2 所示。

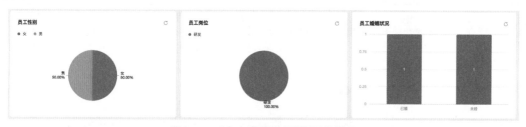

图 15-2　"人力资源看板"图形化展示

（3）使用基础表格展示了员工列表以及员工的市外出差申请，如图 15-3 所示。

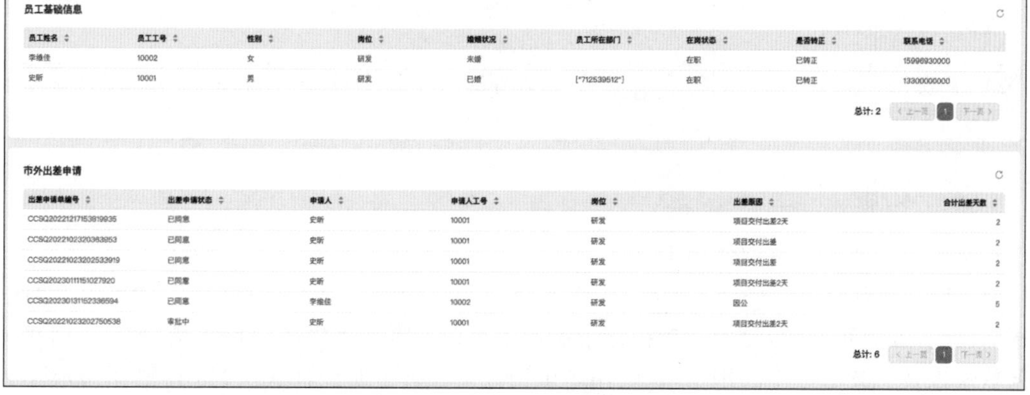

图 15-3　"人力资源看板"表格展示

15.2　运营看板

运营看板，用于整合"项目管理"以及"行政服务"两个应用中的数据，为企业管理者提供企业运营相关的数据看板。

15.2.1　功能开发

新建报表，并命名为：运营看板。按照表 15-2 对指标项进行配置。

表 15-2　"运营看板"的指标项设置信息

指标名称	类型	数据集	其他设置
立项项目（交付中）	基础指标卡	立项项目表	(1)指标：添加"立项项目编号"，设置别名为："立项项目（交付中）"；(2)条件过滤："项目状态""等于""固定值""交付中"
当月投入工时	基础指标卡	工时明细表	(1)指标：添加"投入工时"，设置别名为："当月投入工时"，聚合选择"求和"；(2)条件过滤："月""等于""变量""当月"
风险数量（监控中）	基础指标卡	新增风险登记	(1)指标：添加"风险编号"，设置别名为："风险数量（监控中）"，聚合选择"计数"；(2)条件过滤："风险状态""等于""固定值""监控中"
用章申请次数（审批中）	基础指标卡	发起用章申请	(1)指标：添加"用章申请编号"，设置别名为："用章申请次数（审批中）"，聚合选择"计数"；(2)条件过滤："用章申请状态""等于""固定值""审批中"
近 3 个月总用车次数	基础指标卡	发起用车申请	(1)指标：添加"用车申请编号"，设置别名为："近 3 个月总用车次数"，聚合选择"计数"；(2)条件过滤："发起日期.月""闭区间""变量""近 3 个月（含当月）"
开具证明数量	基础指标卡	发起证明开具	(1)指标：添加"证明编号"，设置别名为："开具证明数量"，聚合选择"计数"；(2)条件过滤："证明开具状态""等于""固定值""已完成"
项目级别	饼图	立项项目表	(1)分类字段：项目级别；(2)数值字段：立项项目编号
项目立项数量	柱状图	立项项目表	(1)横轴：月；(2)纵轴：立项项目编号，聚合选择"计数"
项目工时	饼图	工时明细表	(1)分类字段：工时类型；(2)数值字段：投入工时，聚合选择"求和"
办公用品领用明细	基础表格	领用记录	表格列：领用单编号、月、发起人、办公用品名称、领用数量、单位

15.2.2　功能介绍

运营看板功能的相关操作如下：

（1）打开运营看板。登录系统后，依次选择"领导驾驶舱"→"运营看板"，即可打开"运营看板"页面。在该页面中，使用基础指标卡展示了企业项目管理中的项目数量、当月工时投入、风险数量以及行政服务中的用章申请、用车申请以及开具证明统计数据，如图 15-4 所示。

（2）使用饼状图以及柱状图对执行中的项目级别、项目立项数量以及项目工时投入类型进行图形化展示，如图 15-5 所示。

图 15-4　"运营看板"基础指标卡

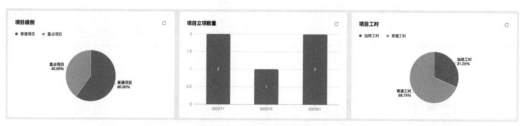

图 15-5　"运营看板"图形化展示

（3）使用基础表格展示了办公用品领用明细，如图 15-6 所示。

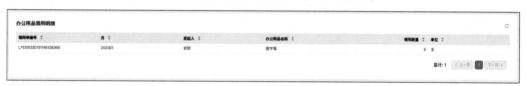

图 15-6　"运营看板"表格展示

15.3　财务看板

财务看板，用于整合"合同管理""费用管理""企业采购""固定资产"4 个应用中的数据，为企业管理者提供企业财务相关的数据看板。

15.3.1　功能开发

新建报表，并命名为：财务看板。按照表 15-3 所示对指标项进行配置。

表 15-3　"财务看板"的指标项设置信息

指标名称	类型	数据集	其他设置
合同（执行中）	基础指标卡	新增合同登记	（1）指标：添加"合同编号"，设置别名为："合同（执行中）"；（2）条件过滤："合同执行状态""等于""固定值""执行中"
剩余待还款金额	基础指标卡	借款单明细	指标：添加"剩余待还款金额"，聚合选择"求和"
采购订单（执行中）	基础指标卡	采购订单明细	（1）指标：添加"采购订单编号"，设置别名为："采购订单（执行中）"；（2）条件过滤："采购订单状态""等于""固定值""执行中"
待付款金额	基础指标卡	付款计划明细	指标：添加"待付款金额"，聚合选择"求和"
现值	基础指标卡	新增固定资产	指标：添加"现值"，聚合选择"求和"
总数量	基础指标卡	新增固定资产	指标：添加"固定资产编码"，设置别名为："总数量"
合同（按执行状态）	饼图	新增合同登记	（1）分类字段：合同执行状态；（2）数值字段：合同编号
固定资产（按资产类型）	饼图	新增固定资产	（1）分类字段：资产类型；（2）数值字段：固定资产编号

续表

指标名称	类型	数据集	其他设置
费用报销金额（按月份）	折线图	发起报销单	（1）横轴：月；（2）纵轴：合计申请报销金额
固定资产清单（在库＋已借用）	基础表格	新增固定资产	（1）表格列：固定资产编号、固定资产状态、资产名称、品牌、型号、资产原值、现值；（2）条件过滤："固定资产状态""等于""固定值""在库""或""固定资产状态""等于""固定值""已借用"

15.3.2 功能介绍

财务看板功能的相关操作如下：

（1）打开财务看板。登录系统后，依次选择"领导驾驶舱"→"财务看板"，即可打开"财务看板"页面。在该页面中，使用基础指标卡展示了企业财务管理中的合同、费用、采购订单、固定资产等相关统计数据，如图15-7所示。

图 15-7 "财务看板"基础指标卡

（2）使用饼状图以及折线图对合同执行、固定资产类型以及费用报销金额进行图形化展示，如图15-8所示。

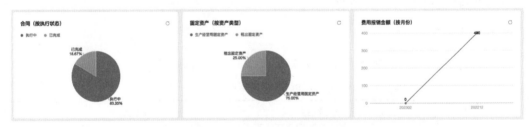

图 15-8 "财务看板"图形化展示

（3）使用基础表格展示了在库以及已借用状态的固定资产清单，如图15-9所示。

图 15-9 "财务看板"表格展示